Lolian

Hefyd gan Robat Gruffudd

Nofelau

Y Llosgi
Crag Cymraeg
Carnifal
Afallon

Barddoniaeth

A Gymri di Gymru?

*Hefyd yn taflu golwg answyddogol
ar yr hanner canrif:*

Llyfr Mawr Lol
gol. Arwel Vittle

Lolian

Dyddiadur Hanner Canrif

Robat Gruffudd

y|Lolfa

I Enid,
a wnaeth bopeth yn bosibl

Argraffiad cyntaf: 2016

℗ Hawlfraint Robat Gruffudd a'r Lolfa Cyf., 2016

Dymuna'r awdur ddiolch i Lenyddiaeth Cymru
am ddyfarnu Ysgoloriaeth Awdur iddo allu cwblhau'r
llyfr hwn.

Dymuna'r cyhoeddwyr gydnabod cymorth ariannol
Cyngor Llyfrau Cymru.

Clawr: llun awdur gan Iolo Penri
Cartŵn clawr ôl: Elwyn Ioan, o rifyn Gaeaf 1974 o *Lol*
Dylunio: yr awdur

Rhif Llyfr Rhyngwladol: 978 - 1 - 78461 - 335 - 8

Argraffwyd, rhwymwyd a chyhoeddwyd yng Nghymru
gan Y Lolfa Cyf., Talybont, Ceredigion SY24 5HE
gwefan www.ylolfa.com
e-bost ylolfa@ylolfa.com
ffôn 01970 832 304
ffacs 01970 832 782

Y Chwedegau

1961

Awst 1961 STEDDFOD Y RHOS

Wedi bod am wythnos yn Steddfod y Rhos. Cael gwely a
brecwast mewn tŷ teras, diolch i ysgoloriaeth ges i gan
Gyngor Abertawe, oedd yn cynnwys cost y llety a thocynnau
i'r pafiliwn. Yfed tri pheint o *bitter* bob nos ond methu eu dala
nhw lawr y nosweithiau cyntaf. Yn un o'r tafarnau cwrddais
â Peter Cross, dysgwr o Benarth, oedd hefyd ar ysgoloriaeth
ac yn mynd i goleg Bangor. Gwelais Eirwyn Pontshân mewn
tafarn arall, dyn bach o waelod Sir Aberteifi â mwstás a het
wen oedd yn adrodd storïau a phenillion doniol.

Ond y profiad mwyaf i fi oedd clywed y canu emynau yn
y tafarnau, ac wedyn ar y sgwâr, a Tawe Griffiths yn arwain.
Rwy'n dal i glywed y geiriau: 'Llawn yw'r nefoedd o'th
ogoniant, Llawn yw'r ddaear, dir a môr; Rhodder iti fythol
foliant, Sanctaidd, sanctaidd, sanctaidd Iôr!' yn atsain yn
fy nghlustiau, ac yn dal i weld y bariau llawn Cymry hapus,
bochgoch, chwyslyd. Dyna Gymreictod digyfaddawd sy ddim
ar gael yn Abertawe.

Nos Wener, fe yfwyd tafarn y Cross Keys yn sych: doedd dim
cwrw ar gael i neb nos Sadwrn. Be fuasai fy nhad-cu, Robert
Griffiths, yn meddwl am yr holl yfed? Roedd e'n dod o'r Rhos
a bu'n gweithio yma dan ddaear cyn mynd yn weinidog i'r
Rhondda. Roedd yn gymeriad hwyliog a falle y buasai'n falch o
glywed emynau Cymreg yn cael eu canu mor angerddol.

Hydref 1961 FFRIDDOEDD

Nawr yn Neuadd Reichel yng ngholeg Bangor. Noson y newydd-
ddyfodiaid neithiwr yng nghymdeithas Llywarch Hen a chael
croeso braf gan y darlithwyr Cymraeg, yn arbennig John Gwilym
Jones. Mynd am dro wedyn gyda Penri* i'r Ffriddoedd, y caeau
tu ôl i'r neuadd. Roedd y lleuad yn uchel yn y nen, a silwét
ceffylau i'w weld ar ymyl y caeau. Wedi croesi'r tir agored,

cerddon ni i lawr trwy Goed Menai at Bont y Borth. Dawnsiai'r golau leuad ar wyneb y Fenai, yn llawn addewid o ramant ein blynyddoedd coleg, sydd yn dechrau nawr.

Cerdded yn ôl wedyn ar hyd yr A5 a thrwy Fangor Uchaf ac i Ffordd Ffriddoedd ac yn ôl i Reichel erbyn tua un o'r gloch y bore. Er ei bod yn ganol nos, roedd yr awyr yn rhyfedd o las. Adroddodd Penri un o'i gerddi wrthyf a buon ni'n trafod Cymru, barddoniaeth, bywyd. Noson hyfryd.

* Penri Jones o Lanbedrog, myfyriwr Cymraeg a'm ffrind agosaf ym Mangor. Yn nes ymlaen aeth yn athro, awdur, a chynghorydd sir.

Rhagfyr 1961 PWRPAS BYWYD

Trafod pwrpas bywyd gyda fy mam. Pam gwneud unrhyw beth? Pam fod angen senedd i Gymru, er enghraifft? Yng ngolwg fy mam: er mwyn i bethau gael tyfu i'w llawn dwf. Y mae i bob peth – gan gynnwys Cymru – ei faint ragosodedig.

Yn fuan wedi iddi lanio yn Lloegr, aeth fy mam i St Andrews yn yr Alban i weithio fel ysgrifenyddes i D'Arcy Thompson, y biolegydd enwog. Ysgrifennodd glasur, *On Form and Function*, lle mae'n dadlau bod ffurf pob planhigyn ac anifail wedi'i rhagosod. Yng ngolwg fy mam, byddai Cymru Rydd, yn yr un modd, yn ddatblygiad o'r potensial sydd eisoes o fewn Cymru. Fel gwlad rydd, gallai Cymru fod yn un o wledydd bychain bywiocaf Ewrop. Byddai'n drasiedi os byddai rhywbeth yn rhwystro hynny rhag digwydd, fel pan fydd anifail neu fod dynol yn marw'n ifanc, a byth yn cael tyfu'n oedolyn.

1962

Mai 1962 MEIC STEPHENS

Elystan Morgan* yn dod i annerch cangen y coleg o'r Blaid. Roedd yn gyfarfod llwyddiannus, a'r stafell yn llawn. Cododd i hwyl bregethwrol ar ddiwedd ei araith gan sôn am y pwll diwaelod lle mae sgerbydau cenhedloedd di-asgwrn-cefn a gwleidyddion llwfr yn pydru am byth. Wedi'n hysbrydoli, aeth Aled† a fi draw i fflat Meic Stephens yn y Garth. Mae e'n byw gyda Gwyddel ac roedden ni eisiau ei gyngor ar gyfer ffawdheglu ar draws Iwerddon yn yr haf.

Dros fŵg o goffi, cawsom enwau rhai llefydd i aros yng Nghonamara; yna dywedodd Meic fod Union Jack amlwg a hyll yn chwifio ar y polyn ger y pier. Aethon ni draw 'na ac eistedd ar y fainc o flaen tafarn y Garth nes bod y ffordd yn glir. Roedd Meic yn iawn: roedd yn faner arbennig o fawr ac amlwg. Roedd ganddo gyllell Byddin y Swistir wrth law (buodd e'n Queen's Scout) ond yna sylwon ni ar olau mewn stafell mewn tŷ cyfagos; roedd merch wedi'n gweld ni o'i stafell wely.

Awgrymodd Meic ein bod yn dod 'nôl nos Sadwrn i wneud y job yn iawn a dyna wnawn ni. Mae Meic yn genedlaetholwr da. Ry'n ni eisoes wedi peintio sloganau ar waliau tu fas i Gaernarfon. Roedd John Clifford Jones a fi ar bigau'r drain tra oedd Meic yn cymryd canrif i gael y llythrennau'n berffaith: mae'n hawdd nabod slogan wedi'i beintio gan Meic Stephens. Wedyn taflon ni'r paent a'r brwshus dros y clawdd a mwynhau peint yn y Royal cyn dal bws yn ôl i Fangor.

* Elystan Morgan (bellach yr Arglwydd Elystan Morgan) oedd 'Bachgen Aur' Plaid Cymru yn y cyfnod yma, a'r olynydd amlwg i Gwynfor Evans. Ond trodd at y Blaid Lafur yn 1965, flwyddyn cyn i Gwynfor ennill sedd Caerfyrddin. Oni bai am hynny, buasai ei yrfa a hanes Plaid Cymru'n wahanol iawn.

† Yr Athro Emeritws Gruffydd Aled Williams erbyn hyn.

Mai 1962 CYRCH AR GAERNARFON

Nawr mae 'da ni ddigon o Jacks! Tynnon ni 36 ohonyn nhw i lawr rhwng hanner nos a thri y bore neithiwr yng Nghaernarfon, Bontnewydd a Llanberis: Penri a fi a Martin Williams gyda Rhys Llwyd yn gyrru'r car gawson ni o garej Llanfair-pwll. Roedd Caernarfon yn orlawn o'r baneri hyll oherwydd ymweliad y Dywysoges Margaret a Tony Armstrong Jones â Phlas Dinas.

Roedd yn hwyl aruthrol, yn gyffrous iawn. Roedden ni'n torri'r Union Jacks â raseli poced. Os oedd arwydd na allen ni mo'i symud – e.e. Welcome to Bont – roedden ni'n taflu paent du arno. Rhag codi amheuon pobl, byddai Martin a Penri yn esgus teimlo'n wael ac ar fin cyfogi, a finne'n cydymdeimlo. Roedd angen bod yn ofalus. Falle byddai ci yn cyfarth, neu olau'n cynnau mewn stafell wely, neu rywun yn dod yn sydyn rownd y gornel. Os na allen ni gael at y baneri o'r palmant, roedden ni'n neidio ar ben welydd a'u rhwygo i lawr. A'r mwya roedden ni'n eu cael, mwya barus fydden ni.

Roedd canol tre Caernarfon yn rhy beryglus. Buon ni'n trafod agwedd y Cofis at y frenhiniaeth. Sut gallai pobl mor braf a gwerinol gredu yn y fath sbwriel? Ai at y math yma o bobl mae'r frenhiniaeth yn apelio? Yna gwelon ni Jacen arbennig o fawr yn hongian o sìl rhyw stafell wely. "They fly that on a ship when it's got smallpox!" meddai Martin.

Ond wedi cyrraedd 'nôl i Neuadd Reichel, fe gadwodd y porthor bach Cymraeg ni am oesoedd, a ninnau â'r baneri wedi'u stwffio lan ein siwmperi. Roedden ni wedi taflu pob tystiolaeth – brwshys, poteli, tuniau, polion – dros y cloddiau ond roedd staeniau o inc a phaent ar y car. Y bore wedyn, cyn dychwelyd y car i Lanfair-pwll, plygon ni'r Jacs yn daclus a'u cuddio mewn cist yn stafell Rhys Llwyd. Roedd rhai ohonyn nhw'n ddigon mawr i fod yn flanced ar wely a chadwais un ohonyn nhw ar gyfer noson oer.

Roedden ni mor llwyddiannus gan i ni fynd ar reci y noson cynt, rhwng pump a saith o'r gloch. Roedd 'da fi restr o bob baner yr holl ffordd i Gaernarfon. Er mor nerfus oedden ni, aeth popeth yn berffaith – ac roedd y tywydd o'n plaid ni hefyd. Ar y ffordd 'nôl, stopion ni'r car ar lan Llyn Padarn, a diffodd y golau a'r peiriant. Roedd hi mor llonydd a phrydferth ar lan y llyn. Meddyliais: mae'n rhaid mai fel hyn yr oedd milwyr Glyndŵr yn teimlo wedi diwrnod da o waith dros Gymru.

Awst 1962 GLAN-LLYN

Mynd am wythnos i wersyll Glan-llyn. Eistedd gyda Sel yn y bws a siarad am *jazz* a bywyd coleg a bywyd yn gyffredinol. Canwio ar y llyn a chwarae lot o dennis bwrdd gyda Dai Arfon, fy ffrind o Lanelli. Ar ôl y ddawns werin nos Lun, bu Sel yn ei swingio hi ar y piano gan chwarae arwyddgan y rhaglen *Taro Deg*, 'Mari Fach (Merch o'r Dre)', fersiwn *boogie-woogie* o 'Au claire de la lune', a 'Tom Brown's Body': "Fe foddwn Henry Brooke yng Nghwm Tryweryn cyn bo hir, Fe gaiff yr Arglwydd Raglan siarad Lladin trwy y dydd, Fe gaiff Tywysog Cymru werthu *chips* yn Llanbryn-mair … pan ddaw'r hen Gymru'n rhydd. Anfoesoldeb yn dragywydd …"

Mynd am dro i ben yr Wyddfa ddydd Mawrth. Cael peint o seidir yn y Royal Oak, Betws-y-coed, ar y ffordd lan, yna cerdded o Benygwryd i Ryd-ddu. Roedd yr olygfa ar y ffordd i lawr yn hardd iawn, a saethau o haul yn taro Môn a'r Fenai trwy wlân cotwm y cymylau. Cynhaliwyd cystadleuaeth gusanu ar y ffordd 'nôl yn y bws, gyda Hywel Wyn a Linda Tân Siafins yn ennill â 47 eiliad.

Dydd Mercher aethon ni ar daith gerdded i Gwm Tryweryn i weld y pentref sydd i'w foddi. Roedd siediau a thraciau eisoes wedi'u gosod ar waelod y cwm. Meddwl am Emyr Llewelyn, sydd yng ngharchar ers mis Mawrth am ddinistrio *transformer* olew, ond dim ond sticio sticeri 'Cymraeg!' mewn ambell le wnaethon ni. Mynd i ddawns werin yn Nolgellau gyda'r nos, ond cael dadleuon ffyrnig gwleidyddol yn y Cross Keys cyn hynny, ac roedd un boi am fy herio i ffeit y tu fas.

Noson Lawen yn y gwersyll nos Wener, ein noson olaf. Dai Arfon yn ennill gyda'i act consuriwr-ar-chwâl. Dafydd Iwan yn ennill ar y gân bop, ac ar y ddeuawd hefyd gyda Geraint Eckley. Parhaodd y gerddoriaeth yn y 'Barno-bib' ar risiau'r Plas, lle buom yn eistedd o gwmpas coelcerth fawr, yn canu a bwyta sosejys. O ran diawlineb, trawodd Sel gordiau 'God Save the Queen' a 'God Bless the Prince of Wales' ar y piano a chael ei hisian i dawelwch.

Roedd y lleuad yn uchel ac yn gryf, a darnau o gymylau'n nofio'n rhydd odani. Disgleiriai gan ariannu'r llyn a throi'r bryniau a'r Arenig yn wlad tylwyth teg. Cyneuwyd coelcerth wrth droed grisiau Plas Glan-llyn Isa a hongiai llusernau bychain o ganghennau'r coed y tu ôl i ni. Wedi inni orffen y sosejys a'r pop, dechreuodd Dafydd Iwan strymio ar ei gitâr a dechreuon ni ganu gyda'n gilydd. Roedd y cyfan yn llethol o ramantus a breuddwydiol a dwys, a meddyliais: ai dyma atgof hiraethus o'r hen Gymru – diferion olaf, mwyaf melys y gwpan – neu ragflas o'r Gymru newydd, a'r chwyldro sydd i ddod?

Hydref 1962 FFAIR BORTH

Mynd i Ffair Borth gyda Penri a Pete Cross. Cerdded trwy Goed Menai, croesi'r bont a gweld strydoedd yn llawn stondinau ffair. Roedd pobman yn brysur a bywiog, a phobl yn mynd mewn a mas o'r tafarnau fel petai dim yfory. *Fel petai dim yfory.* Onid oedden nhw'n sylweddoli *nad oedd* dim yfory, y gallai hon fod eu noson ola ar y ddaear, bod llongau rhyfel yr Americaniaid yn symud at safleoedd rocedi'r Rwsiaid yng Nghiwba a'u bod nhw i fod i gyrraedd tua un o'r gloch bore fory.

Roedd un stondin yn cynnig gwobr os byddai'r tri dart yn syrthio yn unrhyw le ar y bwrdd, gwobr oedd yn werth llai na phris y tocyn. Drws nesa roedd bwth paffio. Roedd ei fêts yn annog un boi caled yr olwg, oedd wedi cael cwpwl o beints, i herio'r *champ*. Arhoson ni i weld y ffeit. Y *champ* enillodd, wrth gwrs. Yn hollol sobor er gwaetha'r cwrw yfon ni, cerddon ni'n ôl ar hyd Ffordd Caergybi a chyrraedd Neuadd Reichel cyn hanner nos.

Yn fy stafell fy hun, rwy'n sgrifennu hyn ac yn meddwl a oes unrhyw beth y galla i wneud i amddiffyn fy hun petai'r bom yn syrthio. Ydi heno'n wahanol i unrhyw noson arall? Onid y'n ni'n byw dan gysgod y Bom bob dydd o'r flwyddyn? Dyna yw ystyr byw yn y chwedegau: mynd i'r gwely bob nos heb wybod a fyddwch chi'n codi yn y bore. Ond os na fydda i'n codi bore fory, dyma'r frawddeg olaf yn y dyddiadur – na fydd neb yn ei ddarllen, byth.

$$\text{Cyfanswm} = 12 + 12 + 6 = 30$$

Llythyr a anfonais at John Davies ynglŷn â threfnu bws o Fangor i brotest Pont Trefechan

1963

Chwefror 1963 PONT TREFECHAN

Y papurau Prydeinig bore 'ma'n llawn o 'The Battle of Trefechan Bridge'. Eu prynu nhw i gyd ym Mangor Uchaf a phori drostyn nhw dros goffi yn yr Undeb. Roedd y stori a'r lluniau dramatig wedi eu sblashio dros y tudalennau blaen. Roedden ni'n iawn, felly, i fynd lawr am Bont Trefechan neu fyddai 'na ddim stori am bobl ifainc yn brwydro dros yr iaith, na dim sôn am 'Gymdeithas yr Iaith Gymraeg'.

Roedd John Davies, un o ysgrifenyddion y gymdeithas newydd, wedi gofyn i fi drefnu bws o Fangor. Cwrddon ni yn Ysgol Haf y Blaid y llynedd ym Mhontarddulais, mewn cyfarfod i sefydlu mudiad i weithredu dros yr iaith y tu fas i Blaid Cymru. Bu bron i'r bws beidio mynd gan fod y tywydd mor wael ond cyrhaeddon ni Aberystwyth mewn pryd i gymryd rhan yn y weithred yn Swyddfa'r Post. Ond chafodd neb mo'i arestio ac fe gwrddon ni wedyn yn yr Home Café i drafod y sefyllfa.

Roedd y trefnwyr am ei gadael hi ond eraill am gario 'mlaen, yn eu plith Gwilym Tudur, myfyriwr gwalltgoch o Aberystwyth a phaffiwr *welterweight* yn y brifysgol. Aethon ni gyda Gwilym i lawr at y bont ac eistedd ar ei thraws gan rwystro'r traffig o'r ddau gyfeiriad – oedd yn hollol beryglus. Roedd cerbydau yn refio yn erbyn ein cyrff, a phobl leol yn gwylltio. Cyrhaeddodd thygs o'r dre, a bwrw un o'r merched i lawr ar y palmant, ond ddaeth yr heddlu ddim yn agos. Methon ni gael ein harestio am yr eildro, a gadawon ni ar ôl tua hanner awr, yn falch o ddal y bws yn ôl i Fangor. Pwy fase'n meddwl bod torri'r gyfraith yn beth mor anodd i'w wneud?

Ond nid methiant oedd y daith wedi'r cyfan. Roedd John Davies a Tedi Millward wedi gofalu bod ffotograffwyr y wasg yno, ac fe gawson nhw'r lluniau roedden nhw eu hangen i greu stori am 'Frwydr Pont Trefechan'.

Mynd i ysgolion haf y Blaid yn Llandudno. Sgyrsio'n hir a hwyr gyda Phil Henry a Meirion Pennar yn ysgol haf yr ifanc. Bu Penri a fi'n gwthio taflenni 'Welsh Not ar y Bryn' ar bawb gan godi pum ceiniog y tro er mwyn talu am fil argraffu Gwenlyn Evans, Caernarfon. Roedd y daflen yn tynnu sylw at wrth-Gymreigrwydd Coleg Bangor ac fe drefnon ni gyfarfod er mwyn perswadio ein cyd-fyfyrwyr i wrthod cofrestru ym mis Medi,* ond ychydig ddaeth.

Nos Iau aeth Pedr Meazey a fi rownd Caernarfon i blastro sticeri bach 'Cymraeg!' (a argraffwyd hefyd gan Gwenlyn Evans) dros arwyddion Saesneg y dre. Buon ni wrthi cyn hynny ym maes yr eisteddfod a bu nifer o blismyn a ditectifs yn fy holi fore Iau. Galwodd un ohonyn nhw fi'n "shitbag" ond gwrthodais gyfaddef dim i'r moch. Nos Wener, am ddau o'r gloch y bore, llosgon ni domen o Union Jacks mewn coelcerth ar iard ysgol Lloyd Street. Roedd Heini, fy mrawd, a Roderick Evans† gyda ni hefyd: bu'r ddau yn ein helpu gyda'r gwaith da. Roedd Llandudno yn llawn Jacks ac arwyddion uniaith Saesneg yr AA am fod y Cwîn yn ymweld â'r eisteddfod ddydd Gwener.

Ar wahân i hynny, ni chefais amser rhy wael. Buon ni'n yfed yn y Carlton, y Clarence, ac ar y meinciau o flaen y Snowdon, gyferbyn â chraig Penygogarth. Roedd hynny'n braf: wrth iddi nosi, byddai'r graig a'r môr yn troi'n wyrdd dan y llifolau. Bues i'n stiwardio ym mhafiliwn y steddfod nos Fercher a chael sgwrs â merch hyfryd oedd hefyd yn stiwardio, ond dywedais 'mod i wedi addo cwrdd â'r bechgyn yn y Carlton. Ciciais fy hun sawl gwaith am fod mor llwfr, ond ches i ddim lwc chwaith yn y ddawns werin yn ffatri Hotpoint nac yn Noson Lawen Cymry Llundain, oedd mewn sinema yn Llandudno. Ro'n i wedi yfed cymaint, ro'n i'n gweld pawb yn ddwbl ar y llwyfan.

---

* Roedd Penri a fi wedi gwrthod cofrestru y flwyddyn gynt a bu'n rhaid i ni fynd o flaen y Deon, a'n perswadiodd i ildio o dan brotest.

† Roderick Evans erbyn hyn yw'r Anrhydeddus Syr Roderick Evans, QC.

Tachwedd 1963 DAFYDD GLYN

Cwrdd â Dafydd Glyn [Jones]* yn ddamweiniol ar risiau'r P.J. pnawn ddoe, a chwmpo mas ynglŷn â'r sticeri 'Cymraeg!' ry'n ni wedi dechrau eu plastro dros goridorau'r coleg. Dywedodd Dafydd nad oedd 'da ni hawl i'w defnyddio ac roedd am eu cymryd oddi wrtha i. Gwylltiais ar hyn: oes rhaid cael pleidlais ddemocrataidd i roi sticeri ar arwyddion? Ond mae Dafydd yn fachan da. Ein ffyrdd ni o weithredu sy'n wahanol, dyna i gyd. Mae e'n hynod alluog ac ymarferol, a'i fys ym mhopeth Cymraeg yn y coleg: Cymdeithas y Cymric, papur *Y Dyfodol*, y Rag, Llywarch Hen, y Blaid, yr Ŵyl Gelfyddyd, a'r Ddrama Gymraeg. Mae pawb yn ei barchu a'i edmygu. Beth rwy'n dyfaru amdano yw nid i ni anghytuno, ond i fi golli 'nhymer. Rwy wastad yn dyfaru wedyn, pan rwy'n gwneud hynny.

* Myfyriwr ymchwil ar y pryd a ddyrchafwyd yn y man yn uwchddarlithydd yn yr Adran Gymraeg. Ysgolhaig, geiriadurwr, llenor a blogiwr: gw.: https://glynadda.wordpress.com/.

Tachwedd 1963 SAETHU KENNEDY

Gorffennodd Mair a fi neithiwr, ar ôl Hall Ball. Neithiwr hefyd y saethwyd Kennedy.

Ro'n i'n gwrando ar Gwynfor Evans yn areithio yn Llyfrgell Gyhoeddus Bangor, pan redodd dyn i mewn i'r cyfarfod a rhoi darn o bapur yn ei law. Darllenodd y newyddion fod Kennedy wedi'i saethu'n farw gan *sniper*. Aeth y lle'n hollol dawel. Roedd fel petai'r byd, yn sydyn, wedi tywyllu. Dywedodd Gwynfor rai geiriau cloff am Kennedy a thrio ailafael yn ei araith genedlaetholgar. Ond roedd fy meddwl i ar Hall Ball, dawns fawr bentymor hostel merched y brifysgol.

Am ryw reswm, do'n i ddim yn hapus yn y ddawns, ond teimlais yn uffernol pan ofynnodd boi arall – Sais – i Mair am ddawns, a'u gweld nhw'n twisto i fiwsig y band. Roedd hi'n ddeniadol iawn, yn 'gay' iawn, yn chwerthin ac yn hyfryd i edrych arni – yn hyfrytach neithiwr nag erioed o'r blaen. Gofynnais iddi ddod mas i lawntiau'r hostel a'r awyr iach. Roedd pobman yn annaturiol o lonydd yn y nos. Ymddiheurais am fy ymddygiad oeraidd. Roedd hi'n disgwyl i fi ddweud 'mod i am orffen, meddai hi. Yna aethom am dro i lawr y Garth, heibio Lôn y Cariadon, ac at y pier, ac eistedd ar un o'r seti oedd yn edrych tua'r Fenai a Sir Fôn.

Yno, o dan y sêr, triais fod yn ysgafn. Ro'n i wedi teimlo ers y dêt dydd Mercher bod rhywbeth o'i le, ond do'n i ddim am dderbyn hynny nawr. Dywedais: allwn ni gario 'mlaen tan ddiwedd y tymor, a meddwl am y peth dros y Nadolig? Cerddon ni 'nôl lan tua Ffordd y Coleg yn trafod rhyw bwnc seicolegol trwm. Wrth ddrws hostel Cae Derwen, rhoddodd ei chyfeiriad yn Highgate, Llundain, a dweud "Diolch yn fawr" yn Gymraeg. Ro'n i'n lico pan oedd hi'n siarad Cymraeg. Gobeithio, meddai, y bydden ni'n parhau'n ffrindiau. Ond nonsens oedd hynny, wrth gwrs. Dim ond "Nos da, Mair" ddwedais i cyn cerdded yn ôl lan Ffordd y Ffriddoedd, yn drist ac euog a llawn hiraeth.

Cofiais am y caru. Ai actio oedd hi pan oedden ni'n cusanu ar y gwely, fel yn Reichel Ball? A'r noson gynta yn y Plaza, pan welon ni'r ffilm *Tom Jones*? Roedd hi'n hyfryd i'w dal yn fy mreichiau'r noson honno, ond weithiau ro'n i'n gorfod gwneud 'act' iddi, i'w chael i chwerthin ac ymateb – ond doedd hi byth yn mynd mas o'i ffordd i 'mhlesio i. Roedd rhywbeth o'i le. Pam felly mod i'n teimlo mor uffernol bore 'ma?

Tybed ai'r busnes Kennedy yna sydd ar fai? Doedd y boi'n golygu dim i fi, ond mae'r peth wedi effeithio ar bawb.

1964

Mawrth 1964 TOM PARRY

Cyfarfod neithiwr gyda Tom Parry* yn swyddfa Aled Eames, warden Neuadd Reichel. Daeth e lan o Aberystwyth i Fangor yn unswydd i roi stŵr i ni ynglŷn â llythyr roedd saith ohonom (dan arweiniad Penri) wedi ei sgrifennu i'r *Faner* yn ei feirniadu am wahardd *Llais y Lli*, papur Cymraeg myfyrwyr Aberystwyth.

Yn y papur, roedd Emyr Llewelyn wedi galw Dug Caeredin yn 'dwpsyn, rhegwr a chablwr' am iddo ddweud wrth y myfyrwyr, os oedden nhw'n cael trafferth cael bar, y dylen nhw brynu capel gyntaf a'i droi'n far wedyn – 'jôc' wan iawn – ond dywedodd Tom Parry nad yr ymosodiad ei hun oedd yn gwneud i'w waed ferwi, ond y niwed i enw da'r coleg, felly fe waharddodd y papur o'r coleg ac o siopau Aberystwyth. Ond

cawson ni afael ar gopi trwy law Enid Davies† o'r Coleg Normal gan fod ei rhieni yn tanysgrifio trwy'r post.

Bu Tom Parry yn ein fflamio am ryw dri chwarter awr tra eisteddai Aled Eames yn anghysurus wrth ei ochr. Palodd ymlaen am barch i'r brifysgol ac ymosod ar iaith 'amharchus' y llythyr, a'i alw yn 'ti', a dweud bod ei enw'n 'drewi' ymysg 'ieuenctid goleuedig Cymru' (!). Yna gorffennodd â bygythiad personol. Gan alw enw pob un ohonom yn ei dro, edrychodd i fyw ein llygaid o'r ochr draw i'r bwrdd, a dweud na châi yr un ohonom swydd yng Nghymru, petai ganddo fe air yn y mater.

A cherddodd allan.

Y bore wedyn, galwodd Aled Eames ni i gyd yn ôl i'w swyddfa. Roedden ni'n siŵr y caen ni ein disgyblu, a'n hanfon o'r hostel efallai. Ond ychydig ddywedodd e ac roedd awgrym o wên ar ei wefus wrth iddo ein rhybuddio i fod yn fwy gofalus yn y dyfodol. Boi iawn yw Aled Eames, yn wahanol i Tom Parry, sy'n gnec croendenau, hunanbwysig.

* Syr Thomas Parry oedd prifathro Coleg Aberystwyth 1958–1969 ac ef fyddai'n bennaf cyfrifol am groesawu'r Tywysog Charles i'r coleg; roedd hefyd yn amhoblogaidd ar yr adeg yma (1964) am wrthod cefnogi adroddiad oedd o blaid cadw Prifysgol Cymru yn brifysgol ffederal – gw. y cartŵn yma gan Tegwyn Jones yn *Lol*.

† Enid fyddai fy ngwraig ymhen tua dwy flynedd.

Yr arholiadau drosodd. Aeth rhai o'r papurau'n weddol ond yn anffodus wnaeth fy mholisi o gadw'n ffit a mynd i'r gwely'n gynnar ac yfed lot o laeth ddim gwella fy ngwybodaeth am yr Iwtilitarwyr Seisnig, hoff athronwyr yr Athro Mundle. I ddathlu, cynigiodd Penri fynd â ni i Benmon yn ei Forus Mul. Fel arfer mae'n mynd â ni am dro o gwmpas tafarnau Llanddeiniolen i chwarae pêl-droed pen-bwrdd a gyrru'n ôl i Fangor ar ôl pedwar peint, gyda phawb yn cytuno fod Penri'n gyrru'n well wrth ddod 'nôl nag wrth fynd.

Wrth droed y colomendy, darllenodd Penri y llinellau enwog allan o *Caniadau* T. Gwynn Jones:

> Onid hoff yw cofio'n taith
> Mewn hoen i Benmon, unwaith,
> Odidog ddiwrnod ydoedd,
> Rhyw Sul uwch na'r Suliau oedd ...

Cerddon ni wedyn yn y gwynt ar hyd y traeth at y goleudy. Ar y ffordd 'nôl i Fangor galwon ni yn nhafarn y Gazelle, sydd ar lan y Fenai yr ochr draw i Fiwmares. Aethom â'n peintiau o lager a leim at y ffenest lydan â'i golygfa dros y dŵr at bier Bangor a'r mynyddoedd. Meddyliais: ai dyma fydd sesiwn olaf y pedwar ohonom ym Mangor? Gareth Gregory, Peter Cross a Penri achubodd fi wedi saith mlynedd o Seisnigrwydd snobyddlyd y Bishop Gore Grammar School for Boys. Mae Penri am ddychwelyd i wneud ymarfer dysgu ond mae Gareth a fi'n benderfynol o adael academia – ond i wneud beth? Rwy wedi casglu manylion rhai cyrsiau masnachol yn Llundain ynglŷn â hysbysebu a dylunio – roedd fy nhraethawd gradd ar seicoleg ffontiau. Ond ydw i am fynd i Loegr, hyd yn oed am flwyddyn?

Es allan i ymuno â'r twristiaid cynnar a'r gwylanod. Gwibiai bad unig yn ôl ac ymlaen dros wyneb y dŵr. Edrychais yn hiraethus draw at Siliwen lle bues i'n agor fy nghalon wrth ffrind neu weithiau gariad. Wedyn Coed Menai tua'r dde, a chofiais am y troeon hudol ges i yno ar fy mhen fy hun. Bangor: oedd y cyfan nawr yn dod i ben? Ble ar y ddaear fydda i'r adeg yma flwyddyn nesa? Ond torrodd Pete ar draws fy meddyliau. "Ti'n jibio, Unben," meddai a rhoi peint ffres o lager yn fy llaw.

Es i 'nôl mewn i ailafael yn yr yfed. Roedd y bar wedi dechrau llenwi a'r awyrgylch yn fywiog wrth i'r haul daro'r gwydrau melyn. Roedd Dafydd Elis Thomas yno erbyn hyn a rhai o'i ffrindiau o'r ail flwyddyn. Ailymunais yn yr hwyl a'r pryfocio, yn ymwybodol mor frau oedd y mwynhad, ac mor ansicr y dyfodol. Ond melysu'r profiad a wnaeth hynny, wrth i fi araf feddwi, a phenderfynais mai'r eiliad sy'n bwysig, ac mai rhywbeth i hen bobl oedd sicrwydd, ac nad o'n i'n barod am hynny eto.

Gorffennaf 1964 GWRTHOD GRADD

Wedi gwrthod fy ngradd. Yn dal ddim yn siŵr o'n i'n gall ond aeth e'n iawn fel gweithred, diolch i Owain Owain a drefnodd y cyfan yn filitaraidd fanwl: y wasg, y ffotograffwyr a'r datganiad yn condemio'r Brifysgol. Yn y seremoni raddio, yn lle derbyn y dystysgrif, fe droais at y gynulleidfa a dweud mod i'n gwrthod y radd am i'r awdurdodau wadu'r iaith. I fi roedd yn benllanw i ddwy flynedd a mwy o frwydro aflwyddiannus dros statws i'r iaith yn y coleg.

O'n i'n gall i'w wneud ar fy mhen fy hun? Yn wreiddiol roedd eraill i fod i gymryd rhan ond tynnon nhw'n ôl ar y funud ola dan bwysau'u rhieni. Falle basen i wedi ailystyried tase 'da fi radd fwy defnyddiol na 2b mewn Athroniaeth a Seicoleg. Ond mynnodd Owain Owain mod i'n dal ati a phenderfynais nad oedd 'da fi fawr i'w golli.

Rwy'n hoff iawn o Owain Owain, bachan ffraeth a miniog ei feddwl a chenedlaetholwr da. Fe sefydlodd *Tafod y Ddraig* fel cylchgrawn Cangen Bangor o Gymdeithas yr Iaith, cyn i'r gymdeithas ei hun ei gymryd drosodd. Mae'n awdur ac arlunydd a darlithydd mewn mathemateg a chyn-wyddonydd niwclear ac hefyd yn aelod o Mensa, y gymdeithas o bobl ddeallus – yr unig beth amheus amdano!

1965

Chwefror 1965 EASTER ELLIS

Marw Geraint Easter Ellis dydd Sadwrn, yn ugain oed. Druan
ag e. Felly dyna Easter Êl wedi mynd: bachan braf a hwyliog
yr wyf yn dal i glywed ei lais mwyn yn fy nghlustiau, a gweld ei
wyneb rhadlon o flaen fy llygaid. *Leukaemia* laddodd e, medden
nhw. Roedd e'n byw yn Stiniog, ar bwys Atomfa Trawsfynydd.
Mae strontiwm-90 yn y glaw a'r llaeth ac mae'n wenwyn sy'n
mynd yn syth i fêr yr esgyrn. Gallasai ddod o ymbelydredd yr
atomfa ei hun neu o'r awyr o'r bomiau-H maen nhw'n eu profi
yn y Môr Tawel. Nid marw wnaeth Easter Êl, ond cael ei ladd.

Mehefin 1965 YMRWYMIAD

I'r Menai Vaults neithiwr gyda Penri. Yfed peintiau o gwrw
mwyn Greenall Whitley a cherdded wedyn i lawr Ffordd
Glanrafon. Pefriai goleuadau'r ddinas odanom, fel cannoedd o
weithiau o'r blaen, ond y tro hwn roedd diwedd dyddiau coleg
yn hongian uwch ein pennau, ein pedair blynedd o frwydro
a breuddwydio a mwydro. Mae Penri newydd orffen ei gwrs
ymarfer dysgu, a fydda i chwaith ddim yn dod 'nôl, wedi
blwyddyn o osgoi darlithoedd Cymraeg, a photsian â *Lol* – a'r
Ddraig Goch. Ond derbyniais un anrhydedd – anrheg Nadolig o
'Do It Yourself Anarchist Kit' gan *Courier*, papur Saesneg y coleg.
Ond sai'n fawr o anarchydd: wedi dadlau â nhw trwy'r haf,
ildiais i fy rhieni a dilyn ail gwrs anrhydedd, yn y Gymraeg.

Ond roedd *Lol* yn fy mhoeni. Mae e nawr yn nwylo gwasg
un-dyn yng Ngarndiffaith, ger Pont-y-pŵl. Cyn hynny roedd yn
hel llwch gydag Ifor Puw, pensaer barfog, hipïaidd o Dal-y-bont
ar Wysg sy'n byw mewn tŷ hir Cymreig ar lan un o'r camlesi
– cyn iddo gyfadde bod y job yn rhy fawr i'w 'wasg' Gestetner.
Cyn hynny roedd Aber Studios wedi gwrthod ei argraffu ar ôl
gweld y lluniau o ferched noeth.

Roedd Penri a fi wedi trio mynd yn olygyddion *Bronco*,

cylchgrawn rag y coleg, ond dim ond tair pleidlais gawson ni allan o'r hanner cant posib yn y stafell. Ym marn Penri roedd *Bronco*, a gynhyrchwyd gan Dafydd Glyn a'i ffrindiau, yn llawer rhy slic a chlyfar. O hynny datblygodd ei syniadau am *Lol* fel cylchgrawn gwerinol a phoblogaidd i bobl ifainc. Ry'n ni'n credu mewn bod yn werinol ac wedi prynu bob i siwt o frethyn cartre Cymreig yn siop Hodges ar gyfer gŵyl Ddewi ac achlysuron ffurfiol.

Buon ni'n breuddwydio am brynu 'plas' i fyw a gweithio ynddo, ac am redeg tafarn. Heb ddimai yn ein pocedi, buom yn mwynhau tro manwl o gwmpas yr Afr, Glandwyfach. Heno, buon ni'n rhamantu am sefydlu gwasg – yr ateb syml, meddai Penri, i broblemau *Lol*. 'Nôl yn Sycharth, ein tŷ yn Sgwâr Kyffin gyferbyn â'r tai bach cyhoeddus, gorchmynnodd Penri fi i ffeindio darn o bapur ffwlscap a phîn du ac o dan ddylanwad y Greenall Whitley, fe sgrifennais ymrwymiad y ddau ohonom i brynu 'peiriannau argraffu modern' mewn dwy flynedd.

Wedi llofnodi'r ddogfen, es i i'r gegin i wneud paned. Roedd rhes o forgrug yn cropian i fyny'r wal tu ôl i'r ffwrn, yn byw yn fras ar y *ravioli* Heinz (mewn saws tomato) oedd wedi ffrwydro dros y gegin ddydd Sul. Roedd staeniau oren yn dal ar y waliau a'r nenfwd. Ro'n i wedi berwi tun o'r *ravioli* mewn sosban o ddŵr, heb ddeall bod angen torri twll ynddo fe: *Place tin in boiling water*, meddai'r tun. Gobeithio bydd gwell siâp arnon ni'n rhedeg y wasg na'r blydi tŷ 'ma.

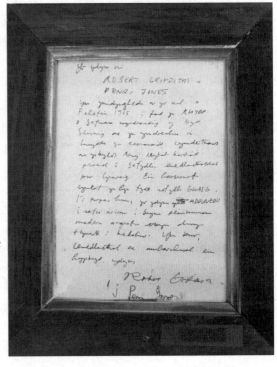

Awst 1965 TRAETH TAN-Y-BWLCH

Daeth popeth i'w le yn y diwedd, diolch byth. Fe wnaeth
Ifor Puw iawn am fethu argraffu'r cylchgrawn trwy adeiladu
arwydd anferth o'r llythrennau LOL mewn 3-D i ni ar gyfer
ein stondin yn steddfod y Drenewydd, ac fe ddaeth y bachan o
Garndiffaith â 5,000 o gopïau o'r cylchgrawn i'r maes, er bod y
job yn edrych fel petai wedi ei hargraffu â dŵr golch, nid inc.

Nawr anghofio'r cyfan yn Aberystwyth, a mwynhau
penwythnos hyfryd gydag Enid. Dringo lan Pendinas a
gorwedd ar draeth Tan-y-bwlch yn yr haul poeth, dan awyr
las Bae Ceredigion. Nefoedd! 'Nôl am swper wedyn i dŷ ei
rhieni yn Ael Dinas, a thrafod crefydd a gwleidyddiaeth tan
yn hwyr. Yn gyn-athrawes mathemateg, mae mam Enid yn
fenyw egwyddorol iawn, â meddwl llym fel rasal. Mae ei thad
yn wahanol ac yn fachan mwyn a diwylliedig o Landysul, â'i
hiwmor craff ei hun.

Byddai Enid a fi yn mynd ar wahân i gyfarfodydd y Blaid ac
i'r dawnsfeydd nos Sadwrn yn neuadd y P.J. i glywed Acker Bilk
yn chwarae 'Stranger on the Shore' a 'Midnight in Moscow'
gan Kenny Ball. Ond mewn dawns werin Gymraeg gwrddon
ni ym mis Chwefror, yn y Neuadd Gatholig yn Aberystwyth,
wedi i Enid adael Bangor. Roedd hi yn y Coleg Normal a dyna
rwy'n hoffi amdani: mae hi'n normal, a hyfryd, a hwyliog a
gwalltgoch a Chymreig, yr holl bethau dydw i ddim.

Hydref 1965 CAEL Y SACH

Bore ddoe galwodd Alun Edwards fi i'w swyddfa a dweud 'mod
i wedi methu fy nghyfnod prawf fel Swyddog Diwylliannol
yn Llyfrgell Ceredigion. Ces i sioc, rwy'n cyfadde. Ro'n i'n
mwynhau ateb cwestiynau annisgwyl y cyhoedd yn y Llyfrgell
Ymchwil, a threfnu'r cwis llyfrau. Ond dywedodd Alun
Edwards nad o'n i'n dangos digon o frwdfrydedd dros yrru
faniau'r llyfrgell deithiol, nac yn siarad digon amser te, ac yn
gyffredinol yn ymddwyn yn annheilwng o aelod o'r 'Senior
Staff'. Roedd e'n iawn fan'na. Mae'r Junior Staff lawr stâr yn
llawer mwy o hwyl na'r criw stiff, Seisnigaidd lan llofft ond ro'n

i'n hoff iawn o John Richards, llyfrgellydd sirol Ceredigion. Yn anffodus, nid fe oedd fy mòs i, ond Glyn Cysgod Angau.

Mae Alun Edwards yn grefyddol iawn ac yn cynnal gwasanaeth i'r staff bob bore. Mae Silff Las yn ei swyddfa ar gyfer llyfrau sy'n rhy 'fochaidd' i lygad y cyhoedd. Llyfrau celf yw'r rhan fwyaf; mae un o'r cloriau'n dangos cerflun noeth 'Dafydd' Michaelangelo. Y llyfr diwetha i ymuno â'r silff yw *Ieuenctid yw 'Mhechod*, nofel newydd gan John Rowlands. Mae Alun Edwards yn iawn: does dim dyfodol i fi yn Llyfrgell Ceredigion.

Rhagfyr 1965 RHYDDHAD

Wedi gadael y Llyfrgell. Yn dal i fyw yn y fflat glawstroffobaidd yma o dan Custom House Street, ond nawr yn teimlo rhyddhad, a chic newydd o fywyd – ac yn rhyfedd iawn, rhyw sadrwydd annisgwyl. Mae'r meddwl yn dechrau blodeuo eto – gyda syniadau am Y Lolfa, yr enw a ddyfeisiodd Penri a fi ar y funud ola ar gyfer cyhoeddi *Lol*, er nad oedd cwmni o'r enw yn bod ar y pryd. Ond beth petai'r cwmni *yn* bod? Rwyf wedi cofrestru'r enw'n swyddogol, ac mae'r posibiliadau'n llifo, e.e., caneuon pop, cardiau doniol, posteri gwleidyddol, matiau cwrw, cerddi answyddogol – i gyd yn lliwgar a bywiog.

Y peth pwysig yw dechrau nawr, cyn i'r awen bylu, cyn i eraill wneud yr un peth. Mae'r posibiliadau'n wych a di-ben-draw. Creu naws newydd yng Nghymru, cyffro newydd yn y gwynt, rhoi sylw i bethau i'r ifanc, y pethau na fuasai'n plesio Alun R. Edwards. Rwy'n dyheu am ddechrau. Mae'r syniadau 'da fi: arian yw'r unig rwystr nawr.

Unwaith yn ifanc, unwaith yn ffŵl, fel y dywedodd fy nhad yn fy hoff gerdd ganddo:

UNWAITH YN IEUANC

Unwaith yn ieuanc – gweler y gwir –
Unwaith yn frwysg gan y gwanwyn ir;

Unwaith yn nwydwyllt, unwaith yn gryf,
Unwaith yn broffwyd yr herio hyf;

Unwaith yn arwr, unwaith yn ffŵl;
Unwaith heb bwysau'r pwyllogrwydd pŵl;

Unwaith ar flaendon y cariad mawr,
Unwaith yn cyfarch porthladdoedd y wawr;

Unwaith yn hapus heb ddim yn y banc,
Dwywaith yn blentyn, unwaith yn llanc.

1966

Chwefror 1966 NEWID ENW

Rwyf newydd wneud y peth mwyaf chwyldroadol yn fy mywyd erioed, sef gofyn i rieni Enid a gaf i ei phriodi. Soniais wrthynt am fy nghynlluniau i gyhoeddi *Lol* yn rheolaidd, ynghyd â phethau eraill. Roedd gwrthwynebiad claear – yr amheuon arferol. Ond maen nhw'n genedlaetholwyr da, a'i thad yn arfer gweithio i Wasg Aberystwyth. Cawn weld be ddaw. Mae angen cadw pen, a glynu at y nod, a gobeithio'r gorau.

Gwnes i beth arall mawr hefyd. Rwy wedi newid fy enw o 'Robert Paul Griffiths' i 'Robat Pawl Gruffudd' ond pwy ydw i'n ei dwyllo? Rwy wedi llanw ffurflen treth incwm uniaith Saesneg a ffurflen uniaith Saesneg yn y banc i agor cyfri yn enw'r Lolfa. Yr enw'n Cymreigio, ond y cymeriad yn Seisnigo. Y tu fas yn dalog, y tu mewn yn daeog.

Awst 1966 EISTEDDFOD ABERAFAN

Wedi cyhoeddi *Hyfryd Iawn*, *Calendr Dafydd Ap* a'r ail rifyn o *Lol* mewn pryd i eisteddfod Aberafan. Fy nod yw datblygu *Lol* fel cylchgrawn poblogaidd, eang ei apêl ond roedd rhai'n meddwl bod y rhifyn yma'n rhy ddof. Pan alwodd Harri Webb yn y stondin, cyfeiriodd yn sarcastig at y ffordd flêr ro'n i wedi trio cuddio'r tethi ar lun o ferch noeth, a gofyn pam fod angen gwneud hynny o gwbl.

Roedden ni hefyd yn gwerthu crysau-T Plaid Cymru, ffrwyth meddwl busnes llym Dai Mason (o Gwmsymlog, ffrind Elwyn

Ioan) a Twm Elias. Roedden nhw mewn dyled ar ôl prynu cant o *lawnmowers* o Rwsia am bris gostyngol iawn mewn ffair fasnach yn Llundain, wedi mwynhau awr ginio estynedig wrth y bar. Ond daeth yr ateb i'w problemau mewn fflach o weledigaeth, sef cynhyrchu crysau-T â thriban Plaid Cymru. A Gwynfor Evans newydd ennill Caerfyrddin, dyma *money-spinner* sicr. Y cyfan oedd ei angen oedd stoc o grysau gwyn, ffrâm sgrin sidan, inc Medium Green, a digon o le i hongian y crysau i sychu. Roedd hynny ar gael yn llawr uchaf yr Emporiwm – hen warws rwyf newydd ei rhentu yn Nhal-y-bont – a fan'na bu'r ddau'n llafurio dros sawl noson hwyr cyn y steddfod.

Fe werthodd y crysau fel tân gwyllt a bu'r ddau yn gweithio trwy ddydd Llun er mwyn ailgyflenwi dydd Mawrth. Ond oeraidd oedd y croeso ar y maes. Roedd glaw trwm pnawn dydd Llun wedi golchi'r tribannau i ffwrdd, gan adael y crysau'n wyn fel hysbyseb Persil. Doedd y ddau *entrepreneur* ddim wedi sylweddoli bod angen crasu'r crysau ar ôl eu hargraffu. Wedi ad-dalu ambell i gwsmer blin, fe ddiflannon nhw o'r maes am weddill yr wythnos.

Gwerthodd *Hyfryd Iawn* yn dda, gyda hyd yn oed Harri Webb yn canmol gwreiddioldeb y testun a'r diwyg. Ro'n i

wedi recordio'r llyfr yn Nhalgarreg a'i olygu yn Abertawe a'i gysodi wedyn ar deipiadur trydan. Rwy'n hoffi'r llun dynnais i ar gyfer y clawr, ond y cyfraniad athrylithgar yw un Elwyn Ioan, a wnaeth y cartwnau ar sail dim ond dau neu dri ffotograff. Yn anhygoel, doedd Elwyn ddim wedi gweld Eirwyn yn y cnawd tan iddyn nhw gwrdd mewn bar yng ngwesty'r Deuddeg Marchog yn Aberafan.

1967

Chwefror 1967 TŶ LYSTAN

Pethau'n dod i siâp nawr. Rwy'n lwcus iawn. Camodd rhieni Enid i'r adwy wedi i ni ddod 'nôl o'n mis mêl yn Nenmarc a Sweden. Fe welon nhw'n gliriach na fi na fasen i'n gallu byw ar *Lol* ac ambell i lyfr, gydag Enid yn dysgu. Diolch i'w ffydd a'u haelioni (ac i grantiau 45% y Blaid Lafur tuag at beiriannau cynhyrchu), rwy wedi prynu gwasg fach offset litho ac wedi symud mewn i'r Emporiwm, warws drillawr yng nghanol y pentre.

Bues i'n lwcus â hynny hefyd. Rwy'n talu rhent rhad iawn am yr adeilad i Mrs Tebby, menyw garedig a deallus nad wyf erioed wedi ei chwrdd. Ond buodd e'n wag ers degawdau ac roedd mewn cyflwr gwael. Roedd angen propio'r lloriau gan fod y talcen mor uchel ac yn crymu, ac wedi boddi'r lle mewn *creosote*, ces i drydanwyr mewn a pheintwyr i beintio'r cyfan yn wyn. Y jobyn olaf ond nid y lleiaf pwysig oedd codi tŷ bach ar y llawr gwaelod. Roedd Elwyn am ei fedyddio yn 'Tŷ Lystan', a dyna wnaethon ni wythnos diwethaf gan ddefnyddio'r llythrennau mawr gludiog a argraffon ni i Gymdeithas yr Iaith ar gyfer cywiro arwyddion ffyrdd Saesneg. Ry'n ni hefyd wedi cynhyrchu sticeri Cymraeg ein hunain, felly fydd dim angen i ni ofyn i Gwenlyn Evans, Caernarfon, eto.

Ond rhaid cael graffiti mewn tŷ bach ac fe sgrifennodd Elwyn rai ar y waliau hardbord, fel 'Does Dim Graddau o Fastards', 'Cosa Din Taeog ac Efe a Gach yn dy Law' a dywediadau gan gymeriadau lleol: 'Wa'th i ti Enjoi Leiff mo'r Dam Bit' (Dai Bont-goch), a 'Wa'th i ti Garreg na Thwll' (Sylvia Johnson). Roedd 'na un o Baris hefyd: 'Byddwch yn ymarferol, mynnwch yr amhosibl.' Ond roedd y ddwy wal garreg yn dal yn noeth, ac fe beintiais i fy hoff eiriau gan Confucius arnyn nhw mewn paent coch:

Chwilia rhai am hapusrwydd uwch na dyn;
Chwilia rhai am hapusrwydd is na dyn –
Ond y mae hapusrwydd yr un faint â dyn.

Dyma un o'm credoau sylfaenol, sef bod angen i ni
dderbyn ein maint ein hunain fel yr ydym, fel unigolion ac
fel Cymry Cymraeg. Pwrpas Cymru Rydd yw creu gwlad
sy'n caniatáu i ni fod y maint ydyn ni – nid yn well na ni'n
hunain, nac yn waeth, ond fel rydyn ni'n hollol, gyda'n
rhinweddau a'n gwendidau.

Mawrth 1967 CYNGERDD Y BLEW

Cyngerdd llwyddiannus yn y Neuadd Goffa nos Sadwrn:
'Noson Fawr' gyda'r Blew, Pontshân a Dafydd Iwan. Trefnais
y cyngerdd i godi arian i gapel Tabernacl, lle rwy'n aelod, ac
roedd y gweinidog, y Parch. Roger Jones, yn hapus iawn o
weld yr holl arian yn llifo i Gronfa Adeiladu'r capel. Roedd
tua saith cant yno ond doedd pawb ddim yn hapus ag iaith
goch Pontshân, na sŵn byddarol y Blew, oedd yn diasbedain
lawr stryd fawr y pentre. Dyma'r tro cyntaf erioed i grŵp roc

Poster taith y Blew

trydanol Cymraeg chwarae'n gyhoeddus. Ond roedd y plant yn hapus, a dywedodd rhai ohonyn nhw wrth Enid yn yr ysgol fod y Blew yn well na'r Monkees.

Dafydd, mab Gwynfor, yw'r gitarydd bas a'r ymennydd tu ôl i'r grŵp. Mae e'n trefnu taith genedlaethol ar gyfer yr hydref, gyda *hoardings* mawr dros y wlad â'r neges 'Mae'r Blew yn Dod'. Bydda i'n gwneud posteri am ddim iddo ar gyfer y daith, er mwyn hysbysebu'r Lolfa, a chlawr hefyd i'r record *Maes B*, sy'n cael ei ryddhau at y steddfod eleni. Rwyf eisoes wedi gwneud cloriau i EPs newydd y Diliau, y Cwiltiaid, y Derwyddon, a Nia a Reg. Mae Dafydd yn fachan diddorol ac yn ddarllenwr mawr. Mae ei stafell yn y coleg yn llawn at y to o lyfrau clawr meddal. Mae e hefyd yn llwyrymwrthodwr: fel hobi, mae'n well 'da fe ferched na chwrw.

Mai 1967 POENI AM Y BOM

Gofynnodd fy mam i fi heno pam 'mod i'n edrych mor ddiflas. Ro'n i'n poeni am y Bom a Diwedd y Byd. Mae'r llywodraeth wedi cynhyrchu taflenni yn dweud y cawn ni bedwar munud i guddio dan y bwrdd, a pharatoi i farw, os daw ymosodiad niwclear, ond mae rhai'n dweud mai dim ond tri munud fydd ar ôl wedi iddyn nhw sylweddoli bod taflegrau'r Rwsiaid ar y ffordd. Ond os marw, cystal treulio eich munudau olaf mewn sedd gysurus yn hytrach nag o dan y bwrdd, tra bo eich tŷ yn syrthio'n deilchion ymbelydrol o'ch cwmpas, a'r byd yn dod i ben.

Gofynnodd fy mam eto: oedd 'da fi broblemau yn fy mhoeni? Dim byd priodasol? Oedd fy iechyd yn iawn? Yna dywedais yn onest: ro'n i'n poeni am danchwa niwclear, a Diwedd y Byd. Yna gwenodd mewn rhyddhad. Ai dyna i gyd? Roedd hi, wrth gwrs, yn gyfarwydd â rhyfel a thrychinebau go iawn. Cafodd ei mam hi ei llofruddio mewn gwersyll-garchar, dan amgylchiadau uffernol. Fe laddodd ei modryb ei hunan er mwyn achub ei phlant. Carcharwyd ei dau frawd am gyfnod mewn gwersyll-garchar. Treisiwyd ei ffrind gorau ar ddydd ei phriodas gan filwyr Rwsiaidd. Nid rhywbeth a allai ddigwydd oedd y rheini, ond pethau oedd wedi digwydd.

Dyna pam nad yw fy mam byth yn cwyno nac yn poeni am bethau'n ddiangen. Teimlais yn well.

Awst 1967 BU CYNAN YMA

Mwynhau steddfod y Bala yn arbennig, un wych a hynod gymdeithasol. Chwaraeodd y Blew yn y Babell Lên, a Dafydd Iwan nos Sadwrn mewn sgubor fferm lle canodd ei ganeuon newydd, 'Bryniau Bro Afallon', 'Wyt ti'n Cofio?' a 'Mae'n Wlad i Mi'. Roedd yn noson lawn naws a rhamant, un berffaith i ddiweddu'r wythnos. Ond cyn hynny digwyddodd helynt Cynan. Roedd e wedi sylwi ar y geiriau 'Bu Cynan yma' ar ben bronnau 'Siân', ein pin-yp ar gyfer y rhifyn yma o *Lol*. Enid fynnodd ar y funud olaf 'mod i'n cuddio'r bronnau ac fe roddais y gair 'sensor' drostyn nhw gan ychwanegu'r cyfeiriad at Cynan (fel sensor dramâu) yn fach iawn.

Ond yna'n ddirybudd bnawn dydd Mawrth, galwodd I. B. Griffith, Caernarfon, a Tom Jones, Llanuwchllyn, heibio'r babell, a'n rhybuddio bod ymweliad cyfreithiol ar y ffordd ynglŷn â'r sen gwael ar gymeriad Cynan. "'Dach chi wedi'i gneud hi rŵan, hogia," meddai I.B. gan siglo'i ben yn drist wrth adael. Galwodd Brinley Richards, cyfreithiwr Cynan, gyda ni drannoeth

gan hawlio ymddiheuriad ffurfiol ac iawndal ar ran ei gleient
blin. Yn ffodus i ni, cynigiodd Robyn Lewis weithredu ar ein
rhan am ddim a setlodd y cyfreithwyr yn y diwedd ar £50
o gyfraniad i'r eisteddfod, a thynnu'r dudalen enllibus o'r
cylchgrawn.

Yn ffodus, roedd 'na farchnad fywiog i'r copïau gwreiddiol
ac fe werthon ni lwyth ohonyn nhw dan y cownter am
ddwbl y pris. Dau a ddaeth i brynu'r copïau gwaharddedig
oedd arwyr Penyberth, D. J. Williams, Abergwaun, a Lewis
Valentine. Stwffion nhw'r *Lols* dan eu cotiau fel dau fachgen
drwg, a gwenu'n ddireidus ataf wrth adael y babell. Mawr yw
fy mraint.

1968

Mai 1968 CARELLIO MORGAN

Cael galwad ffôn od iawn gan Carellio Morgan, cofrestrydd
Ceredigion. Cafodd Einion ei eni ym mis Ionawr ac ro'n i – ac
aelodau eraill o Gymdeithas yr Iaith – wedi gwrthod llanw'r
ffurflen gofrestru am fod cyn lleied o Gymraeg arni.

Yn gynnar yn y sgwrs, dywedodd: "Mae carcharau'n llefydd
annymunol iawn, wyddoch chi. Maen nhw'n gallu'ch niweidio
chi am oes ..." – a mynd ymlaen i ganmol ei hun am gael y
briwsionyn o Gymraeg oedd ar y ffurflen. "Dwi 'di siarad â
phrif ddyn Somerset House, ac fe gymerodd dair blynedd i
ildio. Trwy weithio yn y dirgel mae cyflawni pethau, nid trwy
godi cnec a thwrw, a thynnu sylw at eich hunain, fel mae
eithafwyr yr iaith. A dwi wedi sgwennu llyfrau Cymraeg hefyd –
cyfraniad pwysicach na'r un ..."

Yna trodd yn ôl i'w act 'dyn caled'. "'Sech chi yma, gyfaill,
yn yr un stafell â mi nawr, allen i'ch malu chi'n shibwns, er
nad ydw i'n un i godi arfau ..." Yna apeliodd at Gristnogaeth:
onid yw hanner torth yn well na dim? Pam 'sen i'n cydnabod ei
gyfraniad e? Gan weld nad oedd diben dadlau â'r boi yma, fe

ganmolais i e am ei ymdrechion – ac yna fe dderbyniodd mai lle tila oedd i'r iaith ar y ffurflen.

"Araf deg mae ei dala hi, gyfaill. Fe ddaw'r ffurflenni gydag ymreolaeth, yn siŵr i chi. Sai'n perthyn i'r un blaid wleidyddol ond rwy'n credu mewn ymreolaeth i Gymru."

"Felly rhaid disgwyl nes y Gymru Rydd cyn cael y ffurflen hon yn Gymraeg?"

"Daw pob peth i'w le yn ei bryd a'i amser, fy ffrind."

Aeth ymlaen i bontifficeiddio am fachlud yr Ymerodraeth Rufeinig, a'r gwrthdaro rhwng yr Israeliaid a'r Arabiaid. Gadewais iddo rwdlan achos ro'n i o'r diwedd wedi deall beth oedd yn bwysig i'r boi yma: cael y trechaf ar un o 'eithafwyr yr iaith'.

Nodyn: fe lenwais y ffurflen anfoddhaol yn y diwedd, fel y rhan fwyaf o'r protestwyr eraill.

9 Gorffennaf 1968 LLWCH

Wedi argraffu llyfr cynta'r Lolfa (h.y., llyfr iawn, nid pamffled), sef *Dinas Barhaus a Thair Drama Arall* gan Wil Sam. Yn anffodus mae llwch trwy'r job. Ni fydd yn hysbyseb dda i'r achos. Mae llwch wedi bod yn broblem o'r dechrau. Ar John Jones mae'r bai. Roedd yr adeilad yma'n arfer bod yn Emporiwm gwerthu popeth: hadau, blawd, ŷd, a the a choffi, a byddai John Jones yn eu pecynnu mewn papur coch prydferth, gyda'i enw ei hun mewn llythrennau cyrliog, Fictoraidd. Rwy wedi fframio'r papur a'i hongian wrth y drws blaen.

Fy nghamsyniad oedd cysodi'r dramâu yn syth o deipiadur trydan i blatiau papur. Rhoies i nhw mas wedyn dros y byrddau i'w gludio. Ond yna syrthiodd y llwch trwy'r trawstiau dros nos. Roedd y clawr lliwgar yn iawn, o waith Elis Gwyn (brawd Wil Sam), a'r lluniau o Wil yn chwarae'r ffŵl yn theatr y Gegin, a argraffais o blatiau metel.

Mae mwy nag un wedi dweud wrtha i y dylsen i fod wedi cymryd ffatri barod yn Aberystwyth, nid hen warws lychlyd yn Nhal-y-bont. Buasen i'n siŵr o ddenu mwy o waith argraffu – ond wna i ddim symud o'r pentre. Rwy wrth fy modd yma.

1969

Chwefror 1969 LOGO'R TAFOD

Wedi rhoi logo newydd i mewn yn *Tafod y Ddraig*. Dywedodd Elwyn rai dyddiau'n ôl ei fod yn casáu'r hen logo sgwâr, diwydiannol yr olwg, ac aeth ati i wneud sgetsh bras mewn pensil o sut y gallai logo crwn edrych. Gweithiais yn hwyr i'r nos i greu amlinell gain i'r logo newydd, a'i roi i mewn yn lle'r hen un, gyda phennawd newydd i'r *Tafod* mewn llythrennau rhufeinig.

Dywedodd Harri Webb unwaith nad yw'r *Tafod* yn edrych fel cylchgrawn i fudiad sydd o ddifri ynglŷn ag achub iaith. Rwy'n deall ei bwynt. Ond mae hiwmor y *Tafod* yn arwydd o hyder y mudiad: cartwnau'r ddau frawd Elwyn a Tegwyn (y golygydd), Llythyr y Cwîn gan Gareth Miles, y torion dwl o'r wasg, ambell i gerdd. Mae yna erthyglau mwy difrifol, wrth gwrs, a rhestrau o achosion llys. Bydd y logo newydd yn gwneud i'r *Tafod* edrych yn well – os byddan nhw'n sylwi arno o gwbl. Dyna'r broblem gyda'r *Tafod*: does neb yn siŵr pwy sydd i fod i wneud beth. Neu ydi hynny'n beth da?

O.N. Fe luniodd Owain Owain logo hardd ar gyfer y rhifynnau cynnar o *Tafod y Ddraig* a olygodd flynyddoedd ynghynt, ond doedd dim cysylltiad rhwng ei logo ef a'n un ni, oedd yn llawer symlach, ac a fabwysiadwyd yn y man fel symbol poblogaidd o'r frwydr dros yr iaith Gymraeg.

Ebrill 1969 CLORIAU GWILYM TUDUR

Gwilym Tudur wedi galw, eisiau trafod jobyn argraffu. A Siop y Pethe ar ei thraed ers blwyddyn, mae Gwilym nawr am ddatblygu busnes llyfrau ail-law. Ar helfa yn rhywle – siop

Eric Jones, Caernarfon, falle? – fe ffeindiodd hen stoc o rai cannoedd o gopïau o flodeugerddi gwladgarol a gyhoeddwyd tua 1890. Roedd y rhain mewn clawr caled ond roedd y siacedi wedi melynu ac roedd Gwilym am i Elwyn ddylunio siaced lwch newydd, ddeniadol gyda phatrwm o gennin Pedr bychain i adlewyrchu'r cynnwys cenedlaetholgar.

Roedd Elwyn yn hapus i dderbyn y comisiwn, ond penderfynon ni fod syniad Gwilym braidd yn draddodiadol. Felly, yn lle rhesi o flodau bychain, gwnaeth Elwyn batrwm o gociau bychain melyn oedd yn edrych, o bell, yn debyg iawn i gennin Pedr. Gan bwffian chwerthin fe argraffon ni'r cloriau, ac fe adawodd Elwyn y parsel ar risiau Siop y Pethe ar ei ffordd adre. Daeth yr alwad ffôn flin, anochel gan Gwilym y bore wedyn.

"Be'di'r gêm, hogia?" ffromodd i lawr y lein. "'Dach chi'n trio bod yn ffynni? Nefar in Ewrop dwi'n talu am y rybish yma. 'Dach chi am gasglu'r blydi parsal, ynta ga i ei daflu o'n syth i'r bin sbwrial?"

Gorfod i ni ailargraffu'r job, wrth gwrs. Doedden ni ddim yn gall.

Mai 1969 PROTEST Y PRINS

Protest fawr yn eisteddfod yr Urdd, Aberystwyth, pnawn ddoe*. Pan ddaeth Y Prins i'r llwyfan, cerddodd tua hanner cant ohonon ni mas o'r pafiliwn yn dangos posteri gwrth-Arwisgo (gwlyb o'r wasg). Cawsom ein bwio gan y dorf a dywedodd John Garnon, y llywydd, ei fod yn falch bod mwy wedi aros nag oedd wedi gadael. Ond doedd dim angen iddo boeni. Criw bach, dirmygedig oedden ni yng nghanol y babell lawn o bobl oedd yn disgwyl yn daeogaidd am y Prins.

Roedd Gwilym Tudur a fi wedi trafod y syniad wythnos yn ôl yn ei siop, ond Gwilym a Trefor Beasley gafodd y *brainwave* o fynd i Swyddfa'r Urdd i godi tocynnau ar gyfer y pafiliwn. Fel ffigwr hŷn, gwerinol, fyddai staff yr Urdd ddim yn ei gysylltu ag 'eithafwyr' y Gymdeithas. Dywedodd Trefor wrthyn nhw'n ddagreuol fod 'da fe lond bws o blant bach oedd yn awchu am weld y Prins, a'i bod yn hollbwysig iddo gael tocynnau mor agos â phosib i'r llwyfan.

Ond parhaodd y cyffro i mewn i'r nos, eto ym mhafiliwn yr eisteddfod. Dafydd Iwan oedd yn arwain y cyngerdd ac fe adroddodd gerdd Gerallt Lloyd Owen, 'Wylit, wylit, Lywelyn', a fu'n fuddugol yn yr eisteddfod. Yna canodd 'Carlo' a chân newydd ddoniol, 'Croeso Chwedeg Nain', gan rwygo'r dorf yn ei hanner, rhwng yr hen do o grafwyr brenhinol a ninnau'r to iau. Sai'n siŵr beth yw agwedd tiwtoriaid y Prins, Tedi Millward a Bobi Jones, ond roedd yn rhaid chwerthin am ben araith brennaidd, ffonetig eu disgybl. Byddwn ni nawr yn cyhoeddi cardiau Nadolig gyda'r geiriau, *Dy-munav i Chwi … Nadolig Thlawen a Blwithin Newith Tha.* Dylen nhw fynd yn dda.

* Gallwch weld y brotest ar fideo YouTube y Llyfrgell Genedlaethol: https://www.youtube.com/watch?v=W9LOe-omp20

Mehefin 1969
YR ARWISGO

Y car – yr Awstin A35 glas, hen gar fy rhieni – ddim yn tynnu'n iawn ddoe. Meddwl tybed oedd rhyw ddiawl wedi rhoi tywod yn y tanc, neu wedi stwffio rhywbeth lan yr *exhaust*. Mynd â'r car i garej Davmor. Gwagiodd Gwynfor y tanc rhag i'r injan gael mwy o niwed, ac aeth yn weddol wedyn.

Mae'r Arwisgo yn hala pawb o'i go. Nawr ry'n ni'n gweld pobl yn eu gwir liwiau. Mae'r BBC'n gwrthod chwarae 'Carlo' Dafydd Iwan – cân hollol ddiniwed – er iddi werthu 10,000 o gopïau a chyrraedd brig y siartiau yng Nghaernarfon ei hun. Pan mae'r pwysau 'mlaen, mae'r BBC wastad yn ochri gyda'r sefydliad, ac yn gwneud gwaith y llywodraeth drosti. Ychydig

iawn allwn ni ei wneud i wrthsefyll y peiriant propaganda. Ry'n
ni wedi cynhyrchu sticer car 'Duw Gadwo'r Prins o Gymru',
crys-T glas tywyll yn dangos plu Tywysog Cymru a'r geiriau
'Twll Dien' yn lle 'Ich Dien' (gan Meri Wells), a'r poster 'CARLO,
Arwr, Sant' (gan Elwyn Ioan). Ond be gawson ni am ddangos y
poster yn ffenest Y Lolfa? Carreg.

Rwy'n gwybod yn iawn pwy wnaeth hynny. Cymraes –
wedi priodi Sais – sy'n byw mewn tŷ yng nghanol y pentre
gyda phedwar poster yn y ffenest: un i'r Toris, un i Lafur,
un i'r Librals, ac un llun mawr o'r Prins! Yn lle poster i'r
Welsh Nash ddiawl! Dyna roi'r bygars yn eu lle! A dyna hefyd
resymeg amrwd y gwleidyddion drefnodd yr Arwisgo: tawelu
cenedlaetholdeb, lladd y Nashis. Unrhyw un, ond nhw.

Mae'r fenyw yn casáu 'y nhyts i, wrth gwrs. Mae hi'n
meddwl 'mod i'n 'German' ac mae'n dweud hynny – a gwaeth
– o gwmpas y pentre. Cafodd fy mam brofiadau tebyg pan
ddaeth hi i'r Rhondda. Doedd y twpsod ddim yn deall mai ffoi
oddi wrth Hitler wnaeth hi – nid dod i Gymru i sbio drosto.
Ond mae pawb yn colli'i bwyll fel mae peiriant propaganda'r
wladwriaeth yn codi gêr a chanrifoedd o daeogrwydd yn
codi i'r wyneb ac yn cymysgu â thwpdra fel cachu yn codi o
garthffos yn cymysgu â mwd.

Mehefin 1969 MAE RHYWBETH BACH

Cyhoeddi *Mae Rhywbeth Bach*, drama wleidyddol gyntaf Wil
Sam. Yn wahanol i'w ddramâu abswrd arferol, mae hon yn
sôn am griw o bobl ifainc sy'n gweithredu yn erbyn yr Arwisgo.
Mae Wil yn dweud y dylai awdur rannu ei amser rhwng
brwydro a sgwennu – ac y dylai fwynhau'r brwydro gymaint
â'r sgwennu. Os na fyddwn yn mwynhau'r frwydr, bydd nod
y frwydr yn newid, a byddwn ni'n anghofio pam y'n ni'n
brwydro.

Sgrifennodd ei frawd, Elis Gwyn, yn y rhagair: 'Os nad
Cymru heb y Gymraeg, eto yr un mor wir: nid Cymraeg heb
Gymru.' Mae hyn mor gywir: does dim pwynt i'r iaith os nad
yw'n cynnwys pethau sy'n wahanol i beth allwch chi eu mynegi

trwy'r Saesneg. Does dim pwynt i newyddion Cymraeg os yw'n cynnwys dim ond digwyddiadau Prydeinig a rwtsh ynglŷn â'r Arwisgo, neu raglenni cwis sy'n holi pobl am ddyddiad geni Clint Eastwood a lliw gwallt iawn Tina Turner.

Cymru yw beth sy'n gwneud y Gymraeg yn Gymreig.

Gorffennaf 1969 PRIODAS DYWYSOGAIDD

Mynd i briodas Gareth Gregory a Ceridwen ddoe yn Llanelwy, achlysur a drefnwyd yn arbennig i gyd-daro â'r Arwisgo. Roedden ni wedi argraffu gwahoddiadau pinc a phiws gyda'r llythrennau addurniadol 'Gwahoddiad, 1 Gorffennaf' ar y clawr. Ac yn wir roedd rhywbeth urddasol a thywysogaidd am y ffordd y llywyddodd Lewis Valentine – sy'n perthyn i Ceridwen – y gwasanaeth yn y capel a'r wledd. Roedd yn brynhawn braf a hapus, yn rhydd o daeogrwydd y dydd.

Clywed am hanesyn doniol ar ôl dod 'nôl. Er mwyn cyrraedd Llanelwy mewn pryd, ro'n i wedi gadael parsel o argraffwaith i Huw Ceiriog wrth ddesg y Llyfrgell Genedlaethol, yn gynnar yn y bore. Ond roedd yn ddigon o reswm i staff rheoli'r Llyfrgell alw cyfarfod argyfwng tua deg o'r gloch. Roedd y cyfan yn amheus: bore'r Arwisgo, yr eithafwr Robat Gruffudd yn rhedeg i ffwrdd wedi gadael parsel mewn papur brown mewn sefydliad cenedlaethol ... Trafodwyd y posibilrwydd o wagio'r Llyfrgell ond cytunwyd yn y diwedd i beidio galw'r *bomb disposal squad*.

Y Saithdegau

1970

Mawrth 1970 MEISTER ECKHART

Darllen am Meister Eckhart a'r *Ich-bindung*, sef yr ymrwymiad i'r Fi, y clwy na allwn fyth – yn ymwybodol – ddianc oddi wrtho.

Mae ein dibyniaeth ar farn pobl eraill wedi treiddio'n ddwfn i'n cyfansoddiad. Pan o'n i yn y coleg ym Mangor, ro'n i weithiau'n meddwl, pam ydw i'n poeni cymaint am farn fy ffrindiau amdana i, ac weithiau'n gwneud rhywbeth bwriadol wael er mwyn trio torri'n rhydd rhag hyn. Ond doedd e ddim yn gweithio, wrth gwrs. Ro'n i'n cryfhau'r ddibyniaeth trwy ymladd yn ei herbyn.

I achub yr hunan, rhaid anghofio am yr hunan. Dyna pam mae Crist yn dweud, yn y cyntaf o'r gwynfydau, mai i'r 'tlodion yn yr ysbryd' – nid i gyfoethogion yn yr ysbryd – y daw teyrnas nefoedd. Does 'da Fe ddim amynedd â'r rhai sy'n canolbwyntio ar eu hiachawdwriaeth ysbrydol bersonol, ac mae'r byd yn llawn o'r rheini. Meddai awdur y darn yma am Eckhart: "Yn system foesol Eckhart, y da uchaf yw'r cyflwr o weithgarwch mewnol cynhyrchiol – 'creu' – y mae trechu pob *Ich-bindung* yn rhagamod iddo."

Mae Lao Tse hefyd yn ei dweud hi am y bobl yna sy'n fawr eu pryder am eu daioni personol: "Nid yw dyn o'r daioni uchaf yn cadw at ddaioni a dyna pam y mae'n ddaionus. Nid yw dyn o'r daioni lleiaf yn gwyro oddi wrth ddaioni a dyna pam nad yw'n ddaionus." Gwych iawn, iawn!

Medi 1970 BRYNCROES

'Nôl o Fryncroes ym Mhen Llŷn, ar ôl cysgu am dair noson ar lawr yr ysgol. Do'n i ddim yn siŵr a ddylwn i fynd gan fod Garmon, ein hail fab, newydd ei eni, ond ry'n ni fel gwasg wedi cyfrannu posteri a thaflenni at yr ymgyrch ers mis Mai, pan benderfynodd Pwyllgor Addysg Sir Gaernarfon gau'r ysgol.

Aeth tua dwsin ohonom lan ddydd Mercher i feddiannu'r

adeilad. Rhoion ni bosteri dros y ffenestri, a phentyrru celfi yn erbyn y drysau o'r tu mewn. Yna cyrhaeddodd pymtheg o blismyn i wneud yn siŵr nad oedden ni'n cael dod mas. Ond dyna oedd y syniad! Efallai iddyn nhw sylweddoli hynny pan adawon nhw wedi derbyn 'sicrwydd' gan y rhieni na fyddai yna ddifrod i'r adeilad. Yn y cyfamser, cawson ni gyfle i edrych ar lyfrau gwaith emosiynol y plant – 'Fy Hanes I' – oedd yn cofnodi'r frwydr hir i gadw'r ysgol ar agor. Amser te, daeth y rhieini â thomen o fwyd i ni. Cawsom Ymryson y Beirdd gyda'r nos, a gynhyrchodd o leia un llinell dda, gan Ieuan Wyn: 'Hir oes i Fryncroes a'r fro'.

Y bore wedyn aeth Dafydd Iwan ac Emyr Llew i siarad â'r rhieni i drefnu eu bod nhw'n ailddechrau gwersi. Ond yna dychwelodd swyddogion yr Adran Addysg a hofran o gwmpas fel brain yn eu siwtiau duon i rwystro'r rhieni rhag cael mynediad i'r ysgol. Roedd hyn yn gofyn am weithred. Gyda Dafydd ac Emyr yn arwain, fe godon ni'r gatiau o'u polion a gadael i'r plant lifo'n ôl i'w hysgol, a chwarae ar yr iard. Ailddechreuodd y gwersi am ddau o'r gloch, gyda Dafydd Iwan yn rhoi gwers gerddoriaeth i'r plant, ac Elwyn Ioan yn rhoi un arlunio.

Cynhaliwyd rali fawr ddydd Sadwrn gyda rhes o fawrion yn siarad. Mae'r rhieni'n bwriadu cyflogi athrawes am gyfnod allan o gronfa'r ysgol; yn anffodus, nid nhw fydd yn penderfynu dyfodol yr ysgol, ond y brain yn eu siwtiau duon.

1971

Mai 1971 ACHOS YR WYTH*

Yn ôl o Achos yr Wyth yn Abertawe, wedi pythefnos bant o'r gwaith. Mae'n braf dod 'nôl – ond ni ddigwyddodd y Chwyldro. Roedden ni i fod yng ngharchar, a Chymru'n wenfflam, yn cael ei sgubo gan don o weithredu milwriaethus. Ond nawr mae bywyd yn normal eto, a finnau'n ôl yn Nhal-y-bont wrth y peiriannau.

Nid fel hyn oedd hi i fod. Onid oedd yn rhaid i'r Sefydliad gosbi rhywun am y degau o filoedd o bunnau o ddifrod i arwyddion ffyrdd ledled Cymru? Ro'n i wedi creu Llyfr Argyfwng ar gyfer y staff gyda rhestrau o wybodaeth hanfodol, fel y gallen nhw gario'r busnes ymlaen hebdda i. Cawson ni ddwy noson fawr deuluol 'olaf' yn nhai cyrri Heol San Helen yn Abertawe, un cyn dechrau'r achos ac un arall cyn agor yr erlyniad. Yn y diwedd, dim ond un noson ges i dan glo (yng ngharchar Abertawe, cyn y dedfrydu) ond doedd hynny'n ddim poen: ro'n i'n rhannu cell gyda Dafydd Iwan.

Cafodd eraill amser caletach. Aeth Gwilym Tudur a Ffred Ffransis i'r celloedd dros y cyfnod i gyd, wedi herio awdurdod y llys ar ddechrau'r achos (a phechu Saunders Lewis, Llywydd y Gymdeithas, nad oedd yn hapus ag ymddygiad mor ddibris o gyfraith a threfn). Aeth tua deunaw arall hefyd i'r celloedd dros y pythefnos, gan gynnwys Elwyn [Ioan], wedi eu harestio yn y rali fawr o flaen Neuadd y Ddinas ar y dydd Sadwrn cyntaf.

Roedd tua mil a hanner o bobl yn y rali, yr un fwyaf yn hanes yr iaith Gymraeg. Roedd ymddygiad yr heddlu'n dreisgar iawn a bu Ned Thomas ac eraill yn tynnu gwynt o deiars eu faniau. Roedd yr achos ei hun yn llawn tensiwn, oedd yn amlwg yn y dadlau rhwng Dafydd Iwan a'r Barnwr Mars Jones. Roedd 'na eiliad o adloniant – ac embaras i fi – pan adroddodd un heddwas, ag wyneb hollol syth, ei dystiolaeth amdano'n dal John Cwmere a fi'n malu arwyddion ger gwesty'r George Borrow (gw. gyferbyn).

Mae Ffred wedi dweud y dylen ni herio'r dedfrydau, a thorri'r gyfraith eto er mwyn mynd 'nôl mewn, ond buasai hynny'n hollol fasochistaidd. Ond y canlyniad yw bod hen arweinwyr y Gymdeithas nawr yn rhydd, ond nid yn rhydd i weithredu, tra bod yr arweinwyr oedd i fod i gymryd drosodd (Emyr Llew ac eraill), er yn rhydd, yn cael eu dala 'nôl gan bresenoldeb yr hen arweinwyr. Roedd 'na ddisgwyl y byddai'r Gymdeithas yn cymryd tro i gyfeiriad mwy Adferol; y perygl nawr yw na fydd tro i unrhyw gyfeiriad o gwbl.

* Yr achos gynllwynio arwyddion ffyrdd ym Llys y Goron, Abertawe. Dedfrydwyd wyth ohonom i garchariadau amrywiol, 'gohiriedig'. Ces i dri mis.

Hydref 1971 'BOD' PETHAU

Wedi profi epiffani bore 'ma. Yn sydyn, mewn fflach o oleuni llachar, sylweddolais *bod* pethau: bod y gwrthrychol ar gael – bod popeth, yn wir, ar gael y tu fas i feddwl dyn. Onid yw hynny'n sylweddoliad hyfryd a rhyddhaol, bod popeth – yr holl bethau sydd yn y byd – ar gael go iawn? Mae'r darganfyddiad yma yn adfer fy holl ffydd mewn bywyd ac yn fy achub, unwaith ac am byth, rhag mewnblygrwydd twp, difaol.

Mae'r darganfyddiad bendigedig yma'n golygu:

BOD pobl eraill;
BOD y Cymry;
BOD problemau, a bod atebion gwleidyddol;
BOD prydferthwch fel peth gwrthrychol y mae celfyddyd yn ei ddathlu;
BOD bywyd a holl ddirgelion y bydysawd;
BOD y gwrthrychol ysbrydol, sef Duw – nid y boi â barf, ond fel y cynrychioliad mwyaf gwrthrychol posib o'r ysbrydol.

Dywedodd Simone Weil mai'r gallu i ganfod yw'r ddawn bwysicaf. Mae daioni yn dilyn o ganfod bodolaeth pethau yn y byd. *Bod* y pethau hyn oll yw testun y llawenydd a'r gorfoledd mwyaf: canfod eu bod, rhyfeddu atynt, a diolch amdanynt. Mae anallu i wahaniaethu rhwng rhith a ffaith, rhwng y mewnol a'r allanol, yn nodwedd gyffredin o glefydau meddyliol. Y diffiniad gorau, a'r mwyaf arswydus, o Uffern yw meddwl sydd wedi'i blygu ynddo'i hunan am byth.

Wrth farw, y peth mwyaf y gallwch chi ddyfaru amdano yw nid peidio cael mwy o fenywod, na pheidio treulio llai o amser yn y swyddfa, ond eich bod wedi teithio trwy fywyd â'ch llygaid wedi hanner cau, a byw heb weld na chanfod dim yn iawn.

1972

Chwefror 1972 ULSTER PEACE MISSION

Wed Mynd i Ddulyn am drip rygbi – ond heb gêm! Roedd Undeb Rygbi Cymru wedi canslo'r gêm yn erbyn Iwerddon ar sail 'bygythiad' gan yr IRA – er bod Lloegr newydd groesawu'r tîm i Twickenham.

Doedd hyn ddim yn ddigon o reswm i beidio mynd am benwythnos yn Nulyn a hwyliodd tua dwsin ohonom yn y llong o Gaergybi gan ddechrau ar y Guinness ganol y bore mewn bar Mooneys ar lan yr afon Liffey. Ar ein trydydd rownd, er cystal y gwmnïaeth, dechreuodd gwiriondeb y sefyllfa wawrio arnom, ac awgrymodd Deulwyn Morgan y dylen ni wneud ein safiad yn wybyddus i'n cefndryd Celtaidd. Roedd yn bwysig ein bod ni'n datgysylltu'n hunain oddi wrth daeogrwydd yr Undeb Rygbi ac aeth Deulwyn a Hywel Wyn Jones ati i lunio llythyr ar gyfer ei gyhoeddi yn yr *Irish Times*.

Roedd y llythyr yn un pwerus a phwrpasol, yn mynegi ein cefnogaeth lwyr i'r Gwyddelod yn eu dyhead am Iwerddon rydd, unedig, a'n brawdgarwch cyffredinol.

Aethon ni i gyd draw ar ôl cinio i swyddfa'r papur a chael

ein croesawu gan Dick Walsh, yr Is-olygydd, a oedd yn hapus i gyhoeddi'r llythyr yn ei bapur. Yn ystod y sgwrs, soniodd am Beti O'Boille, merch R.E. Jones, Llanrwst (y bardd a'r cenedlaetholwr), oedd yn byw yn Nulyn, ac fe'i ffoniodd a'i gwahodd draw. Pan ddaeth hi, cynigiodd ein harwain at barti Gwyddeleg yng ngogledd Dulyn y noson honno ac fe neidion ni i'r tacsis yn edrych ymlaen at uchafbwynt gwych i'r trip.

Roedd y parti mewn bwyty hynod drendi ac yn llawn pobl hardd yn pigo ar eu *canapés* ac yn sipian Prosecco. Yn y man dechreuodd ran ffurfiol y noson pan ddaeth nifer o feirdd ymlaen i ddarllen cerddi Gwyddeleg, mewn tawelwch llethol. Er nad yn deall gair, ro'n i'n hynod impressd – nes i ryw ddrych ddisgyn a chwalu. Ro'n i wedi gweld darlun o dynged posib i'r iaith Gymraeg, yn eiddo i ddim ond criw bach dethol, addysgedig. O na fuasen i wedi clywed rhyw werinwr yn poeri ei Wyddeleg yn y bar Mooneys yn y bore.

Ta beth am hynny, roedd yn drip hynod lwyddiannus. Nid yn unig yr argraffodd yr *Irish Times* y llythyr mewn lle amlwg, ond fe gyhoeddodd y *Western Mail* y stori lan o dan y teitl, 'Ulster Peace Mission'. Dywedodd y papur:

> A weekend trip to Dublin for the now abandoned Ireland-Wales rugby international will become a peace mission. The party will still make the trip and hope to speak to members of the Dail, the Irish Parliament. Mr Howell Jones, a member of the group, said yesterday they would sympathise with rugby fans there about the WRU's decision and generally give them their views on the Irish situation.

Yn amlwg, does dim angen gêm o rygbi ar gyfer trip rygbi llwyddiannus. Dylen ni wneud hyn yn amlach. Mae'n gymaint mwy dymunol heb yr holl dorfeydd.

Mawrth 1972 THOMPSON CROWN

Wedi argraffu'r ail rifyn o *Sŵn*, cylchgrawn pop Dafydd Mei a Sbardun, ar y Thompson Crown newydd. Mae'r ansawdd a'r lluniau gymaint yn well nawr: dyna gamsyniad oedd prynu'r Multilith 1850. Os camel yw ceffyl wedi'i ddyfeisio

gan bwyllgor, dyna oedd y
Multilith ym myd y gweisg.
Yn aml roedd angen dau
i'w rhedeg – Elwyn a fi: un
ar y pen incio a'r llall ar
y pen bwydo. Ro'n i wedi
archebu Thompson Crown
yn wreiddiol, ar gyngor
argraffydd o Gaerdydd,
ond un bore Sul, daeth
Dick Winter, rep cwmni
Multilith, lan i Dal-y-
bont yn llewys ei grys ac
ymbil arna i gadw at yr
enw Multilith a newid yr
archeb yn enw ein 'hen

O'r ail rifyn o'r cylchgrawn pop, *Sŵn*

gyfeillgarwch'. Fel ffŵl, ildiais.

Roedd yn beth twp iawn i'w wneud – sy'n codi'r cwestiwn:
ai dim ond o gamsyniadau mae dyn yn dysgu? Yn anffodus,
yr ateb yw 'Ie'. Mae pob dysgu arall yn y pen yn unig. Gwnes
i sawl camsyniad wrth ddysgu trin y wasg argraffu a'r
peiriannau, ond roedd yn ddysgu iawn ac yn ddysgu pleserus.
Does dim byd tebyg i'r bodlonrwydd dwfn – y cydbwysedd
corff a meddwl – a ddaw wedi dydd o drin peiriant. Does dim
sy'n fwy annaturiol na gweithio gyda'r pen yn unig, ac eistedd
wrth ddesg trwy'r dydd, ond dyna rwy'n ei wneud fwyfwy y
dyddiau hyn.

Awst 1972 STEDDFOD HWLFFORDD

'Bach o helynt ddechrau'r wythnos yn steddfod Hwlffordd
achos y lluniau 'dan oed' o Rhian Anwyl yn *Lol*. Dyma'r tro
cyntaf erioed i ferch Gymraeg gytuno i gyhoeddi lluniau
ohoni ei hun yn fronnoeth. Roedd ei mam yn gandryll ac fe'm
ffoniodd nifer o weithiau cyn i'r rhifyn ymddangos a bygwth
cyfraith gwlad arna i a'r ffotograffydd, Raymond Daniel. Wrth
gwrs, fe feiodd y naill ohonom y llall. Os oedd hi dan oed,

dywedodd Raymond mai cwpwl o ddyddiau oedd ynddi a doedd y lluniau ddim yn rhywiol o gwbl. Yn wir, ymddangosai Rhian yn ddigon rhynllyd wrth bosio fel un o wersyllwyr 'llon' yr Urdd.

Ben bore dydd Llun, roedd mam Rhian yn benderfynol o hoelio Raymond a bu'n rhedeg ar ei ôl trwy'r dydd, gan ddod yn ôl, bob hyn a hyn, ata i ym mhabell Y Lolfa. Yn rhywle yn y canol roedd Rhian ei hun, mewn sbectol dywyll a dillad angladdol, fel yr adroddodd Jilly Cooper yn y *Sunday Times*:

> Back to the Eisteddfod, where the great excitement of the day involved Lol, the Welsh equivalent of Private Eye, which is currently featuring half-nude photographs of a well-developed schoolgirl. On seeing them her mother – insane with rage – had roared across Wales to sort out the photographer. At intervals throughout the afternoon he could be seen sprinting round the Eisteddfod field, followed by the mother in a stetson, dragging her daughter who, in spite of the great heat, was wearing a long dress, shawl, cardigan, hat and dark glasses.

Ffoi pnawn dydd Mercher am beint i'r General Picton yn Hwlffordd, gan droedio'n sychedig trwy'r caeau mwdlyd. Doedd dim byd wedi'i drefnu ond y rheini wastad yw'r sesiynau gorau. Roedd Pontshân yno'n barod, a chynulleidfa'n dechrau hel o'i gwmpas. Dechreuodd yn araf gan fwmial 'Hmmm' a 'Hyfryd Iawn' wedi stori am Ficer Penstwffwl, neu bennill fel:

> Meddwl byw flynyddoedd lawer,
> Falle Angau wrth y drws;
> Meddwl gwrthod temtasiynau –
> Ymhen dwyawr, ar y bŵs.

Wrth i'r gynulleidfa chwerthin ac ymateb, cododd i hwyl, a dawnsio lan a lawr yn ei gap pig gwyn. Wedi adrodd pennill neu jôc, dywedai 'Hmmm, y rhain yw'r pethe, bois – y pethe bach, ond maen nhw'n bethe mowr'. A chodi mwy o hwyl a mentro ar bethau cochach, ond roedd mwy i'r peth na hynny.

Ar un olwg, dim ond hen foi bach â mwstás yn adrodd straeon a phenillion ffrit am y canfed tro – ond yna, mae rhywbeth yn digwydd. Mae'r gynulleidfa'n ymollwng, yn chwerthin, yn teimlo'r hawl i fwynhau. Mae blaenoriaethau'n newid, cyfrifoldebau'n cael eu hanghofio, trefniadau'n mynd ar chwâl, a hwyl ddifrifol yn cyniwair. Be sy'n mynd ymlaen? Dechrau meddwi, wrth gwrs – ond nid alcoholaidd yw'r profiad ond llwythol Gymreig a Jungaidd. Mae ein hisymwybod cyffredin, Cymreig yn deffro ac yn ein rhyddhau oddi wrthon ni'n hunain.

Mae gan yr Indiad Coch ddywediad bod dyn heb lwyth yn wallgo. Maen nhw'n iawn. Mae byw dim ond fel unigolyn yn faich rhy drwm i neb, ac yn eich gyrru o'ch co' yn y diwedd, mewn un ffordd neu'r llall. Ry'n ni mor lwcus bod 'da ni lwyth y gallwn ni berthyn iddo – y llwyth Cymraeg.

1973

Ionawr 1973 GWRTHOD AEDDFEDU

Mewn cerdyn Nadolig, mae Penri wedi awgrymu gwrthod aeddfedu fel adduned blwyddyn newydd.

Ni ddylai fod yn rhy anodd. Rwy wastad wedi gwrthwynebu aeddfedu. Pan o'n i'n fach, ro'n i'n edrych 'mlaen at dyfu'n hŷn er mwyn cael manteisio ar y ffaith o fod yn oedolyn i wneud pob math o bethau gwreiddiol a gwarthus, yn wahanol i oedolion eraill. Doedd 'da fi ddim meddwl uchel o'r cyflwr o fod yn oedolyn. Hynny ydi, do'n i ddim yn bwriadu aeddfedu ar ôl tyfu lan. Falle fod hyn yn wir am lawer o blant, ond yn amlwg caiff yr ysfa ei lladd yn hwyr neu'n hwyrach dan bwysau didrugaredd cymdeithas.

Mae yna rybudd Beiblaidd, "Nac ofnwch farwovlaeth y corff, eithr marwolaeth yr ysbryd." Gall marwolaeth yr ysbryd ddigwydd mor gynnar â 30 neu 40 oed. Ond rwy'n 30 nawr. Tybed pa oed sydd gan Penri mewn golwg? Ond wrth gwrs, yr ateb yw 21 oed! Mae e am i ni aros yn fyfyrwyr am byth.

Mehefin 1973 *ENGLYNION COCH*

Cyhoeddi *Englynion Coch* mewn bagiau polythin a'i hysbysebu fel 'y llyfr cochaf erioed yn Gymraeg'. Cael sylw gan y *Sunday Times, News of the World*, y *Daily Post*, a'r papurau Cymraeg. Lot o lythyrau (dilys) yn y wasg, i gyd yn grac ac yn dda i werthiant. Ond llyfr sentimental gan weinidog o Sir Fôn am ramant Tony ac Aloma – *Mae Gen i Gariad* gan y Parchedig Edgar Jones – sydd ar ben siartiau'r *Cymro* yr wythnos hon, gan fwrw *Englynion Coch* i'r ail le. Felly, cariad pur yn curo cochni adolesentaidd, ond mae hynny'n iawn, gan mai ni sy'n cyhoeddi'r ddau.

Rhagfyr 1973 OBLOMOV

Gorffen *Oblomov*, y nofel Rwsiaidd am y diogyn mwyaf erioed. Uniaethu â gwendidau a rhinweddau'r gwrth-arwr – sy'n byw a bod yn ei wely – ac â'i syniad o nef, sef pentref Oblomovka, y pentref Rwsiaidd delfrydol lle mae bywyd yn dilyn yr un patrymau digyfnewid, ei rythmau'n agos at rythmau natur a throadau'r haul a'r lleuad; lle sy'n llawn chwedlau, tylwyth teg, angenfilod ac arwyr.

Meddai Goncharov, yr awdur, yn ei nofel: fe ddywedir bod y bobl, yn yr hen ddyddiau, yn gryfach. Ac roedden nhw. Yn y dyddiau hynny doedd dim brys i egluro ystyr bywyd i fachgen ifanc a'i baratoi ar gyfer byw fel petai'n fusnes cymhleth a

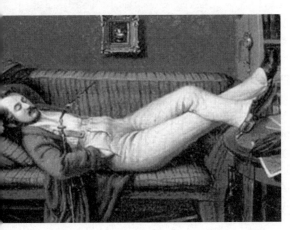

difrifol; doedden nhw ddim yn ei blagio â llyfrau sy'n codi pob math o gwestiynau ac amheuon sy'n treulio'r meddwl a'r galon ac yn byrhau bywyd ...

Llifai bywyd heibio iddyn nhw fel afon dawel.

Dim ond eistedd wrth ei glannau oedd angen, a gwylio'r digwyddiadau anochel a gyflwynai eu hunain i bawb yn ei dro. Dilynwyd prif ddigwyddiadau bywyd – genedigaethau, priodasau ac angladdau – gan res o is-seremonïau llawen a thrist: bedyddiadau, pen blwyddi, dathliadau teuluol, dyddiau Grawys a gwledda, swperau mawr swnllyd, cyfarchiadau, llongyfarchiadau, cydymdeimladau. Fyddai neb yn Oblomovka'n meiddio gwneud camsyniad ynglŷn â'r lle cywir i westai eistedd wrth y bwrdd. Buasai'n well 'da nhw fod heb wanwyn o gwbl, na pheidio pobi cacen ar ddechrau'r tymor, ar siâp ehedydd …

Dyma safbwynt sy'n ddieithr iawn i ni, unigolyddion brwd heddiw. Ond mae rhywbeth braf iawn am y syniad o le sy'n ein rhyddhau o'r pwysau i wneud penderfyniadau o hyd, a'r ysfa ffôl i lunio ein maniffesto personol ar bob peth. Ry'n ni'n gwastraffu'n bywydau yn ailddyfeisio'r olwyn ac oherwydd hynny mae cymaint llai o amser ar ôl i wneud y pethau sy'n werth bod yn wreiddiol yn eu cylch.

1974

Awst 1974 STEDDFOD CAERFYRDDIN

Steddfod Caerfyrddin: y maes yn fôr o fwd erbyn diwedd yr wythnos. Gwrando ar Wil Sam yn trafod sgwennu yn ei ddarlith 'Y Toblarôn', ac ar Emyr Llew yn areithio'n emosiynol ar 'Adfer Enaid y Cymro'. Cerddodd rhai allan o Babell y Cymdeithasau yn anghytuno â'i bwyslais ar y bröydd Cymraeg, ond doedd dim angen i Gymry'r Cymoedd deimlo'n llai o Gymry am nad y'n nhw'n byw mewn bro Gymraeg. Mae pawb yn cyfrannu at gryfder y cyfan.

Noson drom a hwyr nos Sadwrn ac rwy'n dal i ddiodde. Roedden ni wedi trefnu cyfarfod wrth babell Penri yn y maes gwersylla ac eisteddon ni gyda'n fflagonau o seidir o gwmpas y goelcerth. Hongiai lleuad denau, gam uwchben y coed pinwydd yn y cefndir. Fel y llifai'r seidir i lawr, cytunon ni mai 'hyrwyddo'r ysbryd' oedd pwrpas ein gorchwylion oll: Penri a'i gôr (Côr Gwaelod y Garth, oedd newydd ennill cystadleuaeth y corau), y cylchgrawn *Lol*, ein gwleidydda a'n cymdeithasu. Llifodd yr atgofion am droeon trwstan a melys, wrth i ni wylio'r athrawesau sengl, pert yn diflannu'n ddiangen i'w pebyll, fesul un.

Roedd y tân erbyn hyn yn peswch a diffygio, a'r fflagonau bron yn wag. Roedden ni wedi yfed ein hunain yn sobr, ond daliodd y sgwrs i lifo o dan y lleuad lonydd, yr oedd ei chroen yn annaturiol o lachar yn erbyn y ffurfafen dywyll ... ac yna peidiodd amser. Fe beidiodd y byd droi, ond sut galla i ei roi mewn geiriau? Digon yw dweud i fi brofi tragwyddoldeb, a chael prawf bod modd gwneud hynny cyn marw. Felly does dim angen disgwyl amdano: mae'n gyflwr o wynfyd sydd ar gael i ni yn ein bywydau.

Medi 1974 *PAPUR PAWB*

Papur Pawb mas o'r diwedd – ac mae'n edrych yn iawn, yn ddigon bywiog, er yn ddim ond pedwar tudalen.

Buom yn trafod y syniad ers misoedd mewn pwyllgorau hwyr yn y Llew Du yma yn Nhal-y-bont: Gwilym Huws, Hefin Llwyd, Siôn Myrddin a fi, gyda Gwilym yn ein gyrru ni 'mlaen. Buon ni'n ystyried sawl posibilrwydd, gan gynnwys papur dwyieithog a fyddai'n cario neges Gymreigaidd i gynulleidfa eang, ond setlo ar bapur Cymraeg heb neges 'wleidyddol' ond yn rhoi sylw i bopeth sy'n digwydd yn y pentre. Glynodd Gwilym at ei weledigaeth boblogaidd gan wahodd pawb – ffermwyr, pobl tai cyngor, mewnfudwyr Cymraeg fel ni – i gyfrannu deunydd yn amrywio o golofnau clecs, garddio, tudalen chwaraeon a cholofn farddol (gan fod Tal-y-bont yn llawn beirdd), a digon o luniau i ysgafnu'r cyfan.

Ry'n ni wedi galw'r rhifyn yma yn un 'Hydref' er mwyn rhoi amser i'r papur gael ei draed dano. Ry'n ni wedi addo argraffu'r tri rhifyn cyntaf am ddim, ond cynhyrchu'r rhai wedyn fydd y gamp. Mae 'na griw arall wrthi yn Nyffryn Ogwen ond rwy'n credu ein bod ni wedi'u curo nhw i fod yn bapur bro cyntaf Cymru.

Hydref 1974 BU FARW'R CHWYLDRO ...

Pnawn 'ma bu farw'r Chwyldro. Bradychwyd deng mlynedd o 'mywyd i pan basiodd Cymdeithas yr Iaith i beidio â dileu arwyddion y rhech John Morris*. Dadleuodd Roderick Bowen, yn ei adroddiad manwl, yn gadarn o blaid codi arwyddion dwyieithog trwy Gymru gyda'r Gymraeg yn uchaf bob tro, ond doedd hyn ddim wrth fodd John Morris. Am resymau 'diogelwch' mae e am gromfachu enwau lleoedd Cymraeg a rhoi dewis 'democrataidd' i'r siroedd pa iaith i'w rhoi yn uchaf – nid y polisi mwyaf diogel i yrwyr, does bosib? Mae rhai cynghorau yn y de eisoes yn ymarfer eu hawl 'ddemocrataidd' i israddio'r Gymraeg, a rhai'n gwrthod rhoi Cymraeg o gwbl ar arwyddion. Ond dywedodd swyddogion y Gymdeithas fod y cyhoedd wedi blino ar y frwydr a bod angen cymryd hoe i drafod 'sylfeini' a 'swyddogaeth' y mudiad. Hmm.

Roedd y Neuadd Goffa yn llawn, o fyfyrwyr yn bennaf. Ond alla i mo'u beio nhw. Maen nhw'n gynnyrch eu cyfnod. Mae pethau fel hyn yn rhwym o ddigwydd mewn mudiad sy'n tyfu ac yn troi'n sefydliad ei hun. Arnom ni mae'r bai, y rhai ohonom a gafodd gip o'r 'weledigaeth nefol', chwedl Gwilym O. Roberts. Doedd neb ohonon ni yn y cyfarfod. A fuasen i yno fy hun, oni bai ei fod yn digwydd bod yn Nhal-y-bont?

* Ysgrifennydd Gwladol Cymru ar y pryd; bellach y Barwn Morris o Aberafan.

Tachwedd 1974 MARW GRUFF MILES

Newyddion ofnadwy: Gruff Miles wedi marw mewn damwain nos Sadwrn yn ei *sports car* coch. Dyna drasiedi. Beth na allasai e fod wedi'i gyflawni, ar ôl creu grŵp mor wreiddiol â'r Dyniadon Ynfyd Hirfelyn Tesog? Roedd Arthur Tomos gydag e pan grashiodd y car, ond mae e'n debyg o ddod trwyddi, diolch byth.

Be sy'n rhyfedd yw i Gruff alw gyda ni yn ein cartref, Bryngwyn, yn gynnar nos Fercher dwetha. Yn ei wisg liwgar a'i grafat coch, roedd mewn hwyliau da gan rwdlan dros baned am wahanol bethau heb bwrpas amlwg. Ro'n i'n hapus o'i weld achos roedd rhai blynyddoedd ers i ni siarad yn iawn – os yw hynny'n bosibl gyda Gruff. Neidiai fel glöyn o'r naill bwnc i'r llall, o'r dwl a'r doniol i'r dwys, gan lithro weithiau i ryw iaith Gruffaidd. Wedi tua thri chwarter awr, aeth yn ôl at ei gar fflamgoch o flaen y tŷ.

Ond nawr rwy'n deall mai ffarwelio â ni yr oedd e. Roedd e'n nabod Enid yn dda hefyd, a dyna'r unig eglurhad dros yr ymweliad. Doedd e, wrth gwrs, ddim yn 'gwybod' y byddai farw, ond mae 'na lawer o bethau nad y'n ni'n 'gwybod'. Dywedodd rhywun ei fod e'n poeni am Gymru a'r iaith a byddai'n troi'n sydyn i rwdlan mewn Saesneg gwirion. Does neb ohonom yn hoffi cydnabod bod dirywiad yr iaith yn ofid tawel, cyson ar ein meddyliau. Roedd Gruff yn enaid rhy unplyg i fyw yn y Gymru gachu hon.

Rhagfyr 1974 YN ÔL I'R RHONDDA

Wedi bod yn y Rhondda i ddathlu canmlwyddiant sefydlu capel Moreia, Pentre, lle buodd fy nhad-cu, Robert Griffiths, yn weinidog am flynyddoedd. Cododd Rhydwen [Williams] i dipyn o hwyl yn ei anerchiad o'r pulpud. Mae rhai'n dweud iddo fodelu'i hunan ar fy nhad-cu, ac anfarwolodd yn ei bryddest 'Y Ffynhonnau'. Dywed Wncwl Defi, brawd fy nhad (sy'n ddiwinydd ym Mhrifysgol Caerdydd), fod Rhydwen wastad yn cymysgu dwyster â 'fflwcs' theatrig, ond roedd y gynulleidfa – o fenywod dros eu trigain, gan fwyaf – wrth eu bodd. Ar ôl y gwasanaeth, chwiliodd Rhydwen a Defi am y corneli tywyll yn y festri lle ro'n nhw'n cwato a gwneud drygioni slawer dydd.

Roedd fy modryb Augie (chwaer fy nhad) hefyd yn ei helfen ac yn adrodd storïau am rai o gymeriadau'r Rhondda, gan roi cip i fi ar fwrlwm cymdeithasol a diwylliannol y cwm. Wedyn gweld plac er cof am Robert Griffiths, y cymeriad echblyg, rhadlon, carismataidd y ces i fy enwi ar ei ôl ond a fu farw cyn i fi gael fy ngeni, ac yntau yn ei chwedegau hwyr. Ond sylwais mai Saesneg siaradai'r menywod â'i gilydd wedi'r cyfarfod. 'Seisnigrwydd laddodd Moriah,' meddai Rhydwen, ond wedyn, ar y ffordd mas, clywais blant Davyna, fy ail gyfnither, yn siarad Cymraeg â'i gilydd: maen nhw'n mynd i Ysgol Gymraeg Ynyswen.

Er hyn, ro'n i'n ymwybodol bod yna fyd cyfan wedi'i golli ac nad o'n i'n ddim ond ymwelydd hwyr i wledd ar ôl i'r drysau gau, a'r llestri wedi'u clirio. Ond er bod y capel wedi hen gau a'r cysylltiad wedi'i dorri, rwy'n hoffi meddwl bod rhywfaint o 'radlonrwydd y Rhondda' (yng ngeiriau fy ewythr Gwilym) yn dal i redeg yng ngwythiennau'r teulu.

1975

Chwefror 1975 TELEDU YN Y TŶ BACH

Ymddangosodd yr eitem yma yn y *Western Mail*. Rwy'n eitha balch ohono. Mae'n eitha doniol, rwy'n credu. Dylen ni wastad gofio mai cael hwyl am ben y system yw'r ffordd orau o ymosod arni.

Mawrth 1975 GWILYM O. ROBERTS

Mynd â phroflenni *Amddifad Gri* at yr Athro Gwilym O. Roberts. Mwynhau'r siwrne lan i Bontllyfni, ac aros i edmygu'r pentref a'r traeth. Ond ai ni ddylai fod yn cyhoeddi'r llyfr yma, sydd yn gyfrol deyrnged i weinidog ac academydd â hyd braich o raddau mewn seicoleg a diwinyddiaeth? Ry'n ni'n dal i gysodi llyfrau ar deipiadur trydan, ac oni ddylai cyfrol fel hon fod mewn clawr caled?

A 30-YEAR-OLD TV set was left in a courtroom by the proprietor of a Welsh publishing house yesterday to cover the £10 he had been fined for not having a TV licence.

Robat Gruffudd (31), of Y Lolfa, Talybont, Dyfed, refused to plead when he appeared before Aberystwyth magistrates during an all-Welsh hearing.

The court was told a Post Office representative found the TV in a toilet. Mr. Gruffudd admitted he had no licence and said it was in working order even though it was not.

After the court hearing, Mr. Gruffudd, who said he had no intention of paying the fine, said that when the Post Office representative inspected the set it was not connected to the electricity and had no aerial.

"But I admitted it was in working order because I wanted to protest about the lack of a separate channel for Welsh programmes," he said.

He said even if the 30-year-old set had been connected it would have taken 15 minutes to warm up.

Mr. Gruffudd, married with three children, has never had a television set in his home.

Ciliodd yr amheuon wrth dderbyn croeso cynnes Gwilym O. a buon ni'n sgwrsio trwy'r nos yn ei stafell flaen. Wedi astudio seicoleg fy hun fel pwnc, ro'n i'n edmygu ei ddawn i egluro a chyfiawnhau syniadau diwinyddol mewn termau seicolegol. Am flynyddoedd bu'n hau ei syniadau mewn colofn ddisglair i'r *Cymro* yn ei Gymraeg rhywiog ac weithiau goch, a wnaeth i rai feddwl nad oedd e'n llawn llathen.

Does dim byd anghall am ei weddi i'r 'Pendragon', sef Crist. Mae'n gofyn plis wneith E adael i ni anghofio'r gorffennol gan mai Ef, bellach, a'i piau; ac yn diolch iddo am gadw'r dyfodol oddi wrthym (gan mai Ef biau hwnnw, hefyd), a gofyn iddo felly ein helpu i ymollwng i'r presennol, gan mai dim ond yn y presennol mae modd Ei nabod, a hynny trwy bwyso'n llwyr arno. Mae e wedi dyfeisio'r term Cymraeg 'Llonyddwch Effro' ar gyfer y cyflwr meddwl goleuedig yma. Mae'r cyfan yn hollol synhwyrol.

Buon ni'n trafod effaith ryfeddol miwsig ar y meddwl, a materion rhywiol. Soniodd Gwilym O. am y gwahaniaeth dwfn rhwng agweddau'r ddau ryw, a'r camddealltwriaeth sy'n dilyn o hynny. Cyn i fi adael, cytunodd i sgrifennu erthygl fanwl i'r rhifyn nesaf o *Lol* ar sut i roi pleser i ferch – oedd yn swnio'n syniad da ar y pryd. Cyn gyrru'n ôl i Dal-y-bont, stopiais y car am yr eildro i edmygu'r traeth a'r môr. Erbyn hyn roedd y golau leuad arian wedi boddi'r cyfan mewn llonyddwch arallfydol.

Mai 1975 AWDL ARCHEBOL

Derbyn gohebiaeth anghyffredin: archeb cynganeddol oddi wrth siop Awen Meirion, y Bala. Roedd wedi'i theipio'n ofalus, a phob eitem yn cynganeddu'n berffaith. Rheolwr y siop yw Alan Llwyd, y prifardd dwbl, ac mae'n gampwaith hynod.

AWDL ARCHEBOL I'R LOLFA

Ein Gruffudd Bornograffig, – pa ryw hwyl
Sy'n parhau ers Dolig?
A'n Helwyn Alcoholig,
A yw'r brawd ar y brig?

Wyf fardd gwlad yn anad neb
A'i orchwyl yw gwneud archeb;
A wnei Robat, Ben-Rabi,
Fwrw uwchben f'archeb i
Dy drem, a rhoi'r eitemau
I'r siop hon, y FEIRION fau?

A gaf gardiau LLONGYFARCH,
Un mam yng nghyfraith y 'MARCH';
Un Ll. Ones, ddiwall ansawdd,
(Un yw hwn sy'n gwerthu'n hawdd);
Mae arnaf (canaf i'r Cwîn!)
Heddiw eisiau DAU DDWSIN,
Hefyd, gyd-gyfalafwr,
Yn y siop mae eisiau'n siŵr,
DEUNAW o gardiau DWYNWEN,
Hudoles a santes wen;
O'r tri siort, o eiriau serch,
Rho ddeunaw'r un (rhwydd annerch);
Rho'r un pryd hefyd i hon
Ddeunaw o'r un DYDDANION,
A gyr, o gardiau gwirion
Pen blwydd, yn rhwydd yr awr hon,
Ddeugain, er mwyn nawddogi
Y siop a ddewisais i;
O bob math a gymathwyd
Er lles, rho ddeugain i'r Llwyd.
Ac yna'n wir, ŵr a'i gwnaeth,
DEUGAIN o'r GENEDIGAETH.
A deuddeg POSTER diddan
Yrhawg, pob teip ar wahân
I'r un 'POB PETH YN GYMRA'G',
(Yn awr mae'r siop yn orwag!)

Cyn gorffen, fy nhalennig – ydyw mawl,
    Wyd mwy'n Bornograffig;
Beunydd, i'th wasg arbennig,
Da ydyw'r iaith yn dy drig.

Wele elfen Y Lolfa – aileni
    Yr englynion butra;
Er ei dawn a'i llyfrau da
Esgymun yw'r wasg yma.

Alan a'i cânt.

Wedi torri'r rheol Dim Saesneg gyda Stan Addicott – ond yn lletchwith, a heb steil – pan welais i e'n annisgwyl yn nhafarn yr Uplands yn Abertawe. Triais egluro 'mod i'n cymryd rhan mewn ymgyrch oedd yn dilyn polisi o beidio siarad Saesneg oni bai 'mod i'n hunangyfieithu, bla bla bla. Yna, trois i'r Saesneg.

Edrychodd Stan arna i â hanner gwên, cystal â dweud: dyw'r nytyr yma byth wedi callio ers dyddiau Bangor. Wrth draddodi fy nhipyn araith ro'n i'n sylweddoli fy mod i, yn ymarferol, yn dweud wrtho na fasen i byth yn siarad yn gall 'dag e eto. Ond sut gallen i fradychu ein hen gyfeillgarwch? Buon ni'n rhannu stafell am flwyddyn yn Neuadd Reichel ym Mangor ac felly'n nabod ein gilydd yn dda *iawn*. Stan gyflwynodd fi i yfed cwrw. Yn faswr i dîm rygbi'r coleg ac yn dod o Aberpennar, fe'm hudodd i dafarn y Railway ar nosweithiau Sadwrn a'm cyflwyno i ddiwylliant yfed y tîm rygbi gyda'u caneuon coch, eu rowndiau yfed, a'u strip *zumba*.

Llwyddais i ddal ati am bron i dri mis gydag ymgyrch y 'Cymry Rhydd' i wrthod siarad Saesneg. Doedd e ddim yn hawdd. Pan fyddai reps papur yn galw yn Y Lolfa, ro'n i'n egluro iddyn nhw y byddwn i'n siarad â nhw yn Gymraeg yn gyntaf, wedyn yn Saeneg, fesul brawddeg. Roedden nhw'n parchu'r safiad ar y cyfan – gan gydnabod efallai fod angen argyhoeddiad i wneud peth mor fulaidd.

Y tro anoddaf oedd mynd i lawr at gwmni bach yn nociau

Gwaith pwysig –a syml– inni i gyd yn ein bro ein hunain. Gyda'ch arweiniad chi bydd cyfarfod hanesyddol

**1–3 p.m. Dydd IAU, Awst 7
PABELL Y CYMDEITHASAU**

Cymry Rhydd –a Chymru Rydd!

Casnewydd i werthu Varityper – math henffasiwn o beiriant cysodi a ddisodlwyd ers tro gan yr IBM pelen golff. Ro'n i yno am dros awr, yn straffaglu rhwng y ddwy iaith ac yn teimlo'n ffŵl llwyr – roedd pob brawddeg o'n i'n ynganu yn profi 'mod i'n feistr ar yr iaith Saesneg – ond daliais ati, a gwerthu'r diawl yn y diwedd: mwy o orchest na sawl sawl peth mwy cyhoeddus rwy wedi'i wneud dros yr iaith.

Ces i brofiad mwy doniol gyda fy ffrind John Howell pan oedden ni'n dau yn sefyll wrth y Patshyn Glas yn Nhal-y-bont, o flaen y Llew Gwyn. Stopiodd Sais ei gar a gofyn y ffordd i dŷ arbennig yn y pentre. Eglurodd John nad oedd ef ei hunan yn gwybod ble'r oedd y tŷ, ond fy mod i – ond nad o'n i'n siarad Saesneg. Cynigiodd ddatrys y broblem trwy gyfieithu ar fy rhan, a dyna ddigwyddodd, ond gwasgodd y Sais ei sbardun wedi rhai brawddegau carbwl.

Cafodd yr ymgyrch brawf anodd mewn pisdy yn Abertawe, pan drodd boi ata i a dweud yn gyfeillgar: "Can't beat a good slash, can you, butt?" Beth ddylen i wneud: (a) ei anwybyddu, (b) ei ateb yn Gymraeg, neu (c) ddweud yn Saesneg, "Before I can answer that I must explain to you that I am a member of the Cymry Rhydd. We do not pretend that we do not understand English, but in order to promote the status of the Welsh language, we either speak in Welsh only, or, where appropriate, selftranslate sentence by sentence ..."

Ond roedd yna brofiadau cadarnhaol. Er enghraifft, y ddau fachan yna yng nghlwb nos y Townsman, oedd mor llawn cydymdeimlad ata i oherwydd fy niffyg Saesneg, ac yn mynnu codi peintiau i fi. Roedd yn brofiad rhyddhaol i fi a diddorol iddyn nhw, gobeithio: dygymod â bodolaeth Cymro naturiol, wedi dod lawr o'r bryniau, oedd yn dipyn mwy rhugl yn y Gymraeg na'r Saesneg – mewn gair, sy ddim yn ddwyieithog. Roedd rhywbeth braf iawn am hynny. A wna i ddim anghofio chwaith am y Gymraes hyfryd yna yn siop gamera Haines yn Abertawe, a fynnodd gyfieithu drosta i wrth reolwr y siop, yn falch o ddangos ei gwybodaeth o'r iaith i'w bòs. Ro'n i wedi rhoi pwysigrwydd newydd iddi, am fod yn Gymraes. Roedd hynny'n brofiad ffantastig, ac yn werth y strach i gyd.

Tachwedd 1975 RALI LLANELLTYD

Mynd i Rali Llanelltyd, y rali arwyddion fwyaf yn hanes y Gymdeithas, a'r un fwyaf treisgar a blin. Gan chwifio *boltcutter* uwch ei ben, cyhoeddodd Wynfford James fod y cadoediad tactegol drosodd, a bod yr ymgyrch arwyddion yn ôl ar y cledrau, yn dilyn tin-droi John Morris. Cerddon ni ymlaen i Ddolgellau yn cario arwydd trwm ar ein cefnau a'i daflu ar risiau Swyddfa'r Heddlu. Yna hyrddiodd Twm Elias garreg fawr ar yr arwydd, a daeth criwiau eraill a thaflu mwy o arwyddion at y drws, gan hawlio cael eu harestio. Ond yna cyrhaeddodd llanciau lleol, yn anhapus o weld eu tref yn cael ei fandaleiddio a'i stripio'n noeth o arwyddion. Roedd camerâu'r wasg yno'n fflachio, a'r dorf fawr yn bloeddio cymeradwyaeth.

Gyrru'n ôl a gweld paent du dros bob gair Saesneg ar bron pob arwydd ffordd. Hoffi'r lliw. Bu llawer wrthi, yn ailgydio yn ysbryd y Chwyldro. Roedd 'na deimlad o ryddhad corfforol o allu gweithredu eto: ffydd, heb weithredoedd, marw yw. Wrth yrru'n ôl ar y topiau uwchben Tal-y-llyn, roedd y caeau a'r bryniau yn edrych yn wahanol, yn fwy gloyw, yn fwy gobeithiol, a mwy bygythiol hefyd. O'r diwedd, rwy'n gwybod fod 'na Chwyldro ar y ffordd yng Nghymru.

1976

Mai 1976 TRO I LUNDAIN

Mynd am benwythnos i Lundain gyda fy ffrind Siôn Myrddin. Cysgu dwy noson ar lawr mewn tŷ mawr yn Putney, lle roedd ffrindiau Siôn yn sgwatio. Ar ôl rhoi ein sachau cysgu i gadw, aethon ni lawr i'r stafell flaen lle roedd criw ohonyn nhw'n eistedd mewn cylch, yn pasio sbliff o wair rownd yn ddefosiynol a phawb yn cymryd pwff bach yn ei dro. Roedd peiriant stereo yn y canol yn chwarae ryw rwndi diflas, undonog. Pwy sy wedi marw? meddyliais. Cafodd Siôn a fi lond bol ar ôl hanner awr, a mynd i'r Duke's Head gyferbyn am ddau beint o Carling, ac wedyn i sinema cyfagos i weld y ffilm James Bond, *The Man with the Golden Gun*.

Buon ni'n trafod syniadau trwy'r penwythnos: Disgo Dylanwad (disgo Siôn), Radio Tal-y-bont, gwneud ffilmiau, a'r clwb mae Siôn am ei sefydlu. Mae e eisoes yn farman yng nghlwb y Ganolfan Chwaraeon yn Aberystwyth ond un noson anghofiodd droi'r Guinness bant. Daeth rheolwr y siop i mewn y bore wedyn a ffeindio cylch du o Guinness yn diferu o'r nenfwd dros ei raciau o grysau gwyn Nike ac Adidas – ond wnes i mo'i bryfocio am hynny. Wedi prynu'r offer ffotograffaidd ro'n i angen, glanion ni nos Sadwrn mewn parti mewn tŷ mawr ar gyrion Llundain, lle bu Siôn yn dawnsio trwy'r nos ar ben ei hunan – fel llawer o'r lleill, erbyn sylwi. Dyna'r ffasiwn, mae'n amlwg: pawb yn ei fyd ei hun, wedi chwythu'i ben ar ryw wair neu bowdwr.

Gyrron ni 'nôl i Dal-y-bont dydd Sul a gollyngais Siôn yn y tŷ haf ym mhentre Bont-goch, lle mae'n byw gyda Dilys a'u dau o blant. Mae'r teulu wedi meddiannu'r bwthyn ers blwyddyn a hanner: gweithred dipyn dewrach nag eiddo'r sgwatwyr a'r smygwyr yn Llundain.

Dilys a Siôn Myrddin yn y tŷ haf ym Mont-goch, lle buon nhw'n byw yn anghyfreithlon am ddwy flynedd.

Medi 1976 BLUE NUN

Uwchben biriani Indiaidd a hanner potel o Blue Nun mewn tŷ cyrri yn Heol San Helen, sylweddoli fod popeth yr un mor wir â'i gilydd. Dywedodd fy ffrind Bill Edwards wrtha i unwaith: "Does yr un gosodiad yn cynnwys gwirionedd o bwys os na all ei wrthwyneb hefyd fod yn wir."

Er enghraifft, "Dechrau doethineb yw nabod a derbyn dy hun fel yr wyt" (Socrates), a "Dyletswydd dyn yw trechu a throsgynnu'r hunan" (Nietzsche). Neu: "Mae'r byd yn llawn anghyfiawnder; rhaid i bethau newid: mae angen chwyldro" neu ar y llaw arall, "Dechreuad doethineb yw derbyn fod popeth yn amherffaith, a gwneud y peth iawn ta beth".

Hynny yw, dim ots os yw'r frwydr yn anenilladwy, rhaid ei hymladd. Mae ein sefyllfa'n anobeithiol, ond dathlwn, derbyniwn ein sefyllfa, a chanu yn y mellt. O dan ddylanwad y Blue Nun, roedd y safbwynt yma'n apelio, ond ydyn ni am adael i'r moch gael eu ffordd, y corfforaethau a'r cenhedloedd mawrion sy'n stampio'u sgidiau hoelion dros wareiddiad? Rhaid ymladd er mwyn ennill.

Arllwysais weddill y Blue Nun i'm gwydryn. Ro'n i'n gallu credu'r ddau beth croes, bron gyda'i gilydd, ond nid yn hollol. Beth yw'r pwynt ymladd heb fwriadu ennill ac ymdrybaeddu mewn teimlad cynnes o hunangyfiawnder, ond yn y pen draw, oes unrhyw frwydr fyth yn cael ei hennill? Am eiliad neu ddau, wrth imi wagio'r gwydryn, digwyddodd cymod rhwng y safbwyntiau croes, a gofynnais yn gyflym am y bil.

1977

Ionawr 1977 ALL SOULS

Mynd am bedwar dydd i Rydychen gydag Enid a'r bechgyn gan aros yn fflat fy rhieni yng ngholeg All Souls, lle maen nhw'n mwynhau blwyddyn sabothol. Prynu llwyth o lyfrau yn siop Blackwell's a cherdded ar lan afon Isis yn y tywydd rhewllyd.

Mas nos Sadwrn i'r theatr i weld drama Alan Ayckbourn, *The Norman Conquests* (y gyntaf) a chwerthin trwy'r nos. 'Nôl yn y fflat, dangosodd fy rhieni luniau ohonynt yn 'Ladies' Night' All Souls.

Ar y Sul buom yn crwydro cynteddau hynafol y coleg a mwynhau ffesant i ginio yng nghwmni cyd-gymrodyr fy nhad, rhai ohonon nhw'n haneswyr go finiog eu tafod a phendant eu barn. Wedyn mynd am lasied o sieri yn stafell fy nhad yn y coleg, a mwynhau hoe ddiog yn edrych tua'r lawntiau a'r ffynhonnau ganrifoedd oed.

Treulio noson olaf hamddenol yn trafod llyfr newydd fy mam am swyngyfaredd yng Nghymru, *Byd y Dyn Hysbys*. Wedyn, digwydd gweld ffilm o Arthur Rubinstein, y pianydd, ar y teledu. Wedi ymgais aflwyddiannus i'w ladd ei hun, sylweddolodd beth mor ogoneddus yw bywyd a bod pob eiliad i'w drysori a'i werthfawrogi, a dangoswyd ef yn chwarae *polonaise* gan Chopin. Roedd ei lygaid yn llawn sbort, ei wên yn fflachio o ddrygioni, a sylweddolais mor llawn o hyfrydwch yw 'mywyd i y dyddiau hyn ac y dylen i ddiolch bob dydd am y breintiau rwy'n eu mwynhau.

Dywedodd Ioan Bowen Rees unwaith, mewn ymateb i gwestiwn twp mewn cwis yn *Y Cymro*, beth oedd yn ei gadw'n effro yn y nos. Atebodd ag un gair: 'Gorfoledd'. Am ateb gwych, yn profi ei fod e, hefyd, yn fachan o sylwedd.

Mehefin 1977 HEN SWYDDFA'R HEDDLU

Parti agor Hen Swyddfa'r Heddlu yn Nhal-y-bont. Daeth nifer dda ynghyd, o bell ac agos, yn ffrindiau ac awduron a phentrefwyr. Roedd y *Western Mail* wedi cydio yn noniolwch y syniad 'mod i fel hen brotestiwr yn prynu un o sefydliadau'r gyfraith. Felly gofynnais i Eirwyn Pontshân lywyddu'r noson mewn gwisg barnwr, gan roi'r hawl iddo ddefnyddio awdurdod y llys i ddedfrydu gelynion Cymru i gosbau addas: mae yna gelloedd yng nghefn yr adeilad. Roedd yr heddlu yn eu defnyddio tan yn ddiweddar i gosbi meddwon ar nos Sadwrn, a'u rhyddhau am bum munud i ddeg fore Sul, pan fyddai poblogaeth y pentre yn tyrru tua chapeli Tabernacl a Bethel gyferbyn.

Yn rhyfedd iawn, bues i bron â cholli'r adeilad oherwydd Cymdeithas yr Iaith. Yn sgil eu hymgyrch yn erbyn tai haf, gwnaeth yr heddlu reol newydd fod yn rhaid gwerthu eu swyddfeydd fel tai byw. Aeth hen ysgol gynradd Tal-y-bont ar werth yn y cyfamser, a chiciais fy hun pan glywais i ysgol yn Llundain ei phrynu er mwyn ei throi'n ganolfan 'awyr agored'. Ond wedi hir oedi – a rhyw gymaint o ddiddordeb gan deuluoedd lleol – fe

Y Barnwr Gwilym Eirwyn Jones yn cyhoeddi'r gyfraith iach yn Llys Talybont. Stori tudalen 5.

ildiodd yr heddlu. Bydd dwywaith y lle 'da ni nawr gan y bydda i'n cadw'r Emporiwm ar gyfer storio.

Tachwedd 1977 PC49

PC49, plismon y pentre, yn galw yn y tŷ yn gynnar neithiwr. Be ddiawl ydw i wedi'i neud nawr, meddyliais, wrth ei wahodd i'r stafell flaen. Roedd yn galw, meddai, ynglŷn â'r ddamwain car ges i'n ddiweddar. Ymlaciais, achos ro'n i'n gwybod 'mod i'n ddieuog. Yn hwyr y nos, ar fy ffordd 'nôl o Amwythig, ro'n i wedi gyrru i mewn i yrr o wartheg duon oedd yn crwydro'n rhydd ar darmac tywyll y briffordd rhwng Tre'r-ddôl a Thal-y-bont. Fe laddais i ddwy o'r diawled, a gallasen i fod wedi cael fy lladd fy hun petai corn wedi mynd trwy'r sgrin wynt. Roedd 'na dipyn o ddifrod i'r car ond byddai yswiriant y ffarmwr yn gofalu am hynny.

"Mr Gruffudd ... ry'n ni mewn sefyllfa 'bach yn ddelicet gyda'r ddamwain 'ma," meddai'r plismon wrth droi'r siwgr yn ei de.

"Ond wedoch chi fod y ffarmwr yn torri'r Animals Act, bod ei ffensys yn yfflon, ac yn peryglu bywyd."

"Ma' hynna'n eitha reit, wrth gwrs. Ond fydde dim pwynt i ni fynd ag e 'mlân, chi'n gweld."

"Rwy wedi'ch colli chi nawr ..."

Edrychodd y PC arna i'n lloaidd. "Chi bownd o fod yn gwbod am Gwilym Caradog Jones. Mae'n *Justice of the Peace*, yn Gadeirydd y Cyngor Sir ac yn gadeirydd yr ynadon yn Nhal-y-bont ... allwn ni ddim â mynd ag e mlân yn ei gwrt ei hunan!"

"Ond nid fe fydd yn eistedd ar y fainc yn yr achos yna, does bosib?"

"Os y'ch chi'n teimlo'n gryf am y peth, gallwch chi wastad ddod ag achos preifat yn ei erbyn e."

"Ond iechyd y byd! Eich gwaith *chi* yw mynd â phobol 'mlân am dorri'r gyfraith!"

Buon ni'n dadlau am ychydig, ond yna penderfynais nad oedd pwrpas gwastraffu mwy o wynt ar y boi. Ond wedi cau'r drws ar y cwnstabl, sylweddolais y buasen i'n wynebu bil drud am y car, er 'mod i'n hollol ddieuog. Wedyn cofiais: rwy nawr yn byw yng Ngheredigion, y sir lle mae buddiannau personol yn teyrnasu, y sir lle na allwch chi drafod gwleidyddiaeth yn agored mewn bar, y sir leia gwleidyddol, fwya llwgr yng Nghymru. Doedd y cwnstabl, yn amlwg, yn ôl hen arfer, ddim am gynhyrfu'r dyfroedd mwdlyd. Y cwestiwn nawr oedd: o'n i? Neu ydw i'n ormod o Gardi – ac o gachgi – fy hun, erbyn hyn?

Nodyn: oeddwn. Wnes i ddim mynnu fy hawliau a chollais fy 'no claim'.

1978

Chwefror 1978 NORMALRWYDD

Mynd i Lanystumdwy i weld Wil Sam â phroflenni *Dyn y Mynci*, ei gasgliad cyntaf o straeon byrion. Rwy'n dwlu ar y portread cynnes o bobl fel maen nhw, yn eu gwiriondeb ac yn eu cynefin.

Cael swper gwych gan Dora a pheint wedyn gyda Wil yn y Plu.
Yno dywedodd nad oes yr un syniad y mae'n ei gasáu'n fwy ar
y ddaear na Normalrwydd: er enghraifft, y syniad y dylai pawb
gael 2.4 o blant neu gael rhyw 1.8 gwaith yr wythnos. Wrth gwrs,
mae'n nonsens pur. Cyfartaledd mathemategol yw ffigyrau o'r
fath, heb ddim cynnwys o gwbl.

Ond beth sy'n ddiddorol yw nad dim ond y math o gymdeithas
mae Wil Sam yn ei disgrifio – yr un werinol, bentrefol – sy'n
annog y peth sy'n groes i Normalrwydd, sef ecsentigrwydd. Mae
pob cymdeithas glós, p'un ai mewn hostel coleg, neu glwb dethol
yn Llundain, neu gaffe bohemaidd ym Mharis, yn tanseilio
ymdrechion pobl i gydymffurfio â 'norm' annaturiol. Daw pobl
i'ch nabod chi'n rhy dda, ac yn fuan iawn i roi llysenw i chi sy'n
tynnu sylw at yr union wendid yr y'ch chi mor frwd i'w guddio.

Yn hytrach nag ymladd brwydr ofer i gyflwyno
ymddangosiad ffug-normal i'r byd, gwell o lawer meithrin
y gwrthwyneb. Fel y cynghorodd rhyw Ffrancwr doeth:
cofleidiwch a meithrinwch y nodwedd yna y mae pobl yn eich
beio chi fwyaf amdani.

Awst 1978 POST HOUSE
Dydd a nos Wener, steddfod Caerdydd.

Dechrau yn nhafarn yr Hollybush gyda Pete Cross, Arthur
Tomos, Huws Bach, Penri a'r ddau ddysgwr. Codi rowndiau,
archwilio'r *Western Mail*, trafod materion y dydd ac ambell
i sgandal eisteddfodol. Yfed dau neu dri pheint yn y naws
ysgafn, foreol tra llusgai'r haul yn ddiog o un ffenestr i'r llall.
Anghofio am ofalon; ein golwg ar y byd yn cynhesu, bywiogi,
anghyfrifoli.

Yn sydyn mae'n bnawn a daw awgrym o rywle i ddal
tacsi i'r Post House ar Ffordd Casnewydd. Gwneud hynny,
a gweld fod ei lawntiau gwyrddion yn berffaith i barhau'r
prynhawn. Ailafael yn y rowndiau gan godi dim ond i biso a
phrynu byrgyr. Tywynna'r haul o'r ffurfafen las, ddigwmwl tra
gorweddwn ar y gwair gyda'n gwydrau plastig o gwrw fflat.
Peidia prosesau meddyliol, arafa amser. Pasia ambell i din

siapus, hapus heibio mewn jîns croendyn. Daw Hefin Wyn i'n plagio â chopïau o *Curiad*. Talu Hefin a dal ymlaen i yfed.

Rhaid ei bod hi tua phump o'r gloch pan sylwon ni ar griw newydd, siwtiog yn martsio i mewn i'r gwesty – ar gyfer derbyniad gan gwmni teledu HTV, erbyn deall. Mae hyn yn addawol. Fe'u dilynwn i'r stafell fawr, olau lle mae Pete Goginan, Ainsleigh, Doc Bach ac eraill yn yfed ag awch a phenderfyniad. Mae'r gymdeithas yn dda, yn dda iawn. Ond wedi dwyawr o uchelwylio ac êlio, roedd ein stumogau'n sgrechian, ac fe ddalion ni dacsi i fistro gwin Ffrengig yn un o'r arcadau. Mwynhau pryd ardderchog, a mwy o hwyl wedyn wrth i Huws Bach ac Arthur ganu i gyfeiliant y chwaraewr acordion. Yna, ymlaen â ni i glwb nos Titos, lle ces i gwmni merch hyfryd o Ben Llŷn, oedd i fi, yn y cyflwr uchel o'n i, yn ymgorfforiad siapus, deallus, hudol o Gymreictod yn ei burdeb.

Cyhoeddwyd y ddawns olaf. Daeth y cyfan i ben yn rhy fuan. Aeth y ferch, collais y lleill ond llwyddais i ffeindio bwyty Indiaidd ag enw Dafydd Iwan, *Diwan I Am*. Yno bues i'n yfed peintiau llonydd o ddŵr gyferbyn â murlun o fambis yn prancio – mor hapus ag o'n i o drist – wrth droed Mynydd Everest. Cyrraedd 'nôl i'r hostel yng Nghyncoed tua phump o'r gloch y bore; methu cofio sut.

Ond nid *crawl* oedd hwn o far i far, o fwyty i glwb, ond taith o bresennol arwynebol i rywle hyfryd, diamser, yn llawn sicrwydd dwfn, lle roedd y byd yn ei le, ac yn troi'n dawel ar ei echel. Ro'n i wedi bod am dro i galon y profiad llwythol Cymreig.

Awst 1978 TRO I LANRWST

Mynd lan i Lanrwst i weld Dafydd ac Arianwen Parry, pâr yr wyf yn eu hedmygu'n llwyr: cenedlaetholwyr gweithgar a sefydlwyr y siop lyfrau Cymraeg gyntaf yng Nghymru yn Llanrwst. Nawr bydd Dafydd yn sgrifennu *chwe* nofel antur i blant y flwyddyn i ni ar ben ei waith fel athro daearyddiaeth ysgol uwchradd. Cael croeso tywysogaidd fel arfer yn eu plasty yn Nhrefriw, a'u pump o blant yn gweini – yr un nifer â'r Llewod.

Yn y bore aeth Dafydd â fi draw i weld ei ffrind mawr, awdur arall cynhyrchiol a gwreiddiol: Idwal Jones, Llanrwst, crëwr Gari Tryfan, y ditectif radio y bues i a miloedd o blant eraill yn gwrando arno'n ddeddfol am bump o'r gloch bob nos Fawrth, ein clustiau wedi'u glynu wrth ein setiau radio. Smygai Idwal yn ddi-dor wrth i ni drafod camerâu Nikon a gweisg argraffu Solna o Sweden. Cyn tanio sigarét, byddai'n torri'r bonyn i ffwrdd a'i daflu i'r gwter. Tra o'n i'n trio dyfalu pam nad oedd e'n prynu rhai heb ffilter, trodd y sgwrs at Galfiniaeth. Mae Idwal – ymhlith sawl peth arall – yn weinidog Methodist ac yn credu fod popeth wedi'i ragordeinio. Dim ots be wnewch chi, mae'ch tynged wedi'i selio ac yn nwylo Duw.

Mae rhywbeth am y safbwynt sy'n apelio – dy'n ni ddim agos mor gyfrifol am ein bywydau ag y'n ni'n ddychmygu – ond mae'n ddadl na allwch chi mo'i gwrthbrofi. Gofynnais: petai e'n marw o gancr o ganlyniad i fethu magu'r ewyllys i reoli ei smygu, a fuasai hynny hefyd wedi'i ragordeinio? "Siŵr iawn," atebodd yn ŵl gan daflu ffilter arall i'r gwter.

Nid yn unig nad oedd e'n credu bod pwynt iddo drio concro'i arferiad afiach – doedd e ddim chwaith yn credu mewn trin cancr. Soniodd am ffarmwr lleol oedd yn smociwr trwm, â'r un symptomau â fe, ond a fu farw o fewn wythnos o fynd i'r ysbyty am lawdriniaeth – mor ffôl!

Trodd y sgwrs at Iddew yn Llanrwst oedd yn gwsmer i fusnes argraffu Idwal a'i fab. Roedd arno ddyled o £187 iddyn nhw, a gofynnodd Idwal iddo'i setlo. Ond atebodd yr Iddew mai dim ond £7 oedd y ddyled mewn gwirionedd, gan fod yn rhaid iddo ddychwelyd i Israel ar frys. Wnaeth e ddim egluro mwy, ond ymhen rhai dyddiau darllenodd Idwal yn y papur fod y Rhyfel Pum Diwrnod wedi dechrau.

"Welis i mohono fo byth wedyn," meddai Idwal, "na'i bres o."

"Un peth sy'n siŵr," dywedais, yn llawn edmygedd o'r Iddew dewr, "doedd e ddim yn Galfin."

"Ond dyna oedd 'i dyngad o, yntê?" atebodd Idwal yn ŵl, gan dorri ffilter sigarét newydd.

Awst 1978 GEORGE BREWER

Marw George Brewer. Damwain moto-beic – bwndel o wellt, medden nhw, wedi syrthio ar 'i ben e'n ddamweiniol. Rhywbeth twp, ond digon i ddod â bywyd i ben.

Anodd credu ei fod e wedi mynd. Colled ofnadwy, halen y ddaear. Bachan gwâr, gwreiddiol, gwerinol, deallus, addfwyn, amhosib ei gategoreiddio. Roedd e gyda ni yn Neuadd Reichel. Derwen o gymeriad, yn bloeddio'i Gymraeg lawr y coridorau Seisnigaidd, yn mynd i bobman yn ei siaced leder moto-beic, ond bachgen mwyn a chellweirus. Er gwaetha'i amryw raddau, aeth yn weinidog i Sir Fôn yn hytrach na dilyn gyrfa academaidd, a rhoi ei dalentau at olygu'r *Gwyliedydd*, papur y Methodistiaid Wesleaidd.

Wnaeth ein llwybrau ddim croesi'n aml ond ces i beint gyda e a Penri yn steddfod Wrecsam a buon ni'n dadlau am Arminiaeth a Chalfiniaeth. Fel Wesle (yn wahanol i'r Calfin, Idwal Jones, Llanrwst), roedd yn credu mewn ewyllys rydd. Yn ystod y sgwrs, gofynnodd gwestiwn i fi am fy nghyfrol ffrit o gerddi, *Trên y Chwyldro*, oedd newydd ymddangos.

"Robat, dwi'n sylwi dy fod ti'n defnyddio'r gair 'Duw' weithia yn dy gerddi di. Deuda, be ti'n feddwl wrth hynny?"

"I fod yn onest, George, sa i wedi gweithio'r peth mas yn iawn ..."

"Felly'n union ro'n i'n amau."

Dyfarniad teg, ro'n i'n meddwl.

1979

Mawrth 1979 *TREFFIN*

I Wrecsam heddiw, i dynnu lluniau o Gareth Miles ar gyfer ei gyfrol *Treffin*. Crwydro rownd canol y dre, tynnu lluniau ohono wrth stondin bwtsiwr yn y farchnad, ac mewn tafarn, ac o flaen y tai teras lle roedd e'n arfer byw. Yn y cyfamser, parablai Gareth yn ddifyr am wleidyddiaeth a'r refferendwm ar ddatganoli a gynhaliwyd ddechrau'r mis.

Ein camsyniad ni fel cenedlaetholwyr, meddai, yw ein bod ni wastad yn ymddiheuro, ac yn cael ein hunain ar y droed ôl o hyd. Ry'n ni'n dweud pethau fel: "Nid *separatists* ydan ni. Does 'na ddim angan i chi boeni am ddatganoli. Nid llwybr llithrig mohono fo i Gymru annibynnol – na, Duw a'n gwaredo. A fydd neb yn stwffio'r iaith lawr gyddfa pobol. 'Dach chi'n gweld, does dim angan i chi fod yn genedlaetholwr i bleidleisio Ie ..." Yn yr ymgyrch dros ddisg treth car Cymraeg, ar y llaw arall, roedd y sefyllfa o chwith: ni oedd yn herio. Wedi sylwi ar y ddisg anghyfreithlon yn ffenest ei gar, daeth plismon lan at Gareth a dweud, nid ei fod am ei arestio, ond: "Yli, mêt, dwi cystal Cymro â ti ..."

Adroddodd stori ddoniol am Dafydd Iwan yn canfasio dros Phil Williams yn isetholiad Caerffili. Daeth dyn at y drws mewn fest a thatŵs. Edrychodd ar y daflen etholiadol, oedd yn

Gareth Miles yn Nhreffin

cynnwys tipyn o Gymraeg, a'i rhoi yn ôl i Dafydd gyda'r geiriau, "No thanks, mun – I don't speak Welsh." Atebodd Dafydd: "Don't worry about that – neither can our candidate." Atebodd y dyn: "Well, he bloody well ought to!"

I Gareth, ar yr ethos Anghydffurfiol mae'r bai ein bod ni'n ymgyrchu mor ddihyder, a byth yn trafod pynciau'n onest ac yn dweud y gwir wrth bobl. Ry'n ni'n cymryd yn ganiataol eu bod nhw yn ein herbyn ni, ond dy'n ni'n twyllo neb trwy ffalsio. Yr un meddylfryd sy'n peri fod cenedlaetholwyr yn cymryd holl faich y Genedl ar eu cefnau eu hunain, fel petai'n bosib i un person achub Cymru, petai ef neu hi'n ddigon hunanaberthol.

"Dim ond dosbarth o bobl all newid petha," meddai Gareth, "ond sgin y dosbarth *petit bourgeois* cefn-gwlad Cymreig mo'r potensial i wrth-droi'r drefn. Maen nhw am osgoi gwrthdaro, a newid; maen nhw'n rhy gysurus yn eu swyddi a'u hawddfyd. Dim ond y dosbarth gweithiol all newid petha, a phobl na sgynnon nhw ddim i'w golli: y di-waith, myfyrwyr ..."

Do'n i ddim yn hollol siŵr am y pwynt yna – onid oedd gan y dosbarth bwrj ran go bwysig yn y Chwyldro Ffrengig? Ond gan wybod y buasai Gareth yn gallu fy llorio'n rhacs mewn dadl, fe ganolbwyntiais ar y lluniau, ac meddai Gareth: "Asu, Rob, ti 'di cael digon o blydi llunia rŵan? Dwi'n ama ma esgus ydi hyn i ti ga'l chwara efo dy Bentax."

Gwir neu beidio, daeth y lluniau mas yn iawn. Yn y stafell dywyll, argraffais i nhw trwy ffilter plastig oedd yn rhoi graen garw, rywsut yn ddosbarth gweithiol iddyn nhw, a fydd, gobeithio, yn plesio Gareth.

Mai 1979 DULLIAU CHWYLDRO

Pam fod pawb mor ddiflas ynglŷn â chanlyniad y refferendwm datganoli? Phil Williams oedd yn iawn o'r dechrau: ddylsai Gwynfor fyth fod wedi cario babi marw-anedig y Blaid Lafur tra bod rhai o arweinwyr y blaid yna, o'r cwdyn gwynt Kinnock i lawr, yn taranu yn erbyn eu mesur eu hunain ac yn dweud pethau ffiaidd o wrth-Gymreig. Fel sawl cenedlaetholwr arall, fe fues i bron â phleidleisio yn erbyn.

Mae'n hawdd anghofio am hynny nawr. Mae rhai'n claddu eu pennau yn y tywod ac yn sôn am adael Cymru, eraill am anghofio am etholiadau a pharatoi ar gyfer 'chwyldro'. Wel, sut yn hollol fase hynny'n gweithio mas? *Coup* milwrol fel yn Rwsia neu Giwba? Neu chwyldro di-drais, a'r boblogaeth yn llifo mas i'r baricadau? Neu ai'r ystyr yw deffroad niwlog mewn ymwybyddiaeth – sef yr ystyr rwy'n ei rhoi i'r gair fy hun, pan rwy'n malu awyr am 'chwyldro'?

Soniodd Saunders Lewis am ddefnyddio 'dulliau chwyldro' yn ei ddarlith radio, ond y cyfan roedd e'n feddwl oedd defnyddio anufudd-dod sifil yn yr ardaloedd Cymraeg mewn ymgyrchoedd dros statws i'r iaith. Sef dilyn y Beasleys, mewn gair. Sy'n gymeradwy iawn, ond a oedd angen defnyddio'r gair 'chwyldro'? Buasai'n well i bawb anghofio am y blydi gair ac am y refferendwm hefyd, a chanolbwyntio ar y gwaith mewn llaw.

Mehefin 1979 GET BAC

'GET BAC,' meddai'r dyn du yn y siwt *lurex* melyn yn y ffilm neithiwr. 'GET BAC,' meddai Eirwyn Pontshân a Barry McKenzie*: cera 'nôl at dy goed. 'GET BACK to where you once belonged,' canodd y Beatles. 'GET BAC,' meddai Wil Sam a Penri a Ieu Rhos†. 'GET BAC' yw neges roc a rôl, a Chubby Checker a *teddy boys* Bill Haley. 'GET BAC' mae George Melly'n ganu, a Louis Armstrong, a Harri Webb yn ei gerddi, a dyna wnaeth Muhammad Ali wrth gymryd ei enw newydd. 'GET BAC,' yw neges *Lol* hefyd, a Huw Jones ar ei record – paid trio bod yn Sais.

Paid trio bod yn rhywbeth nad wyt ti ddim, cera 'nôl at dy goed, at dy wreiddiau, at ble ti'n dod o.

* Cymeriad cartŵn Awstralaidd, a ddyfeisiwyd gan Barry Humphries, oedd yn hoff o chwydu mewn partïon llenyddol; ymddangosodd yn *Private Eye* ac mewn ffilmiau.

† Cymeriad difyr, diflewyn-ar-dafod, a fu'n ysgrifennydd i Gymdeithas yr Iaith ac a safodd ei arholiadau gradd mewn carchar ond a ddychwelodd i'r Rhos i weithio fel gyrrwr bysys; bu farw'n sydyn yn 2016.

Awst 1979 STEDDFOD CAERNARFON

Gwerthiant da yn steddfod Caernarfon; gorfod mynd 'nôl i Dal-y-bont ganol wythnos i ailgyflenwi stoc. Safio arian trwy gysgu – y pump ohonom, fel teulu – yn y stondin ar y maes: fawr o sbort ym mwd a glaw trwm ddiwedd yr wythnos. Cael dim ond dwy sesiwn awr ginio yn y Twtil, ond noson dda nos Sadwrn yn y dre.

Bu Pontshân ac eraill yn gwisgo crysau-T 'AFLAN RULES OK' o gwmpas y maes. A fe sydd *yn* rheoli, wrth gwrs. Mae'r achos yn mynd yn ei flaen, ond roedd y stori mor ddiniwed: pwt byr, yn rhifyn y gwanwyn o *Lol*, o dan y teitl 'The Man from UNCLE' yn awgrymu i'r Aflan* ryddhau adroddiad ymlaen llaw i bennaeth newyddion HTV, sef ei nai, Geraint Talfan Davies. Cawson ni lythyr ym mis Mehefin yn hawlio £1,400 o iawndal a chostau. Mae'n ddisynnwyr. Oes 'da fe gymhelliad arall dros fynd â ni i Uchel Lys? Fel claddu'r Lolfa, er enghraifft? Onid oes gan Alun Talfan ei wasg ei hun, sy'n cystadlu'n uniongyrchol â ni?

* Syr Alun Talfan Davies, cyfreithiwr, is-gadeirydd grŵp HTV, sylfaenydd Llyfrau'r Dryw a'r cylchgrawn *Barn;* bu farw yn 2000.

Awst 1979 MARY MILLINGTON

Darllen fod Mary Millington wedi lladd ei hunan yn 33 oed trwy gyffuriau ac alcohol. Mor ifanc, methu credu. Ces i ddwyawr o'i chwmni, dan yr enw 'Mary Maxted', bedair blynedd yn ôl yn stiwdio Scotlee yn Putney yn Llundain. Rwy'n credu iddi fwynhau tynnu'r lluniau diniwed i *Lol*. Gofynnais iddi bosio gyda rhes o lyfrau yn cynnwys *The Welsh Language Today* (Meic Stephens), *Syndod y Sêr* (Meirion Pennar), a *Poetry of Wales 1930–1970*. Roedd hi'n hoffi'r syniad o ymddangos mewn cylchgrawn Cymraeg, a gofynnodd i fi anfon copi o *Lol*, haf '75, ati i'w chartref yn Dorking, Surrey.

Hi oedd seren y ffilm *Come Play with Me* a sawl rhifyn o *Men Only* ond rwy'n gweld iddi gymryd rhan mewn porn caletach. Buodd hi'n byw am gyfnod 'da David Sullivan, Cymro o Gaerdydd oedd pia hanner cylchgronau pornograffaidd

Llun a dynnais o Mary Millington

Prydain Fawr, a rhan dda o Soho. Cafodd ei garcharu am dri mis am fyw ar enillion anfoesol. Yn amlwg, mae porn a porn. Ar y naill law dim ond rhyw yw porn ond mae rhai mathau ohono'n ddrwg ac yn llythrennol yn gallu ff**io lan meddyliau pobl. Ond ydi e'n gallu lladd pobl hefyd?

Hydref 1979
MÜNCHEN

Hedfan i München, a chael croeso cynnes gan Ecke, fy nghefnder, yn ei dŷ yn ardal Solln yn ne'r ddinas. Roedd *yacht* wedi'i barcio ar y lawnt, a dau Audi newydd yn sgleinio yn y dreif. Roedd yn hawdd gweld ei fod yn feddyg llwyddiannus, fel y rhan fwyaf o gefndryd Heini a fi yn yr Almaen. Gwasgodd fotwm ar wal y tŷ a dyma ran fawr o'r lawnt yn dadrolio a datgelu pwll mawr golau o ddŵr glas. Tra o'n i'n edmygu'r wyrth, pwyntiodd Ecke at y tir gwag yng nghefn y tŷ. "Mi fydda i'n adeiladu tŷ mwy yn fan'na'r flwyddyn nesa, a chael *yacht* mwy hefyd. *Wir arbeiten ...*": ry'n ni'n gweithio.

Mynnodd 'mod i'n ymlacio cyn swper, ac yn mwynhau baddon gyda glasied o Riesling o'i seler win o dan y tŷ. Rhoddodd ffôn i fi hefyd, i fi gael ffonio adre o'r baddon – profiad newydd i fi.

Ymunais â'r teulu wedyn wrth fwrdd agored o lysiau a chigoedd a chawsiau. Meddai Irmi, ei wraig, sydd yn feddyg yn yr un practis yng nghanol y ddinas: "Ar ôl i ni briodi, buon ni'n

pendroni rhwng München a Hamburg, oedd hefyd yn ffasiynol
gan Almaenwyr ifanc ar y pryd. Rwy'n falch i ni ddewis
München – mae gynnon ni'r Alpau a'r llynnoedd – ond dyw hi
ddim yn berffaith chwaith. Roedd yr *U-Bahn* dri munud yn
hwyr ddwywaith ar ôl ei gilydd yr wythnos yma. Mae'n hollol
annerbyniol. Mi fydda i'n teithio i mewn yn fy Audi o hyn
ymlaen!"

Ro'n i'n fwriadol wedi cyrraedd mewn pryd i ddal noson
ola'r Oktoberfest, ond doedd Ecke ddim o blaid i fi ymweld
â'r lle – "Dwli i dwristiaid yw e" – ond cytunodd i'm gollwng
ar gyrion y Theresienwiese. O'r diwedd yn rhydd o afael y
teulu, es i mewn i bafiliwn cwrw Hacker-Pschorr ac i *Himmel
der Bayern*, nefoedd y Bafariaid. Yno roedd miloedd o bobl yn
eistedd wrth fyrddau yn yfed *steins* o gwrw melyn a merched
bronnog yn gweini arnynt mewn gwisgoedd drindl. Roedd
band Bafaraidd yn blastio caneuon wmpa ar lwyfan oedd yn
troi o dan ffurfafen las a thusw o gymylau yn dawnsio'n hapus
dros banorama o hen adeiladau München.

Wedi cyrraedd y nefoedd cyn pryd, eisteddais wrth fwrdd
lle roedd rhai twristiaid (fel y rhybuddiodd fy nghefnder),
cwpwl o Fafariaid mwstashog mewn *Lederhosen*, rhai
gwragedd meddw, hŷn, ond hefyd – gyferbyn â fi – ddwy
ferch eithriadol o hardd, un ohonyn nhw y ferch harddaf
welais i erioed. Gwisgai drowser pyjamaidd a blows lled
agored a siaced syml oedd yn pwysleisio'i benyweidd-dra
eithafol. Ciciais fy hun am fod heb fy nghamera – ro'n i
wedi addo tynnu lluniau o ferched ffasiynol y ddinas i'r
cylchgrawn *Pais* – a thrio 'ngorau i ganolbwyntio ar yr yfed
a'r miwsig.

Fore Sul gyrrodd Ecke ni i lawr yr *Autobahn* at lyn
Chiemsee, wrth odre'r Alpau. Gollyngodd ei gwch o'r Audi
i'r dŵr, a hwylio rownd y llyn tra o'n i'n lolian yn y cefn
yn edmygu'r Alpau gyda glasied o win a chaws a bara du.
Glaniodd ar ynys Herreninsel a buon ni'n cerdded trwy'r gerddi
ac ymweld â'r palas a greodd Ludwig II, Brenin yr Elyrch
a noddwr Wagner; yna gorffen trwy gael swper yng ngardd

y clwb hwylio. Ond wedi i ni fwrw'r draffordd, cawsom ein dal mewn rhes o dagfeydd traffig, i gyfeiliant byddarol Radio München. Nid Ecke oedd yr unig Almaenwr llwyddiannus oedd yn gyrru 'nôl o'r Alpau yn hwyr nos Sul.

Ymhen yr wythnos, a'r gwyliau ar fin dod i ben, ro'n i'n ymlacio, ar ddiwedd un prynhawn, â glasied arall o Riesling fy nghefnder mewn cadair haul yn ei ardd. Yna gwibiodd helicopter yr heddlu uwch fy mhen gan ddiflannu mor sydyn ag y daeth. Sylweddolais mai gwibio yr o'n i hefyd, heibio i'r baradwys Almaenaidd hon. Byddai'r cyfan, yn y man, yn ddim ond atgof afreal o fywyd arall, y gallasen i a Heini fod wedi ei fyw oni bai i ffawd ein geni ni yng Nghymru.

Tachwedd 1979 CWMNI CYFYNGEDIG

Mewn *overdrive* y dyddie hyn. Gilotîn £4,000 newydd gyrraedd. Mae bil o £5,000 ar y ffordd am estyniad i'r adeilad, a £14,000 am ail wasg Thompson Crown. Ac mae cwmni'r Lolfa Cyfyngedig yn cael ei ffurfio. Ond ydi'r Lolfa am fod yn gyfyngedig mewn ystyr arall? Onid oedd Y Lolfa wastad i fod yn wahanol i gwmnïau eraill, yn fwy hamddenol, yn fwy creadigol, yn llai cyfalafol? Ydw i, o'r diwedd, yn cael fy sugno i mewn i'r System?

Nos Lun, gyrrais lond car o weithredwyr i fast Blaen-plwyf. Gallen i gael tri mis o garchar am hyn, neu ddirwy drom. Wedyn mae achos enllib yr Aflan yn dal i hongian uwch fy mhen. Gallai hynny gostio degau o filoedd o bunnau, 'sen i'n colli. Ac wrth gwrs ry'n ni'n dal i argraffu posteri a chylchgrawn *Tafod y Ddraig* y gallai'r heddlu (fel y gwnaethon nhw yn Achos yr Wyth) fynnu eu bod nhw'n annog torcyfraith. Ac mae yna lyfrau gwleidyddol ar fin ymddangos, fel *To Dream of Freedom*, a allai beidio plesio'r awdurdodau.

Ond rwy'n gweld nawr mai peidio cyfaddawdu *yw* datblygu'r busnes. Cryfhau'r cwmni yw'r amddiffyniad gorau yn erbyn yr Aflan a'r diawled yna i gyd.

Yr Wythdegau

1980

Mawrth 1980 MEIRION PENNAR

Meirion Pennar* a Carmel a Gwri yn aros 'da ni am
benwythnos. Mynd i gìg mawr Edward H. nos Sadwrn yn y
Neuadd Goffa. Roedd y pentre fel golygfa allan o nofel am
Gymru Rydd wrth i'r holl ieuenctid Cymraeg gerdded lan y
stryd fawr yn eu crysau-T a'u *four-packs* o gwrw a'u poteli o
blonc. Roedd rhywbeth calonogol am yr olygfa, ond rhywbeth
arswydus hefyd: oedd angen yr *holl* alcohol?

Dydd Sul, aeth Meirion a fi am dro hir trwy lwybr y
goedwig y tu ôl i'n tŷ ni. Fel ro'n i'n ofni, fe gododd fater
y Beirdd Answyddogol, y gyfres o farddoniaeth a lansion
ni ddwy flynedd yn ôl. Do'n i ddim am ei frifo. Mae'n
fachan mor sensitif a gonest ac rwy'n ei nabod yn dda ers
dyddiau Abertawe, pan oedd ei dad yn bennaeth y Coleg
Coffa. Gofynnodd: pam o'n i wedi gwrthod ei gyfrol i'r
Gyfres Answyddogol? Triais egluro nad oedd ei waith yn
ffitio amcanion y gyfres – ac ar unwaith ro'n i'n swnio'n
hunanbwysig ac yn clywed fy hun yn siarad rwtsh. Y bwriad,
dywedais, oedd rhoi llwyfan i feirdd ifanc (a) na fyddai'n debyg
o gael nawdd y KKK (Cyngor Celfyddydau Cymru), a (b) na
fyddai'r sefydliad cynganeddol (Barddas etc.) yn eu cefnogi, ac
yn ddelfrydol (c) oedd â dimensiwn gwleidyddol i'w gwaith.

Atebodd Meirion: onid oedd ei gerddi e hefyd yn wrth-
sefydliad ac yn arbrofol? Ond maen nhw'n 'goncrit' atebais, ac
o dan ddylanwad rhyw ysgol fodern o'r Almaen? 'A be ddiawl
sy'n bod ar hynny,' atebodd Meirion. 'Rwyt ti, fel fi, yn hanner
Almaenwr.'

Cerddon ni'n dawel yn ôl trwy'r goedwig. Triais ysgafnu'r
sgwrs ond doedd dim osgoi'r ffaith i'r gwrthodiad ei frifo – a'i
frifo'n waeth gan i ni dderbyn *Lodes Fach Neis*, cyfrol ei wraig,
Carmel Gahan. Pa mor wych oedd fy *slim volume* i, ta beth, y
bues i mor hy' â'i rhoi yn gyntaf yn y gyfres? Beth yw'r ots am

hyn i gyd? Onid yw cyfeillgarwch yn bwysicach na hollti blew am farddoniaeth? Ond roedd yn rhy hwyr i fi newid fy meddwl a gofynnais ei farn am noson Edward H. neithiwr: ai dyna oedd eu noson ola nhw, wir?

* Bu farw Meirion Pennar, bardd ac academydd, yn 2010.

Mawrth 1980 GWILYM PRYS DAVIES

Mynd i Bontypridd i swyddfa Gwilym Prys Davies* i drafod yr achos enllib sydd nawr i'w gynnal mewn Uchel Lys yng Nghaerdydd neu Abertawe. Roedd wedi mynnu bod yna stwff trefniadol i'w gytuno cyn i'r achos ddechrau. Wrth i ni fynd trwy'r manylion, ro'n i'n dal i fethu credu y gallai stori mor ddiniwed – am Alun Talfan yn rhyddau stori newyddion i'w nai – gymryd amser ac adnoddau llys uchaf y Deyrnas.

Efallai'n gweld nad o'n i'n ffocysu'n iawn ar yr agenda, dywedodd Gwilym Prys, yn gwrtais a chonsyrniol: "Mae'n hollbwysig eich bod, er eich lles eich hunan, yn cael cynrychiolaeth gyfreithiol yn yr achos – neu gallai'r canlyniadau fod yn ddifrifol iawn i chi'n bersonol."

Atebais: "Mae'r sefyllfa'n syml iawn. Alla i ddim fforddio talu'r costau. Does 'da fi ddim dewis ond cynrychioli fy hun."

"Ond gallai peidio cyflogi cyfreithiwr fod yn fwy costus i chi yn y pen draw. Â phob parch, does 'da chi ddim gobaith meistroli maes mor astrus â chyfraith enllib mewn mater o rai wythnosau."

"Fel mae'n digwydd, fe fydd 'da fi gynghorydd cyfreithiol," atebais. "*Amicus Curiae* – cyfaill i'r llys."

Cododd Gwilym Prys ei aeliau, cyn troi'n gasach. "O, felly mae hi, ai e? Wel, peidiwch â chymryd hynny'n ganiataol. Fel arfer mae cynghorydd o'r fath yn arbenigwr ar ryw agwedd dechnegol o'r gyfraith. A byddai'n rhaid i'r barnwr gytuno i'ch cais."

"Ond pwrpas y cyfarfod yma yw cytuno ar fy nghynrychiolaeth?"

"Wel, ga i yn gynta ofyn pwy yw'r arbenigwr cyfreithiol sydd gennych mewn golwg?"

"Eirwyn Pontshân," dywedais. "Mae e'n dod o Dalgarreg ac mae'n arbenigwr ar y chwerthinllyd."

Brafado ffug oedd hynny a daeth y drafodaeth i ben yn fuan wedyn. Allan yn yr haul, teimlais yr ofn nad o'n i wedi'i ddangos yn nhywyllwch y swyddfa, achos ro'n i'n gwybod: petawn i'n colli'r achos yma, gallen i golli'r wasg, hefyd.

* Y Barwn Prys-Davies o Lanegryn erbyn hyn; cyn-Weriniaethwr a safodd dros y Blaid Lafur a cholli yn erbyn Gwynfor Evans yn isetholiad Caerfyrddin, 1966.

Ebrill 1980 'OPERATION TÂN'

Pythefnos wedi pasio ers 'Operation Tân'; wedi methu sgwennu dim tan nawr. Mae'r holl beth wedi fy ysgwyd. Y peth mwyaf gwarthus oedd carcharu Enid ac anfon y plant i gartrefi yn y pentre. Ond cawsom wers dda ar sut mae'r system yn gweithio. Twyll yw bywyd bob dydd. Mae dwrn o ddur yn y faneg felfed, a thrais y wladwriaeth yn gorwedd yn fythol barod dan wyneb bywyd 'normal'.

Dechreuodd y cyfan â churo trwm ar ddrws y tŷ tua phump o'r gloch ar fore Sul, Sul y Blodau. Es i lawr yn fy mhyjamas, heb feddwl mwy na, 'wel, dyna beth od'. Yno roedd un ar ddeg o heddlu: tri mewn iwnifform, dwy yn ferched. Dangosodd un ohonyn nhw warant yn fy nghyhuddo o 'ddifrod troseddol' mewn perthynas â thai haf. Ond hyd yn oed wedyn, wnes i ddim cymryd y peth o ddifri. Ro'n i'n gwybod nad oedd 'da nhw dystiolaeth – ond nid y basen nhw'n treulio'r dyddiau a'r wythnosau nesaf yn chwilio amdani.

Aethon nhw â fi i Swyddfa'r Heddlu, Llanelli, ac Enid i'r celloedd yn Aberystwyth, gan adael y plant mewn tai ffrindiau yn y pentre. Ond wrth i fi gael fy ngwthio i mewn i gar yr

heddlu, do'n i'n gwybod dim am hyn, nac iddyn nhw fynd â
tua 50 o eitemau mewn bocsys o'r tŷ a'r Lolfa, gan gynnwys
disgiau meddal, llyfrau cyfeiriadau, setiau cemeg y bechgyn,
ac eitemau o'r stafell wely hyd yn oed – yn ogystal â'r ddau gar
Volvo.

Gallen i weld nad oedd pob un o'r plismyn yn hollol hapus
â'r sefyllfa. Ond nid felly Pat Molloy, pan holodd fi yn nes
ymlaen yn y gell yn Llanelli. Chwipiodd fy sbectol i ffwrdd,
a'm taflu i lawr ar y gwely caled, a dweud: "You fucking Nashie
arsonist, get this into your head. When you get out of here
you'll get the most unforgettable interrogation you ever got in
your life." Yna gofynnodd i fi dynnu fy sgidiau. Pan wrthodais,
cymeron nhw oddi wrtha i hefyd fy wats a fy ngwregys, a'm
gadael gyda dim ond dwy hen flanced a phot piso.

Dywedon nhw fod 'da fi'r hawl i gysylltu ag un person, ond
eu bod nhw'n gwrthod yr hawl yna i fi nawr gan y byddai'n
'impeding the course of justice.' Felly, dyna roi hawliau dynol
yn eu lle.

Roedd y *solitary confinement* yn wahanol iawn i'r noson ges

❯ *Mrs Enid Gruffudd a'i thri mab y bu raid iddi eu gadael yng ngofal yr heddlu
wedi iddi gael ei restio ar Sul y Blodau 1980.*

i gyda Dafydd Iwan yng ngharchar Abertawe. Mae'n dechneg hen ac effeithiol iawn. Yn dawel fach ro'n i wastad wedi ffansïo 'mod i'n weddol wydn yn feddyliol, ond gwelais mai ffantasi oedd hynny. Wrth i'r dydd droi'n araf iawn yn nos, triais gadw'n gall trwy siarad a chynnal noson lawen â fi'n hunan. O'r diwedd daeth y bore, a phlatiad o 'fwyd' llwyd i frecwast. Ond tua diwedd y pnawn, clywais y gadwyn allweddi yn cloncian yn y drws, a ches i fy arwain at gar yr heddlu.

Â'm harddwrn wedi ei glampio wrth fraich heddwas wrth fy ochr, rasiodd y car tua Chaerfyrddin. Roedd hi'n nosi erbyn hyn. Trwy'r ffenest, pasiai'r byd heibio i mi yn chwyrligwgan o liwiau llachar, seicedelaidd. Roedd fel bod ar LSD ac yn brofiad diddorol os ychydig yn arswydus. Er 'mod i'n uffernol o falch i fod allan o'r gell, roedd llais bach yn fy mhen yn fy rhybuddio: bydd yn ofalus – fe fyddi fel pwti yn nwylo'r bygars yma!

Yn Aberystwyth, holwyd fi am tua awr gan dri phlismon, un ohonyn nhw yn sarjant amlwg yn y dre. Y dechneg fan hyn oedd *good cop, bad cop*. Wedi cyfres o gwestiynau meddal i wneud i chi ymlacio, byddech yn cael cwestiwn sydyn, cas gan un o'r lleill. Roedd y cwestiynau cyntaf yn ymwneud â phobl ro'n i'n eu nabod – yn fwyaf arbennig, aelodau'r mudiad Cofiwn. Wedyn, holon nhw fi am fy symudiadau yn ystod yr wythnos ddiwethaf gan ddangos gwybodaeth bersonol fanwl pryd o'n i yn y pwll nofio neu ym mwyty Corners. Do'n i ddim yn gwybod ar y pryd iddyn nhw gael yr wybodaeth yma gan Enid – na hyd yn oed ei bod dan glo.

"Chi'n gweld, ffrind," meddai'r Sarjant gan graffu dros ei feiro, "does dim lot amdanoch chi nad y'n ni'n wybod. Cystal i chi gyfadde'r cyfan i ni nawr. Bydde hynny'n haws i bawb – ac yn arbennig i chi, pan fyddwch chi yn y cwrt. Ugain mlynedd yw *arson* fel arfer. Ond gallen ni ddadlau gyda'r barnwr dros ddim ond deng mlynedd, os byddwch chi wedi cydweithio gyda ni ..."

Wnes i ddim ateb. Gofynnodd un o'r lleill, "Chi'n gwybod am Angler's Retreat?"

"Ydw'n iawn, bwthyn ar y ffordd i Nant-y-moch."

"So chi'n gwybod am yr *arson attack* bwytu fis yn ôl?"

"Ydw."

Gwenodd y plismon yn slei ar yr un nesa ato.

"Ond roedd yr hanes dros y papurau i gyd," dywedais.

"Ni'n gwbod 'ny ..."

Nawr ro'n i'n dechrau teimlo'r pwysau – a'r pwysau oedd arnyn nhw. Roedd cannoedd o dai haf wedi'u llosgi, a neb wedi'i ddal, mewn ymgyrch hynod lwyddiannus. Roedd heddlu Cymru yn destun sbort ymhell ac agos. Byddai'n demtasiwn gref iddyn nhw ffugio – neu, ddywedwn ni, lanw ambell i fwlch yn y dystiolaeth – er mwyn dod â'r holl embaras i ben ...

Yna'n sydyn roedd rhyw fwstwr yn y coridor. Cododd y Sarjant ac un o'r plismyn. Roedd neges frys wedi cyrraedd y brif ddesg. Pan ddaethon nhw 'nôl i mewn, clywais y newyddion: roedd rhywun wedi llosgi tŷ haf yn ardal Tal-y-bont neithiwr – tra o'n i dan glo yn Llanelli!

Roedd hyn yn gwbl anhygoel, ac yn gwneud fy sefyllfa'n fwy swreal fyth. Tra o'n i'n fewnol yn gwenu fel cath – *rhaid* eu bod nhw nawr yn gwybod 'mod i'n ddieuog – sobrais wrth sylweddoli fod hyn yn rheswm iddyn nhw fy holi'n galetach fyth am 'eithafwyr' lleol – a dyna ddigwyddodd. Llwyddais i gau fy ngheg fawr, ond roedd yn amlwg eu bod nhw'n gwybod mwy am y bechgyn yma – bois go galed – nag oedden nhw'n barod i gyfadde. Pam fy nhynnu i i mewn, felly, yn hytrach na nhw? Ofn corfforol, tybed?

Ces i fy ngollwng o'r diwedd ar y palmant tu fas lle roedd Heini, fy mrawd, yn fy nisgwyl. Cafodd wybod fy mod i yno trwy Enid, a gawsai'r wybodaeth gan yr heddlu. Roedd e a nifer o gyfreithwyr wedi trio cysylltu â fi yn ystod y dydd, ond heb lwyddiant. Ac rwy'n sylweddoli nawr mai'r rheswm dros garcharu Enid – heb unrhyw dystiolaeth yn ei herbyn – oedd i wasgu gwybodaeth allan ohoni amdana i, a'i defnyddio wedyn ar gyfer yr 'unforgettable interrogation'.

Mae'r heddlu erbyn hyn wedi dychwelyd pedair yn

unig o'r 50 eitem a ddwynon nhw, ynghyd â'r ddau Volvo. Cafodd hanner cant o bobl eu harestio a'u cadw i mewn yn anghyfreithlon yn ystod cyrch 'Operation Tân', ond ni chyhuddwyd neb hyd yma.

O.N. Ymhen dwy flynedd byddai Enid wedi ennill £1,000 o iawndal gan yr heddlu am ei harestio a'i charcharu ar gam. Aeth â'i hachos ymlaen wedi i Huw Lawrence herio'r heddlu'n llwyddiannus ar yr un cyhuddiadau.

Awst 1980 *TE PARTI'R TAEOGION*

Steddfod Dyffryn Lliw: maes mwdlyd, llyfrau ddim yn symud cystal â llynedd. Dala cyfarfod lle roedd Hywel Teifi, Pennar a Ned yn trafod y camau nesaf yn y frwydr dros sianel deledu yn sgil brad y Torïaid, sydd wedi tynnu eu haddewid yn ôl. Heini yn serennu yn Ymryson y Beirdd nos Fawrth, fel capten Tîm Dau. Roedd yn uffernol o ddoniol a daufysol, ac yn gwisgo coron aur ar ei ben. Doedd Huw Ceredig ddim yn gwerthfawrogi, ond roedd y noson yn sych gorcyn cyn hynny. Fore Gwener es i glywed fy nhad, druan, yn traethu'n ddigon

difyr am farddoniaeth Catwlws mewn cyfarfod o Adran Glasurol Urdd y Graddedigion, i gynulleidfa o tua hanner dwsin.

Ond uchafbwynt yr wythnos oedd y rifiw *Te Parti'r Taeogion* yn y Townsman. Ro'n i wedi llogi clwb nos mwyaf Abertawe er mwyn codi arian at gostau achos enllib yr Aflan. Roedd Hywel Ffiaidd a'i grŵp yn perfformio, Dewi Pws, Heather Jones, Dafydd Pierce a Meical Povey, a disgo wedyn.

Ro'n i'n edrych ymlaen yn arbennig at glywed Hywel Ffiaidd, yr wyf yn ffan ohono byth ers ei gabaret roc gwleidyddol, *Cofiant y Cymro Olaf* – Berlin wedi dod i Gymru. Ond ro'n i'n methu mwynhau'r noson. Roedd llawer gormod o bobl i mewn yna, a'r wasgfa'n beryglus wrth y bar. Fy mai i oedd methu gwrthod hen ffrindiau a fu'n llyfu llwch fy sgidiau trwy'r dydd.

Ond roedd yn llwyddiant ariannol ac rwy'n hoffi'r syniad o'r Lolfa yn ymestyn i fformatau eraill – mae rhywbeth anniddorol mewn bod yn ddim ond gwasg – ond mae rhedeg nosweithiau mewn clybiau nos yn gêm arall eto, un rhy galed i fi.

Medi 1980 YMPRYD GWYNFOR

Cael peint gyda Ralph, un o gymeriadau'r Llew Gwyn yn Nhal-y-bont, bachan hunanaddysgedig sy'n tanysgrifio i gylchgronau opera a garddio ac yn Gomiwnydd sy'n derbyn y *Morning Star*. Trodd y sgwrs at fywyd personol lliwgar y tafarnwr a'i wraig. Roedd hi, mewn canol oed teg, wedi cael gafael ar adeiladwr hanner ei hoedran ac roedd y stori'n drwm yn y pentre bod 'da fe – nid Don Juan amlwg – fenyw tua Machynlleth. Wrth ystyried y senario garwriaethol annhebygol, meddai Ralph: "Base hyd yn oed Verdi'n ffycd."

Ond wedyn aeth hi'n ddadl ynglŷn ag ympryd Gwynfor Evans dros sianel deledu Gymraeg. Meddai: "Mae'n amlwg nad yw Gwynfor Evans yn meddwl dim o'i hunan. Felly sut mae e'n disgwyl i bobl eraill ei barchu?"

"Mae'n ffordd o ddwyn pwysau ar wleidyddion Llundain i newid eu meddwl am sianel Gymraeg."

"Ond dangos ei hunan yn wan mae e trwy roi ei hunan ar blât iddyn nhw. A beth 'se fe'n marw, a dim sianel yn dod wedi'r cyfan?"

"Wel, byddai 'na ddiawl o le yng Nghymru wedyn."

Ond wnaeth y gosodiad herfeiddiol ddim argraff ar Ralph. Ac roedd ganddo bwynt. Oni allai Magi Thatcher alw *bluff* Gwynfor? Be fyddai'n digwydd wedyn? Falle bod y werin yn fwy cyfrwys a phrofiadol na ni yn y grefft o drechu'r system. Roedd un peth yn amlwg: mae syniadau Mahatma Gandhi yn araf yn cyrraedd y Llew Gwyn, Tal-y-bont.

Cwrdd â Derrick Hearne mewn stafell fawr, ddigymeriad mewn gwesty yng Nglyn-nedd. Gallen ni fod mewn bar dienw mewn 'tre fach yn yr Almaen', a gallai Derrick fod yn gymeriad allan o un o nofelau Le Carré: mae e hyd yn oed yn edrych fel yr awdur. Wedi archebu bob i bryd basged, estynnodd bapur o'i boced: *Agenda for Meeting with Mr R. Gruffudd, 26 October, 1980.* Y brif eitem oedd cyhoeddi ei drydydd llyfr, *The ABC of the Welsh Revolution,* sydd i olynu *The Rise of the Welsh Republic,* a *The Joy of Freedom.*

Mae Derrick Hearne, am ryw reswm, wastad yn gwneud i fi deimlo'n euog. Ai am ei fod e, yn wahanol i'r gweddill ohonom, yn cymryd ei genedlaetholdeb o ddifri? Tra'n bod ni'n ffantaseiddio am 'chwyldro', mae Derrick wedi byw trwy chwyldroadau gwirioneddol yn y Dwyrain Canol, ac wedi gweithio i rai o'r llywodraethau a gododd yn eu sgil. Mae e nawr yn gweithio yn Iran ar ran cwmni Logica, yn creu systemau hel trethi i'r llywodraeth Islamaidd sydd wedi disodli'r Shah.

"Mae'r llyfr yma," meddai Derrick yn ei ffordd ddwys a boneddigaidd, "yn fwy *populist* na'r lleill. Rwyf am gyflwyno ideoleg hawdd ei deall mewn erthyglau byrion yn nhrefn yr wyddor, a allai osod sylfeini syniadol i'r werinlywodraeth Gymreig a sefydlir yn yr Age of Scarcity. Ein gwaith ni fel cenedlaetholwyr yw datgyflyru meddyliau'r Cymry."

"Tipyn o job wedi pum canrif," dywedais yn gloff.

"Rwyf mor ymwybodol â neb o faint y dasg, ond hwn fydd fy llyfr olaf. Y llyfrau hyn ydi gwaith fy mywyd. Rwy'n frodor o'r cwm yma a fu mor ffodus â chrwydro'r byd, ac ennill arian da. Dyma fy ffordd o dalu fy nyled i'r fro a'r wlad a'm magodd."

Derbyniais y llawysgrif yn ddiolchgar ond yn llawn amheuon a fyddai'n tanio'r ymateb poblogaidd roedd e'n gobeithio amdano. Bu rhywfaint o feirniadu ar ei lyfrau blaenorol, gydag un adolygydd yn gweld dylanwad Islamaidd ar safbwyntiau moesol llym yr awdur.

Pan ddaeth y coffi, tynnais sigâr Hamlet allan, er mai anaml fydda i'n smygu.

"Dwi'n hoff o aroma sigâr," meddai Derrick. "Mae rhywbeth mor waraidd amdano." Ymlaciodd yn ei sedd a thanio un ei hun. Wrth i'r cymylau ysgafn godi, edrychodd yn freuddwydiol trwy'r ffenest tua gwaelod y cwm, efallai'n dychmygu'r Cymry wedi deffro o'u trymgwsg ac yn llifo i'r strydoedd. Ond methais ymateb i'r sefyllfa a chynhyrchu'r sylwadau craff roedd Derrick yn eu disgwyl gan ei gyhoeddwr. Ro'n i ar y llwyfan ond ddim yn gallu chwarae'r rhan.

O.N. Wedi ymddeol yn gynnar o'i waith yn y byd cyfrifiadurol, aeth Derrick Hearne yn ficer i eglwys Llandeilo, cyn marw'n gymharol ifanc.

Tachwedd 1980 *CYMRU FACH*

Lansio *Cymru Fach* gan Leopold Kohr, casgliad o'i ysgrifau a gyfieithwyd gan Heini, fy mrawd. Gwynfor Evans ddenodd yr economegydd Awstriaidd o Brifysgol Puerto Rico i Gymru. I Leopold, roedd Cymru yn wlad fach a allai fod yn labordy i'w syniadau, ac Aberystwyth yn dref fach lle gallai fyw heb gar a bodloni pob angen ar droed. Mae'n hoff o gynnal partïon yn ei dŷ yn Stryd y Popty, felly roedd yn bleser arbennig i ni, am newid, gael trefnu parti iddo fe.

Fel bob amser roedd yn blodeuo yn y cwmni gan hau gwirioneddau pryfoclyd, anffasiynol fel conffeti. Roedd yn falch iawn, meddai, o gyhoeddi llyfr mewn iaith fach fel y Gymraeg, ac yn gobeithio cael gwell lwc gydag e na'i lyfr Saesneg diwetha, *Is Wales Viable?* Cawsai ei gyhoeddi ddeng mlynedd yn ôl ond chafodd yr un ddimai o freindal gan gwmni Christopher Davies a bu'n rhaid i Gwynfor Evans gymodi rhyngddo a Syr Alun Talfan Davies, tad Christopher.

Do'n i ddim am gael fy atgoffa am yr achos enllib sy'n dal i hongian uwch fy mhen* ond ro'n i'n gyfarwydd â barn isel Leopold am gyhoeddwyr yn gyffredinol. Cyfeiriodd atyn nhw unwaith fel criw seimllyd sy'n dwyn syniadau awduron yn ogystal â'u harian. Ond y cyhoeddwr Anthony Blond ddyfeisiodd y term 'Small is Beautiful' fel teitl ar gyfer llyfr gan Fritz Schumacher, disgybl i Kohr, a ddaeth wedyn yn arwyddair i syniadau Kohr ei hun.

I Leopold, bychander maint yw'r allwedd i broblemau'r byd. Os oes yna broblem, yna mae rhywbeth, fel arfer, yn rhy fawr. Y camsyniad cyffredin yw trio datrys y broblem, yn hytrach na'i lleihau. Cymerwch ryfel, neu bechod. Anghofiwch am ddechrau ymgyrch 'Lawr â Phechod'. Doethach trio cadw eich pechodau'n fach, na

Yr Athro Leopold Kohr

thrio'u gwaredu mewn *spring clean* efengylaidd. Felly hefyd â rhyfel. Yr unig obaith realistig yw trio lleihau ei faint, fel bod arfau niwclear, er enghraifft, yn amherthnasol.

Mae Leopold yn dadlau nad dod â gwledydd at ei gilydd sydd ei angen i gadw'r heddwch, ond eu cadw ar wahân. Mae'r Cenhedloedd Unedig yn cyfrannu mwy at ryfel na heddwch trwy daflu gwledydd gelyniaethus at ei gilydd mewn ymryson parhaus. Felly hefyd y Gymuned Ewropeaidd. Nid uno'r holl wledydd yn un Eurasia canoledig sydd eisiau, ond ailchwalu Ewrop yn gannoedd o dywysogaethau bychain yn ffynnu mewn partneriaeth lac, fel yn yr Oesoedd Canol.

* Ni fyddwn i glywed dim eto am yr achos enllib yma. Mae'n ymddangos i'r syniad o orfod wynebu Eirwyn Pontshân ar draws y llys fel 'Amicus Curiae' fod yn ormod i Syr Alun.

1981

Ionawr 1981 ABERTAWE

Nadolig arall hyfryd yn Abertawe: dadweindio, ymlacio, anghofio am y 'rheidiau' i gyd. Y rhieni'n syndod o ffit wrth ein cymryd ni i gyd eto yn eu saithdegau. Y tywydd yn braf a mwynhau gêmau pêl-droed ar y traeth a nofio yn y Ganolfan Hamdden. Paneidiau o goffi yn y dre, ambell i gêm o ddarts, cystadleuaeth englyna 'da Heini; sioeau sleidiau, chwarae'r piano'n wael. A byta, – a byta: fy mam Iddewig yn gwneud yn siŵr o hynny. I'r Garibaldi ar bnawn Sadwrn. Y dafarn yn llawn o gefnogwyr yr Elyrch yn dod o'r Vetch. Lle gwyllt, garw a gwirion yn blastio Frank Sinatra am yn ail â hen ganeuon roc a rôl. Hen fenywod yn dawnsio a phobl yn meddwi a chanu 'My Kind of Town'. Mwynhau gweriniaeth Gymreiciach yn nes ymlaen gyda theulu'r Harrisiaid, y pendefigion o lan y cwm, ysgogwyr sawl menter gan gynnwys siop, gwasg a band y Trwynau Coch. Mynd mas gyda nhw nos Sadwrn i'r New Inn, Clydach, a chwarae darts a pŵl gyda Dewi Dant, ac i'r Smelts noswyl Nadolig. Llawenhau o weld y dafarn yn llanw â hen werin Gymraeg Abertawe, rhai yn hen weithwyr tun a fu'n cynnal diwylliant Cymraeg yn yr hen weithfeydd. Yna dechreuon nhw ganu emynau yn y bar cefn – profiad tipyn mwy gwefreiddiol na 'My Kind of Town'.

Be sy 'na am Abertawe, a'r Cwm? Pam ydw i'n mwynhau cymaint? Neu ai Duw sydd wedi rhoi'r planedau mewn un rhes?

Mai 1981 ARTHUR ROWLANDS

Cael peint yn y Llew Gwyn gydag Arthur Rowlands o Benrhyndeudraeth. Dechreuodd trwy sôn am Ystafell Saith yn y Dderwen Frenhinol yn y Penrhyn. Dim ond cynganeddwyr gâi fynediad i'r bar yma: byddai newydd-ddyfodiaid yn gorfod dadansoddi llinellau a phasio profion. "Pa fesure ti'n wybod?" "Hen 'ta'r newydd?" Wedyn soniodd am R. Williams Parry yn yfed yn y Quarryman's, Llanllyfni, gan daflu peintiau'n ôl 'fel'na'. Roedd wrth ei fodd, meddai, yn esbonio Awdl yr Haf i'r chwarelwyr a'r gweision ffarm.

Ac yna Bob Owen, Croesor. Os cawsech eich dal 'dag e, byddai'n rhaid i chi sefyll ddwylath i ffwrdd rhag cael eich boddi mewn cawod o boer. Roedd ganddo lygaid fel dwy seren wedi'u hoelio arnoch, ac os byddech yn troi'ch llygaid oddi wrtho dim ond am eiliad, gwae chi, byddai'n dweud: "Be sy'n bod arnoch chi nawr?" Roedd ganddo damed o ardd gefn, na fyddai byth yn ei thrin. Galwodd bois y 'War Ag' gydag e, a'i orchymyn i 'gochi' yr ardd er mwyn tyfu llysiau. Byddai ganddynt Gaterpillar a thractor at y gwaith. "Twt lol," atebodd Bob Owen. "Basa hynny fel cynnal regata mewn pot piso!" A dywedodd am rywun, bod 'da fe feddwl mor llydan, fel nad oedd ganddo ddim ochrau. Gwych!

Aeth Arthur ymlaen i sôn am gyfaredd y llynnoedd. "Amla y bydda i'n ymweld â nhw, y cryfa maen nhw'n gafael arna i: Llyn Ffynnon-y-lloer, Llyn y Bi, Llyn Syfaddan, Llyn Syfydrin. Mae rhai'n dymherus ac oriog, rhai'n beryglus o ddwfn fel llosgfynydd – ond efo pysgod mawr ar eu gwaelod. Mae rhai yn llynnoedd gwneud, rhai'n gynnes, rhai'n oer. Mae angen gwahanol dechneg a gwahanol blu i bob un i ddenu'r pysgod a'u concro. A wyddoch chi bod 'na enwau Cymraeg ar y plu i gyd? Ond be sy'n mynd i ddigwydd ar ôl i fi a 'nhebyg fynd? Pwy fydd yn gwybod eu henwau, eu hanes, eu nodweddion? Er enghraifft, Llyn Hiraf Haf. Mae carreg fawr yn taflu'i chysgod dros y llyn, ond dim ond ar Fehefin 21ain, pan fydd yr haul mewn man arbennig, y bydd y cysgod yn ffitio'n berffaith i wyneb y llyn ..."

Soniodd am y pleser a gafodd o gwrdd â bachan o Sir Gaerfyrddin a wyddai'r enwau Cymraeg am y plu. "Ond hanner modfedd o ddyfnder sydd gan bobl y dyddiau hyn. Does gan neb amser i sgyrsio. A Saesneg mae'r rhan fwyaf yn siarad yn y Penrhyn, erbyn hyn."

Hanner modfedd o ddyfnder sy 'da fi, hefyd, meddyliais, petai Arthur ond yn gwybod hynny. Codais beint iddo, o gywilydd; dyna'r cyfan a gostiodd ei awr o wers mewn Cymreictod.

Gorffennaf 1981 HUFEN A MEFUS

Parti ugain oed y Cyngor Llyfrau ddoe yng Nghastell Brychan, y mynachdy urddasol sy'n edrych i lawr dros Aberystwyth a'r môr fel un o gestyll y Rhein. Gwych mai corff Cymraeg sydd

wedi ei feddiannu. Diwrnod braf, cwmni braf, tywydd braf
a'r gwin yn llifo; malu awyr 'da cymaint o bobol, yn awduron,
llyfrgellwyr, siopwyr, gweinyddwyr, arlunwyr.

Wedi'r parti swyddogol, cerdded i lawr y llwybr troed i lawr
at y Prom gyda Meinir [Vittle, ein gweinyddwraig], merch
wych a adawodd swydd dda yn y Cyd-bwyllgor Addysg yng
Nghaerdydd i ddod i weithio aton ni. Mwynhau diod yn
ffenestr y Marine a gwylio'r haul yn troi'n goch wrth suddo'n
araf i ddrych mawr llonydd y môr. Ymlaen wedyn am bryd i
fwyty'r Connexion ac eistedd rhwng wyth o ferched llengar, a
rhoi hufen a mefus yn eu cegau nhw i gyd!

Oes diwydiant difyrrach yn y byd i weithio ynddo na'r un
cyhoeddi – y diwydiant diwylliant?

Hydref 1981 ATAFAELU LLYFRAU

Cael tipyn o sioc ddoe pan alwodd dau blismon yn Y Lolfa
i 'atafaelu' copïau o *To Dream of Freedom* (Roy Clews).
Roedd hyn, egluron nhw, ar gais y Cyfarwyddwr Erlyniadau
Cyhoeddus ond ro'n i'n gwybod mai Delwyn 'Dwlwyn' Williams,
AS Maldwyn (sef *Magnifikont* Eirug Wyn), oedd wedi cysylltu
â'r Erlynydd; bu'n baldorddi eisoes yn y wasg bod y llyfr yn
'seditious'. Ond llyfr poblogaidd yw e, yn adrodd hanes yr FWA
a MAC yn y chwedegau yn arddull *thriller* maes awyr. Does dim
ynddo sy'n ffeithiol anghywir, hyd yn oed os yw'n rhoi'r argraff
mai'r FWA oedd yn gyfrifol am weithredoedd llawer mwy
difrifol MAC a John Jenkins.

Roedd yn rhyfedd gweld plismyn yn stwna ymhlith y
peiriannau rhwymo. Roedd fel golygfa o nofel am Ddwyrain
Ewrop ac roedd rhan ohonof am chwerthin. Ond cofiais
am gyrch Sul y Blodau, a rhybudd Max Weber mai gan y
wladwriaeth mae'r monopoli ar drais cyfreithlon. Felly mae
trais Cymreig – neu hyd yn oed adrodd stori amdano – yn
ddrwg ac yn beryglus, ond trais Prydeinig yn iawn. Mae
chwythu piben lan yn enw Cymreictod – neu ddim ond cerdded
yn gyhoeddus mewn lifrai Cymreig – yn gallu bod yn frad, tra
mae llofruddio miloedd o ddinasyddion diniwed ym mhen

draw'r byd yn enw Prydain Fawr yn dderbyniol.

Ry'n ni ar fin cyhoeddi llyfr tipyn mwy difrifol na *pot-boiler* Roy Clews, sef llythyrau John Jenkins o garchar. Gydag un o'i lythyrau, anfonodd John gartŵn bach ata i yn dangos rhes o longwyr chwyslyd a thruenus yn tynnu ar eu rhwyfau mewn *trireme* a chapten blin yn dal chwip uwch eu pennau. Meddai un llongwr wrth y llall: "I'd punch him in the mouth if it wasn't against the law!" Rhoddais y cartŵn ar wal fy swyddfa.

Ond nid dim ond Delwyn Williams sy'n boen. Mae'r Cyngor Llyfrau wedi gwrthod dosbarthu *To Dream of Freedom* ers blwyddyn, er nad oedd awgrym o gyhuddiad yn erbyn y llyfr, tan nawr. Rhaid bod hyn yn groes i swyddogaeth y Cyngor Llyfrau fel corff sydd i fod i wasanaethu cyhoeddwyr Cymru. A fyddan nhw'n gwrthod dosbarthu llyfr John Jenkins hefyd? Ydi Cymru, mewn gwirionedd, mor wahanol i Ddwyrain Ewrop?

Tachwedd 1981 CYNEFIN

Mynd am dro o gwmpas Sir Fôn gydag Enid. Cwrdd ag Ŵan Ifas, Llwyn Onn, Llannerch-y-medd, dewin dŵr sy'n cael ei holl ddŵr o ffynhonnau sy'n codi o dir ei fferm. Roedd hen bapurau newydd wedi'u taenu dros y byrddau, a thân yn mudlosgi mewn hen rât ddu gyferbyn â ni, lle mae'n coginio'i fwyd i gyd. Bachan siarp, plaen ei dafod, â llygaid caredig sy'n byw'n agos iawn at ei dir a'i dyddyn a'i fuwch a'i fochyn.

Dechreuodd Wncwl Huw, bachan mawr, arafaidd sy'n ewythr i Enid, gwyno am gancr y systiau a'i glefydau dychmygol eraill. Torrodd Anti Kitty, ei wraig, ar ei draws, cymeriad tipyn siarpach nag e: "Tewch â rwdlan, ddyn. Unwaith dach chi'n marw, yntê?"

Ond wnaeth hynny ddim rhoi stop ar diwn gron Wncwl Huw. "Ew, ma'r stumog 'ma'n llosgi weithia. Mi fydd raid i mi fynd o ffor'ma, wchi. Dwi am fynd yn ôl i 'nghynefin ..."

"Tewch, ddyn," medd Ŵan Ifas. "Waeth i chi heb. Toes 'na ddim cynefin ar ôl hiddiw. Mae pob man yn ddiarth hiddiw."

Parhau'r daith yn Nhre Gwehelyth a Hendre Gwehelyth.

Mae'r holl enwau'n hen, a'r llefydd i gyd yn hen ac anial. Wrth yrru trwy'r niwl a'r glaw ar hyd lonydd culion, ry'n ni'n pasio un o gladdfeydd Oes y Cerrig. Os nad oes yna gynefin 'ffor'ma', does yna ddim yn unman.

1982

Mai 1982
VIVA ARGENTINA

Y ffôn ddim wedi peidio canu ers i fathodyn 'Viva Argentina' fwrw'r penawdau, gydag un papur ar ôl y llall yn codi'r stori. Galwodd y *Sun* y bathodyn yn 'Badge of Shame' a sgrifennodd y *Cambrian News* golofn olygyddol lem o dan y pennawd 'Error of Taste'. Roedd arweinwyr sifig tre Aberdaugleddau yn arbennig o grac. Roedden nhw wedi mabwysiadu'r HMS *Ardent*, llong a suddodd ddydd Gwener gan golli 20 o fywydau. Dywedodd Phil Davies, ein Rheolwr Marchnata: "It is unfortunate that two more ships have been sunk, but we were not to know about these things. Our intention was to support Argentina in the World Cup."

Rhaid chwerthin, a chwerthin eto ar ymateb y Lt Col. Stephen Goodall, trefnydd Cymreig y Lleng Brydeinig: "If the badge were on sale outside the gates of Madrid soccer stadia to Argentine fans, that would be in order."

Nawr mae'r Urdd yn sôn am ein rhwystro rhag gwerthu'r bathodyn yn yr eisteddfod ym Mhwllheli – ac yn bygwth gwahardd ein stondin o'r maes! Mae'n anodd credu'r peth. Dim ond dwy fodfedd yw'r bathodyn, gyda llun o Cadwgan, y llygoden o'r lleuad – creadigaeth dychymyg Elwyn Ioan – yn gwisgo crys pêl-droed gwyn a glas Archentina, a'r geiriau 'Viva Argentina' uwch ben. Ond mae'r awgrym mwyaf ysgafn ac eliptig o feirniadaeth ar ryfel gwallgo Margaret Thatcher yn y Ffwclands, 8,000 o filltiroedd i ffwrdd, yn esgymun.

Ry'n ni'n tybio ein bod ni'n byw mewn gwlad 'ddemo-craidd' sy'n caniatáu rhyddid barn, ac sydd gymaint mwy goleuedig na'r gwledydd drwg ry'n ni'n eu bomio ar draws y byd. Dim ond weithiau – fel nawr, adeg cyrch Sul y Blodau, adeg yr Arwisgo, adeg atafaelu llyfrau o'r wasg – ry'n ni'n cael cip trwy'r rhwyg yn y llen, a gweld mai twyll yw 'democratiaeth' a'r syniad bod gan bawb yr un hawl i'w safbwynt a'r un siawns i gael ei fynegi.

Mehefin 1982 Y LAND ROVER *EX-ARMY*

Simon Hughes, bachan o'r pentre, wedi prynu Land Rover arbennig, *ex-Army, long wheelbase*, gyda gêrs isel, gwahanol i bawb, ar gyfer mynd lan ochrau shefftydd mwyn. Mae e'n arbenigwr ar hanes a thechnoleg y shefftydd ac ry'n ni wedi argraffu llyfr ganddo ar y pwnc. Ond rhyw bnawn, roedd wedi parcio'r Land Rover o flaen ei dŷ ger Melin Leri ac wedi mynd i mewn i nôl paced o ffags, a phan ddaeth e mas, roedd y cerbyd wedi diflannu ac wedi llithro i lawr y bryncyn i mewn i afon Leri, yn werth dim i neb.

Pam fod hyn mor ddoniol? Nid *Schadenfreude* yw'r emosiwn. Ai'r elfen o nôl paced o ffags? Neu am ei fod yn enghraifft wych o fywyd fel ffars? Darllenais yn ddiweddar yn y *Western Mail* am ddyn o'r enw Peter Redgrove, sy'n 'trained as a Jungian analyst, is a Black Belt in Judo, and practises Vinyasa and Taoist yoga'. Dyna rwy'n ei gasáu – y syniad ein bod ni'n gallu rheoli ein bywydau fel'na.

Awst 1982 *CABALOL*

Eisteddfod Abertawe drosodd, diolch byth. Heb ddysgu dim ers *Te Parti'r Taeogion* ddwy flynedd yn ôl, a gynhaliwyd yn yr un clwb. *Cabalol* oedd y rifiw y tro 'ma, ac aeth hi'n flêr eto. Dim bai ar yr adloniant: Dafydd Iwan, Ifas y Tryc, Madam Sera, Eirug Wyn *aka* Derec Tomos yn darllen ei gerddi, a bandiau roc a gwerin – ond roedd y lle'n llawer rhy lawn. Syrthiodd merch lawr stâr y clwb ar ddiwedd y noson, a bu'n rhaid i fi alw am ambiwlans.

I goroni'r cyfan, roedd perchennog y Townsman, Bill Hughes – a roddodd y clwb i ni am ddim – yn benwan pan welodd ymosodiad arno yn y rhifyn yma o *Lol* am wrthwynebu addysg Gymraeg yn Abertawe (mae e'n gynghorydd gyda'r Torïaid). Mae e nawr wedi bygwth anfon bil hallt ata i am logi'r clwb, ond cawn weld am hynny: rhaid ei fod e wedi gwneud ffortiwn ar y diodydd.

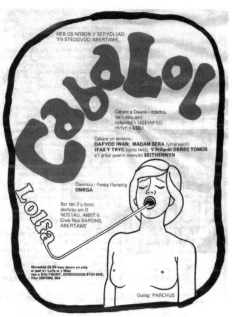

Hydref 1982
DAFYDD MEI

Mynd i Ben-y-groes at wasg Dafydd Mei â llond Volvo o *Dan Haul*, y cylchgrawn newydd, lliwgar am fyd natur. Mae'n ffordd ddrud o argraffu lliw – ry'n ni'n rhedeg y job bedair gwaith trwy'r peiriannau – ond ces i groeso braf gan Dafydd fel bob tro. Rwy'n hoffi ei ffordd o redeg Gwasg y Tir: ffordd fflecsi, hwyliog, ddim rhy drefnus ond eto'n cadw'i lygad ar y bêl. Mae'n gweithio'n hwyr pan fo angen ac yn cael 'uffar o lysh' pan mae job fawr mas o'r ffordd. Mae'n deall y ffordd Gymreig o redeg busnes.

Rwy'n dwlu ar *Dyddiadur Dyn Dŵad* a'i gyfres o lyfrau 'Poced Tin'. Mae rhai yn y byd cyhoeddi yn cael hwyl am ben safon cynhyrchu'r rhain. Gallai'r styffylau rwygo poced tin eich jîns ac roedd inc piws tywyll y llyfr am y Tebot Piws yn dod bant o'r clawr am byth, gan nad oedd wedi'i lamineiddio. Dywedodd Hefin Wyn fod y llyfr fel petai wedi'i dorri â chyllell fara. Dyna gyhoeddi llythrennol *rough edge*, ond fe werthodd filoedd gan wneud Dafydd yn gyhoeddwr mwy llwyddiannus na'r rheini sy'n cynhyrchu cyfrolau cain sy'n gwerthu nesa peth i ddim.

Dywedodd rhywun fod safonau cynhyrchu llyfrau heddiw

o chwith: bod y meddwl, y dychymyg, yr ynni creadigol i gyd yn mynd i ben ôl y cert, sef i'r cynhyrchu a'r dylunio, yn hytrach nag i'r cynnwys a gofalu am deitlau da a meithrin awduron. Mae'n hawdd anghofio mai ystyr cyhoeddi yw 'gwneud yn gyhoeddus'. Dim ond dyn canol yw'r cyhoeddwr rhwng y llawysgrif a'r cyhoedd, a'i waith yw cyflenwi'r naill i'r llall: ffrils yw popeth arall.

Rhagfyr 1982
Y PERI BACH

I Dafarn y Bachgen Du neithiwr, a chodi sgwrs â chymeriad o'r enw Wil Watcyn Tomos. Roedd e wedi gweld tipyn o'r byd, ac yn trafod y gwahaniaeth rhwng Bwda (dyn da) a Christ (mab Duw) – sy'n gwneud Bwdistiaeth, nid Cristnogaeth, yn grefydd unduw. Dadleuai nad oes gwir Gristnogion i'w cael, gan fod glynu at egwyddorion y Bregeth ar y Mynydd y tu hwnt i allu unrhyw feidrolyn. Wedyn disgrifiodd y seremoni a brofodd mewn cyfrinystafell mewn pagoda Bwdistaidd. Pawb yn tynnu'i grys, a'r offeiriad yn rhoi ei law gynta ar y Bwda o aur pur, wedyn ar bennau'r addolwyr. Mor wahanol i weinidogion ariangar Cymru – meddai Watcyn – oedd yr offeiriad Bwdaidd, oedd yn gorfod cardota am fwyd i fyw.

Ond doedd y peth mwya diddorol a ddywedodd ddim am Tsieina (y Bwda eisteddog), Siapan (y Bwda sefydlog) na Bwrma (y Bwda gorweiddiog), ond ynglŷn â Phersia, a lamp Aladdin. Ti'n rhwbio'r lamp, ac mae dyn bach, y Peri Bach, yn dod atat ti. Dywedodd iddo alw droeon ar y Peri Bach pan oedd mewn trybini, a gofyn iddo am gyngor – a'i gael bob tro.

"Pwy yw e?" gofynnais. "Yr un wyt ti'n siarad ag e pan ti'n siarad â ti dy hun?"

"Naci, angel gwarcheidiol ydi'r Peri Bach."

"Fe weles i lun unwaith yn amgueddfa Eifftaidd fy mam, o ddyn yn dadlau gyda'i Ka, sef gyda'i enaid. Ai dyna yw e?"

"Ella wir. Dwi'n dadla weithia efo'r Peri Bach, ond fo sy'n ennill bob tro."

Mae'r cyfan yn gwneud synnwyr perffaith, wrth gwrs. Mae gan bob un ohonom hunan arall, callach, sy'n ein rhoi ni yn ein lle, os rhown ni gyfle iddo. Pam nad y'n ni'n siarad ag e'n amlach?

1983

Ionawr 1983 DIWYLLIANT, DIWYLLIANT, DIWYLL ...

Parti da iawn neithiwr yn nhŷ Huw Lawrence o dan Consti. Siarad lot â Ned Thomas am aberth, *Friends in High Places*, ystyr Rhyfel y Falklands, Prydain y Cyrnols, Waldo a'i linell 'Diwylliant, diwylliant, diwyll – estynnaf am y dryll', Hanes v. Gwirionedd, Cymdeithas yr Iaith a'u hymgyrch 'D am Ddeddf Iaith', Gwleidyddiaeth Gwrthwynebiad, y tebygrwydd o wladwriaeth Gymreig, Ewrop a Fords, a gyrfa Rhodri Williams. Beth bynnag yw'r pwnc, mae Ned yn ddiddorol.

Meddwl wedyn am linell Waldo, sy'n gwaredu rhag cynhyrchu diwylliant sy'n addurn yn unig, sy'n adloniant saff, anwleidyddol. A dyna oedd y gwahaniaeth rhwng y chwedegau a nawr: y wleidyddiaeth. Roedd y posibilrwydd o newid wastad yn yr awyr, neu o leia, ein cred yn y posibilrwydd yna. Dyna oedd yn gwneud bywyd yn gyffrous ac weithiau'n beryglus. Dywedodd Malcom McLaren o'r Sex Pistols am y cyfnod: "If it didn't annoy, it wasn't worth doing. If it didn't have any politics, it was suspect: therefore, to carry it off, it had to have style."

Mawrth 1983 NICHOLAS EVANS

Mynd i Aberdâr i drafod ei lyfr, *Symphonies in Black*, gyda'r arlunydd Nicholas Evans, ond heb edrych ymlaen. Mae rhywbeth clawstroffobaidd, Belsenaidd yn wir, am ei luniau o lowyr dan ddaear, y mae'n eu peintio â'i fysedd noeth a darnau o glwt. Mae 'da fe luniau dirdynnol o drychineb Aberfan, ac un o ddiwedd y byd, sy'n dangos eneidiau yn codi o'u beddau ar Ddydd y Farn – mae e'n Efengylwr.

Ond yn wahanol i'w luniau roedd Nicholas Evans yn fachan cynnes, agos atoch, a hefyd ei ferch, Rhoda, sy'n cyfrannu testun i'r gyfrol. Dywedodd un peth arbennig o ddiddorol: pan oedd yn naw oed, iddo beintio lluniau o flodau ar draws un o waliau'r tŷ lle roedden nhw'n byw. Wnaeth ei fam mo'i ddwrdio, ond ei annog ymlaen. Gadawodd yr ysgol yn 14 oed a gweithio dan ddaear am gyfnod, a wnaeth e ddim dechrau peintio nes iddo ymddeol, flynyddoedd lawer wedyn, o fod yn yrrwr trên. Nawr mae'n dal i beintio yn 77 oed, gyda'r ynni mewnol digyfaddawd sydd gan bob artist mawr. Ai i'w fam mae'r diolch am gadw'r sbarc yna'n fyw?

Ebrill 1983 DAVIES Y GOPA

Mynd i angladd Anti Magi, mam Rowland Wynne, ail gefnder i Heini a fi, yng nghapel y Gopa, Pontarddulais. Braf cael bod yng nghanol teulu, pobol, ffrindiau.

Cwrdd â Davies y Gopa, cyn-weinidog a hen ffrind i'r teulu. Soniodd am hen bregeth oedd ganddo, o lyfr Amos. Roedd e wrth ei fodd gydag Amos ac fe draddododd y bregeth hon – un reit fentrus, yn ei farn ei hun – yn Nhal-y-bont flynyddoedd yn ôl, ar y testun, 'Gwae chwi sydd yn esmwyth yn Seion'. Ei bwynt mawr oedd bod esmwythyd yn groes i'r Duw sydd mewn dyn, a hefyd i'r dyn sydd mewn dyn.

"Yn groes i'r *dyn* sydd mewn dyn" – dyna bwynt diddorol, meddyliais, ac un dieithr mewn cyfnod pan mae pawb mor brysur yn pluo'i nyth ei hun.

Awst 1983 TRADDODIADAU FORY

Steddfod Môn. Cael fy ysbrydoli gan R. S. Thomas a ddywedodd, yn rhy onest, ein bod ni bellach yn alltud yn ein gwlad ein hunain, diolch i'r mewnlifiad a thaeogrwydd y Cymry. Ond dim ots am hynny, meddai: rhaid i ni fyw fel Cymry Rhydd er gwaetha'r Saeson a'r taeogion. Ac i drawsnewid gwlad, rhaid i ni ddechrau trwy newid ein hunain.

Wedyn clywed Dafydd Elis Thomas yn siarad am 'Traddodiadau Fory', a'i fwynhau er gwaetha'n hunan. Roedd yn ddigon disglair. A chael blas ar Peter Lord, a siaradodd yn ddiddorol iawn am y cysylltiad rhwng diwylliant (sef ffordd o fyw) a chelfyddyd. Dywedodd fod y ddau'n annatod, ac nad yw gwreiddioldeb yn bosibl mewn celfyddyd heb fynd 'nôl at ein gwahanrwydd diwylliannol. Gwnaeth Desmond Fennell bwynt tebyg yn ei lyfr am Iwerddon, *The State of the Nation*: "The revolutionary humanists, in the early years of the century, hoped for an Ireland that, by linking up with ancient values, would transcend the modern, and make all things really new."

Dim ond y gwir Gymreig all fod yn hollol newydd: mewn gwleidyddiaeth, dylunio, cymdeithas, miwsig pop, llenyddiaeth, a graffiti hyd yn oed.

Awst 1983 ALMAENWYR

Mynd gyda'r teulu i Hamburg yn un o longau'r Prinz Ferries, fel ar dripiau'r Llewod 'slawer dydd. Gyrru ymlaen i fwthyn gwyliau yn y Lüneberger Heide, a mynd oddi yno am dripiau i hen drefi Celle, Bremen, a Lüneburg ei hun. Clywed miwsig organ hyfryd yn eglwys Celle, tra oedd Lefi yn chwarae'n ddiddiwedd gyda'i beiriant Jackpot saethu dŵr. Ond yn Hamburg, ar y ffordd 'nôl, boi tew yn fy mhasio ar y stryd gan ddweud, "Keine Juden Hasse hier", h.y., does dim casineb at Iddewon yma. Felly: (a) rhaid 'mod i'n edrych fel Iddew, a (b) bod euogrwydd am driniaeth yr Iddewon gan yr Almaenwyr yn dal yn fyw.

Roedd safon byw uchel yr Almaen wedi creu argraff ar y bechgyn a buon nhw'n trafod y wlad gyda fy mam, wedi cyrraedd 'nôl i Abertawe. Doedd hi ddim am eu dadrithio, a soniodd am rinweddau'r Almaenwyr. Maen nhw'n addysgedig a diwylliedig ond hefyd yn deall yr angen am gydbwysedd ac ymarfer corff trwy gerdded, dringo, hwylio, a sgio (fel y gwnâi hi'n gyson yn ei hieuenctid). Maen nhw'n bwyta'n dda, yn gweithio'n galed ac yn llwyddiannus mewn busnes, yn drefnus wrth reddf, yn gwerthfawrogi celfyddyd ac yn mynychu opera, yn ddarllengar ac yn edrych ar ôl eu hunain yn feddygol (a neb yn fwy felly na'n teulu ni, sy'n llawn meddygon).

"Mae'r Almaenwyr," gorffennodd fy mam, "yn gallu gwneud popeth – heblaw byw. Mae'r Cymry'n well na nhw am hynny."

"Felly dy'n nhw ddim yn berffaith?" meddai Lefi.

"Maen nhw *bron* yn berffaith," torrodd fy nhad i mewn.

Mae e'n hoff o jocian bod yr Almaenwyr yn '*nicht perfekt – aber beinah perfekt*' pan fyddwn ni'n teithio yn yr Almaen.

"Ond maen nhw'n well na ni?"

"Wel," atebodd fy mam yn ofalus, "mae'r Cymry'n wahanol – a diolch byth am hynny."

Tachwedd 1983 GWYN WILLIAMS, TREFENTER

Noson hyfryd nos Sul gyda'r Athro Gwyn Williams, Trefenter, yn ei dŷ yn Stryd y Frenhines, Aberystwyth. Wedi edmygu'r oriel o luniau oedd yn harddu'r waliau, dilynais yr Athro i'w stydi lle daeth ei wraig atom â hambwrdd o gawsiau, olifau a photel o win coch tywyll. Roedd yna naws Ddwyreiniol i'r stafell, gyda'i charthenni a'i lampau gwiail, ac roedd yn fy atgoffa o stydi fy nhad, gyda'i eiconau, ei fodrwyau a'i arogldarth. Bu'r ddau yn athrawon prifysgol yng Nghairo, er mai dim ond am flwyddyn roedd fy nhad yno.

Buom yn trafod ei nofel, *Y Cloc Tywod*, a leolwyd yn yr anialwch yn yr Aifft. Roedd y syniadau ynddi'n ddifyr ac anghonfensiynol, ond y stori'n araf yn symud. Gan i olygyddion Y Lolfa a'r Cyngor Llyfrau wrthod gwneud hynny, fe ailwampiais y nofel fy hun ac ro'n i'n nerfus iawn wrth ddisgwyl ymateb yr awdur. Ond roedd e'n cytuno â'r newidiadau ac yn foneddigaidd ynglŷn â phopeth.

Llithrodd y sgwrs yn naturiol o'r llenyddol i'r cyffredinol. Ac yntau'n tynnu at ei bedwar ugain, soniodd am ei gariad at fywyd, a swyn merched, a dweud bod yn well ganddo syniadau Paganaidd na'r grefydd Gristnogol, gyda'i chysur celwyddog. Dim ond un bywyd sydd gennym, ac i'w fwynhau yn iawn, mae angen derbyn hynny. Roedd yn gyfarwydd â syniadau Dwyreiniol gan iddo ddysgu mewn prifysgolion yn Istanbul, Libya ac Alexandria yn ogystal â Chairo, cyn ymddeol i Gymru. Dywedodd fod y Bom yn arwydd o wareiddiad sydd wedi colli'r ddawn i fwynhau ei hun ac yn barod i gyflawni hunanladdiad – yn union fel y byddai dyn sydd wedi colli blas ar fyw.

Meddyliais am hyn wedyn. Daw'r ddawn i wir fwynhau – gwin neu fwyd, er enghraifft – â'i disgyblaeth ei hun, sy'n ein cadw rhag gormodedd. Dywedodd Bernard Levin fod diffyg camp neu *excellence* yn tarddu o ddiffyg mwynhad. Ond mwynhad: rwy'n cael gormod ohono y dyddiau hyn, fel y cyfarfod heno gyda Gwyn. Be wnes i i haeddu hyn, sut ces i waith mor ddiddorol?

Tachwedd 1983 *CONGRINERO*

Stori ddoniol am y Cyngor Llyfrau. Criw ohonyn nhw wedi mynd i Ffair Lyfrau Frankfurt i hyrwyddo *Congrinero*, llyfr gwreiddiol, llawn lliw, clawr caled am lygoden fach, wedi'i arlunio gan Wil Rowlands, yr artist o Fôn. Clodwiw iawn i gyd. Dyma'n union beth sydd angen: allforio llyfrau gwreiddiol i blant yn hytrach na mewnforio addasiadau o'r Saesneg.

Ar y nos Sadwrn cyntaf, buont yn mwynhau'r wledd mae Maer Frankfurt wastad yn ei darparu i gyhoeddwyr y byd yn Neuadd y Ddinas. Er trymed y noson, roedd pawb yn iach erbyn bore Llun i ymosod ar y gwaith. Ond chafwyd dim lwc dydd Llun na dydd Mawrth, er dangos y llyfr o gwmpas stondinau cyhoeddwyr o sawl gwlad. Roedd y sefyllfa'n go ddesbret erbyn bore Gwener ond cafodd Gwerfyl, y Pennaeth, weledigaeth. "Ond 'dan ni heb ei gynnig o i Iwerddon! Dewi,* dos atyn nhw rŵan hyn!"

Wedi lleoli eu stondin ar y map, camodd Dewi, y Pennaeth Golygyddol, i lawr y rhodfeydd gan basio amryw o gyhoeddwyr blinedig wedi wythnos neu ddwy o 'waith' yn hyrwyddo'u llyfrau. Yno, ar stondin Iwerddon, gwelodd ddyn yn eistedd wrth fwrdd â photel hanner gwag o chwisgi, a jwged o ddŵr. "My friend," meddai Dewi'n galonnog, gan roi ei law ar ei ysgwydd, "can I interest you in the rights of an exciting new book for children ..." Cymerodd y dyn y llyfr oddi wrtho a chraffu ar y clawr a dweud: "Holy Mary! Not another f***ing rodent!"

* Y diweddar Dewi Morris Jones, Pennaeth Adran Olygyddol y Cyngor Llyfrau, bachan galluog a hoffus a fu farw'n rhy ifanc yn 2015.

1984

Ionawr 1984 EGWYDDORION LEOPOLD KOHR

Mynd i un o bartïon Leopold Kohr yn Stryd y Popty. Er yn athrylith deallusol sy'n tynnu 'mlaen mewn oedran – mae'n sôn weithiau am yr holl waith mae am ei orffen 'cyn daw'r llen i lawr' – mae'n dal i gynnal partïon yn ei gartref. Serenedd, meddai, yw'r *summum bonum*, a fydd yn blodeuo wrth i syniadau sbarcio'n Fozartaidd dros win mewn cwmni da. Gorau oll os bydd merched hardd yno i felysu'r gymdeithas, ac mae e weithiau'n sôn yn hiraethus am y rhai a adawodd ar ôl yn Puerto Rico.

Soniodd Leopold am barti yn San Juan yn haf 1968. Roedd hi'n hwyr brynhawn, a thyrfa fywiog wedi ymgasglu ar y balcon â'i olygfa dros yr harbwr a glesni'r Atlantig. A'r gwin eisoes yn llifo, cymerodd un o'i ffrindiau academaidd yr awenau a chynnig llwncdestun, ar ran y cwmni, "i'n brodyr a'n chwiorydd wrth y baricadau ym Mhrâg". I Leopold, roedd hyn yn ymylu ar gabledd ac yn cyflawni dim heblaw sbwylio parti da. Os daw'r cyfle i wneud rhywbeth ymarferol dros "ein cymrodyr ym Mhrâg" (neu lle bynnag arall), yna gwnawn hynny, ond yn y cyfamser ein dyletswydd yw mwynhau'r eiliadau prin o serenedd a roddwyd i ni. Gan nad oes 'da ni'r hawl i ddisgwyl Paradwys ar ôl i ni farw, ein dyletswydd yw trio ei greu ein hunain tra'n bod ni ar y ddaear.

Mae lletygarwch hefyd yn egwyddor sylfaenol gan Leopold.

Dywedodd unwaith mai dim ond pedair rheol oedd 'da fe ar gyfer bywyd. Yr un cyntaf oedd: 'Y gwestai sydd Frenin' – croesawa bob ymwelydd sy'n curo ar dy ddrws, gan y gallai fod yn Ddwyfol. Yr ail yw: 'Fy ffrindiau yw fy nghenedl'. Os nad wyt ti'n driw i dy ffrindiau, fyddi di'n driw i neb na dim arall. Dyn gwrthun yw un sy'n bradychu ei ffrindiau ond yn ffyddlon i'w wlad. Yn wir, dywedai Leopold mai ei wlad ef *oedd* ei ffrindiau. Ei drydedd egwyddor: 'Anrhydedda bob addewid a chadw at bob cytundeb'. Paid addo dim na elli ei gadw: gwell peidio addo o gwbl. A'r un olaf, rwy'n credu, oedd: 'Dyna hen ddigon o reolau – os cedwi di'r rhain, gelli dorri pob un arall!'

Chwefror 1984 TEDI MILLWARD

Cyfarfod arall â Gerald Morgan, prifathro Ysgol Penweddig, i drafod dysgu pynciau gwyddonol trwy'r Gymraeg. Y tro yma daeth rhieni Dosbarth Un i gefnogi Iolo ap Gwynn a fi. Mae chwe blynedd wedi pasio ers i ni ddechrau brwydro a deisebu ac yn y cyfamser mae llu o ysgolion uwchradd Cymraeg y de yn dysgu gwyddoniaeth trwy'r Gymraeg *yn unig*. Ac Einion ar fin mynd i'r Chweched Dosbarth i astudio Ffiseg a Mathemateg – mae 'da fe'r cyfuniad yna o ddawn gerddorol a mathemategol – ro'n i'n awyddus i gael y maen i'r wal. Diolch i ddadlau cadarn Iolo, fe gawson ni gyfarfod mwy buddiol nag o'r blaen.

Roedden ni angen peint wedyn ac i mewn â ni i dafarn y Cŵps. Yno roedd Tedi Millward mewn hwyliau arbennig o dda yn adrodd straeon doniol am Gwenallt, Emrys Evans ac Arwyn Watkins, a'u campau fel darlithwyr yn y coleg 'slawer dydd. Roedd Gwenallt yn un arbennig o biwis a'r ddau arall â'u gwendidau doniol. Pawb yn chwerthin a mwynhau ac ro'n i'n meddwl, unwaith eto, pa mor annigonol yw cyfrwng print ar gyfer dal bywyd – yr hanesion am y pethau a ddigwyddodd, a'r hwyl o'u mwynhau mewn cwmni – a bod y gorffennol, o raid, yn llyfr caeedig.

Awst 1984 STEDDFOD Y MENYWOD GWYLLT

Steddfod Llambed drosodd: un y menywod gwyllt. Mewn ymateb i eitem ddiniwed yn *Lol*, 'Pwy Bia'r Bronne?' – oedd yn gofyn i'r darllenydd gyplysu parau o fronnau ag wynebau rhai Cymraesau amlwg – fe drawodd y ffeministiaid yn ôl a pheintio'r slogan 'Mae'r Wasg hon yn Sarhau Menywod' ar wal a ffenestri'r Lolfa, a stwffio Superglue yng nghlo'r drws blaen. Hefyd, buon nhw yn ein stondin ar y maes a rhwygo copïau o *Lol* o dan ein trwynau! Aelodau o'r mudiad Hawliau i Fenywod a drefnodd hynny, ond rwy'n amau mai un o'n staff ni ein hunain, Meri Wells, oedd y drwg yn y caws.

Roedd yn brofiad newydd bod ar y pen arall i weithredu fandalaidd, ond roedd yn gyfle da am hysbýs. Ffoniais swyddfa'r Lolfa o'r maes a rhybuddio'r staff i beidio â glanhau'r peintio, ond yn anffodus gwrthododd y merched gwyllt amddiffyn eu hunain ar y BBC.

Ro'n i wedi tybio y buasai Meri wedi neidio at y cyfle. Mae'n rholio ac yn smygu sigarennau duon tenau wrth gymryd canrif i baratoi paneidiau i'r staff yn y bore – am na roddais i'r dasg i aelod gwrywaidd o'r staff. Ond mae ganddi ei hegwyddorion callach ac fe'm perswadiodd unwaith i atal y gyfran o dreth Y Lolfa sy'n mynd at arfau rhyfel a chynnal protest ddramatig wedyn o flaen drws swyddfa'r Dreth Incwm yn Aberystwyth, lle bu'r ddau ohonom yn arllwys gwaed anifail o fwced dros y grisiau, o dan blacard mawr, 'Gwaed ar eu Dwylo'.

Gwnaeth hynny lun da i'r *Cambrian News*, ond mae'n ymddangos na chawn ni ddim mwy, y tro hwn, mas o'r menywod gwyllt.

Awst 1984 Y DIWYLLIANT BABANAIDD

Mwynhau pryd annisgwyl 'da Ned Thomas ac Emyr Humphreys mewn bwyty Eidalaidd ger Sgwâr Russell yn Llundain nos Fercher: noson hynod ddifyr. Buon ni'n trafod babaneiddio'r diwylliant Cymraeg, ar y teledu ac mewn print, o ganlyniad i ddylanwad y system addysg a bellach, S4C, sy'n cael ei chynnal gan arian cyhoeddus ac yn chwarae'n saff ac yn cynhyrchu cymaint o stwff i oed gwylio isel. Problem fawr Cymru yw'r diffyg cydbwysedd rhwng y sectorau cyhoeddus a phreifat, a bod y gynulleidfa'n rhy fach i gynnal cyhoeddi mentrus, annibynnol.

Ar y tiwb ar y ffordd 'nôl i'r gwesty, ro'n i'n eistedd gyferbyn â bachan o India'r Gorllewin mewn siwmper o liwiau Rasta. Wrth wneud *chip chop* â'i ddwylo, eglurodd nad oedd e'n darllen llyfrau, dim ond rhai â lluniau. Gallai wneud fel y mynnai â'i feddwl, meddai, a'i blygu i'w ewyllys. Doedd e ddim yn cysgu yn ystod yr wythnos, dim ond ar ddydd Sul. Roedd e'n mynd i bartis a chlybiau, yn ymarfer *kung fu*, ac yn dawnsio tan y bore bach cyn mynd i shifft gynnar gyda'r cwmni tacsis.

Gwnaeth y boi argraff ddofn arnaf – ydi diwylliant babanaidd yn ddrwg i gyd? – ond oherwydd hynny, collais rai o'r gorsafoedd ar y tiwb. "Excuse me," gofynnais mewn panig, "but doesn't this train stop at Richmond?" "No worries, man," atebodd gan daflu ei goes dros y sedd. "Da walk will do ya good. Time warps, didn't ya know?"

Awst 1984 *POLICE CONSPIRACY*

Mae'n ymddangos, wedi perthynas hir a thymhestlog, fod duwies Enllib o'r diwedd wedi dala lan â ni. Er sawl cynnig glew, fe ddihangon ni, rywsut, o'i gafael. Nid unigolyn sy'n dod ag achos yn ein herbyn ni nawr ond Ffederasiwn yr Heddlu ac (a) dy'n nhw ddim yn dlawd, a (b) dy'n nhw'n poeni dam am farn y Cymry Cymraeg. Dyw pleintyddion Cymraeg mewn achosion enllib ddim yn dwp ac maen nhw'n sylweddoli y gallai dod ag achos yn erbyn gwasg fach, Gymraeg wneud mwy o niwed i'w henw da na beth bynnag adroddwyd amdanyn nhw yn y lle cynta.

Be sy'n od – ac anghysurus – am yr achos yma yw nad cynnwys llyfr John Osmond, *Police Conspiracy*, sy'n eu blino nhw, ond llun y slob ar y clawr. Mae'n dangos plismon yn sefyll ar risiau'r llys – un Sarjant Tumelty – ac maen nhw'n dadlau bod hynny'n awgrymu ei fod e'n rhan o'r cynllwyn. Sy'n nonsens, wrth gwrs. Pa berson call fase'n credu bod yna gysylltiad rhwng y diffiniddion a'r slob sy'n gwarchod y drws?

Gallen ni ennill yr achos, petaen ni'n gallu fforddio'i ymladd. Rwy'n ofni mai ffordd rwydd iawn yw hon i'r heddlu ein cael ni'n ôl am y pethau deifiol mae John Osmond yn eu dweud am Heddlu De Cymru. Mae Osmond yn cymryd y cyfan yn ysgafn, fel yn hawdd y gall e, wedi i'w gyfreithiwr ei gynghori mai mater i'r cyhoeddwr yw'r clawr, nid i'r awdur. Does dim dewis ond trio setlo hyn y tu allan i lys, a gallai hynny fod yn ddrud. Fel cam cyntaf rhaid i fi ffonio Michael Jones, cyfreithiwr o Gaerdydd, sydd i fod yn fachan go siarp – ond dim ond dechrau gofidiau fydd hynny, rwy'n ofni.

Nodyn: gweithredodd Michael Jones ar ein rhan ni a chytuno gyda Ffederasiwn yr Heddlu ar daliad o £3,500 iddyn nhw – sef tua £10,000 heddiw.

1985

Ebrill 1985 Y BAR DI-ARWYDD

Rhaid i fi chwerthin. Mynd am beint i'r Bar Di-arwydd yn Wind St, Abertawe – bar hynaf y ddinas. Ar wal y tŷ bach roedd pedair llinell – yn llaw gwahanol bobl:

> 'Oh! Look thy last on all things lovely every day – Auden.'
> 'Brian Morgan Cooper fucks your wife – kill the bastard.'
> 'Everything is possible, but nothing is real.'
> 'What are you looking up here for – the joke's in your hands.'

Ond clywais fod un well fyth ar wal tŷ bach clwb y BBC yng Nghaerdydd:

> 'I think, therefore I am – Descartes.
> I am, therefore I drink – Magwa.'

Awst 1985 JERRY & MONTIGNY

Tro i Frwsel gyda'r teulu a tharo un noson ar fwyty Jerry
& Montigny, a sylweddoli 'mod i wedi glanio mewn lle go
arbennig. Roedd y ddau weinydd hefyd yn perfformio ar y
llwyfan, oedd â cherflun o Aphrodite yn disgleirio o dan lafn
o olau gwyn. Roedd gan Jerry wyneb gwag, llonydd fel Tintin,
oedd yn ffoil i Montigny, oedd ag wyneb Ffrengig a thrwyn
mawr Rhufeinig. Byddai ei wyneb yn goleuo, a'i amrannau'n
pefrio fel difa, pan fyddai'r criw bach o giniawyr yn clapio i un
o'i *chansons*.

Wedi'r egwyl daeth gwraig o'r enw Hilda i fyny i'r llwyfan i
ganu rhai caneuon Parisaidd – yn ddigon da byth – yn ei llais
sigarennog. Chwarae teg iddi, meddyliais, am wrthod ildio:
dyna'r ysbryd. Camodd o'r llwyfan ac ymgrymu tuag at Claud,
y pianydd, yn ei siaced wen. Yna cododd Sais golygus o un
o'r byrddau: bachan hyderus, sgwarog, clîn shêf mewn blaser
navy a chrafat, â phlastar amheus ar ei ael. Canodd gwpwl o
ganeuon *jazz* yn syth o'r ysgwydd, mewn llais dwfn. Ro'n i'n
lico'i steil di-lol, gwrywaidd yn fawr iawn. Perfformiad *klasse*.

Wedyn daeth tro Myriam Fuks, merch rhy fawr, sbectolog
mewn gwisg laes, ddu, i ganu mwy o donau'r llyfr canu
Americanaidd. Roedd hi'n dda hefyd, a'i llygaid yn chwerthin
wrth ganu, yn tynnu'r gynulleidfa ati. Ces i air â hi wrth i Gerry
& Montigny ddychwelyd i'r llwyfan ar gyfer eu set olaf. Iddewes
oedd hi, â *repertoire* Iddewig, yn aros ym Mrwsel dim ond i
edrych ar ôl ei mam. "Beth sydd imi fan hyn?" meddai. "Dwi'n
mynd am y States y cyfle cynta ga i."

Allen i mo'i gweld hi yn Efrog Newydd, chwaith. Fel
y lleill, techneg y salon oedd ganddi, nid y theatr a'r
goleuadau calch. A sylweddolais 'mod i mewn capsiwl amser.
Doedd neb o'r rhain yn mynd i lwyddo mwyach. Roedd
eu gyrfaoedd ar ben, eu gogoniant yn perthyn i gyfnod
arall, gwell na hyn. Bues i'n lwcus heno i gael blas o'r hen
ddiwylliant agos atoch, cabaretaidd, cyn i'r lle 'ma droi yn
McDonald's neu'n siop fetio.

Medi 1985 IVAN ILLICH

Darllen 'bach o Ivan Illich. Mae e'n gwneud pwynt pwysig: bod gan bob un ohonom yr hawl i'n hiaith bersonol, nid yn yr ystyr mai ein hiaith ni yw'r Gymraeg, ond mewn ystyr arall.

Mae gan lawer ohonom elfennau personol ac ecsentrig yn ein hiaith, geiriau teuluol a rhai sy'n cael eu defnyddio rhwng ffrindiau, ac a ddyfeisiwyd ar hap, yn chwareus. Mae 'na hanesion am efeilliaid sydd wedi eu magu mewn coedwig ac yn dyfeisio eu hiaith eu hunain. Hyd yn oed mewn cymdeithas normal mae iaith yn amrywio rhwng pobol, llefydd a theuluoedd. Mae gan rai o grach deuluoedd Lloegr eiriau doniol sy'n unigryw i'r teulu. Roedd Heini a fi weithiau'n siarad ieithoedd Waiawaiw a Tralalasgi (oedd yn swnio'n debyg iawn i Lydaweg) gyda'n gilydd pan oedden ni'n dipyn iau.

Pwy, felly, yw'r bobl yma sy'n dweud wrthon ni pa iaith ddylen ni ei siarad? Mae gormes heblaw gormes y Saesneg ar y Gymraeg: gormes y Gymraeg ar y Gymraeg: Cymraeg sych y system addysg, Cymraeg marw'r BBC, Cymraeg 'Byw'. Y Gymraeg fwyaf 'byw' yw un Ifas y Tryc, ac un Co Bach Caernarfon, a Chymraeg gwallus Dysgwr gwallgo Hywel Ffiaidd.

1986

Ebrill 1986 DWYRAIN YR ALMAEN

Mynd gyda Heini i Ddwyrain yr Almaen ac i Wittenberg, tref enedigol ein mam. Hedfan i Schönefeld, wedyn croesi'r ffin yn yr *U-Bahn* yn Friedrichstrasse, yr orsaf anferth, oeraidd o dan Checkpoint Charlie sydd wastad yn sioc i'r system. Cael sioc arall yn Wittenberg o weld milwyr ifainc melyngroen, Mongolaidd yn stelcian â'u gynnau ar gorneli'r strydoedd. Ond buon ni'n chwerthin am ben y siopau teithio oedd yn cynnig gwyliau pum seren i Fosco neu'r Môr Du, a'r siopau llysiau sy'n gwerthu dim ond tatws a swêj. Ac roedd rhywbeth doniol hefyd am y byrddau hysbysebu anferth, gyda'u graffiau amrwd, oedd yn canmol cyrraedd pwynt arbennig ar y Cynllun Pum Mlynedd diweddara. Cawsom ein trin fel VIPs amser brecwast yng ngwesty'r Goldener Adler yn Wittenberg, a chael banana yr un yn lle wy wedi'i ferwi fel pawb arall. Ond mae ofn mawr yn llechu dan yr wyneb. Er gwaetha'i Almaeneg rhugl, cymerodd Heini ddwy awr a hanner i berswadio cwpwl o fois lleol ym mar y Schlosskirche nad oedden ni'n gweithio i'r Stasis. Cyn i ni adael, slipiodd un ohonyn nhw daflen answyddogol yn llaw Heini, sy'n dweud llawer am y profiad o fyw yn Nwyrain yr Almaen:

SAITH RHYFEDDOD DWYRAIN YR ALMAEN

1. *Es gibt keine Arbeitslosen* / Does dim pobl ddi-waith
2. *Obwohl es keine Arbeitslosen gibt, arbeiten nur 50% der Beschäftigen* / Er nad oes neb yn ddi-waith, dim ond 50% o'r rhai cyflogedig sy'n gweithio
3. *Obwohl nur 50% der Beschäftigen arbeiten, werden alle Pläne überfüllt* / Er mai dim ond 50% o'r bobl mewn swyddi sy'n gweithio, caiff pob targed ei guro
4. *Obwohl alle Pläne überfüllt werden, gibt es nicht Alles zu kaufen* / Er bod pob targed yn cael ei guro, nid yw popeth ar gael i'w brynu
5. *Obwohl es nicht Alles zu kaufen gibt, hat doch jeder Alles* / Er nad yw popeth ar gael i'w brynu, mae popeth gan bawb
6. *Obwohl jeder Alles hat, meckern alle* / Er bod popeth gan bawb, mae pawb yn cwyno
7. *Obwohl alle meckern, wird alle 4 Jahre die Regierung mit 99.89% wieder gewählt* / Er bod pawb yn cwyno, caiff y llywodraeth ei hailethol bob 4 blynedd gyda 99.89% o'r bleidlais.

Ymwelon ni â'r Klinik Bosse, lle roedd hen gartre'r teulu a'r ysbyty bychan gynaecolegol a sefydlodd ein tad-cu. Gwnaeth hynny wedi i Natsïaid Wittenberg ei ddiswyddo o fod yn brif lawfeddyg ysbyty'r dre. Fe ddyfeision nhw esgus dros wneud hynny ond ei wir drosedd oedd priodi Iddewes. Fe'n tywyswyd ni o gwmpas yr ysbyty braf a modern gan Dr Jonas, ffrind i'r teulu a fu'n rhedeg y Klinik ar ôl ein tad-cu. Gyda ni hefyd roedd lleianod Catholig bonheddig yr elusen ryngwladol Caritas a fu'n rhedeg yr ysbyty wedi'r rhyfel – a'r eglurhad dros yr offer sganio newydd sbon.

Cawsom de wedyn yng nghartref Dr Jonas, a chwrdd â Renate, ei ferch ddeunaw oed. Roedd y ddau ohonyn nhw'n feirniadol iawn o'r drefn Rwsiaidd, hithau'n arbennig felly. Yn hardd a deallus ond yn denau, gwelw a dihyder, roedd hi'n diodde'n weladwy o'r gwaharddiad i deithio i wledydd eraill – a hyd yn oed dros y ffin i Orllewin yr Almaen i weld ei theulu. Wrth gwrs, roedd sianeli teledu Gorllewin Berlin yn darlledu i'w cartrefi bob nos gan ddangos safon byw y tu hwnt i'w holl freuddwydion.

Ond nid lle Heini a fi, dros de y pnawn hwnnw, oedd tynnu eu sylw at wendidau'r system gyfalafol: fe gân' nhw ddarganfod y rheini drostynt eu hunain, ryw ddydd.

Awst 1986 *Y LLOSGI*

Eisteddfod Abergwaun yn uffernol o ran y tywydd; colli llwyth o stoc yn y storm a'r glaw a gofyn eto: oes raid cynnal eisteddfod mewn cae? Ond *Y Llosgi*, fy nofel gyntaf, yn ennill Gwobr Goffa Daniel Owen, ar y cyd â Rhydwen Williams. Roedd hynny'n braf wedi'r lladdfa o'i sgrifennu ac rwy'n dal ddim yn siŵr pam wnes i e, gan roi baich ychwanegol arna i fy hun ac ar staff amyneddgar Y Lolfa. Troi'r deugain? Awydd dweud rhai pethau am Gymru? Neu ysfa wrthnysig i arbrofi â ffordd o feddwl sy'n groes i fusnes, lle chi'n darganfod y cwestiwn dim ond ar ôl ffeindio'r ateb: rwy'n hoffi'r diffiniad yna o sgrifennu creadigol.

Ond a ddylai cyhoeddwr sgrifennu o gwbl? Dywedodd rhywun fod cyhoeddwr sy'n sgrifennu 'fel buwch mewn bar llaeth'. Sut gall e ymddiddori yng ngwaith ei awduron os yw'n potsian â'i waith ei hun? Ond mae fy mhrofiad i'n wahanol. Wedi profi anferthedd y gwaith o sgrifennu nofel, rwy'n gweld nofelwyr mewn goleuni newydd, arwrol. Awduron yw pobl sy'n gorffen llyfrau ac o hyn ymlaen, os daw unrhyw un â nofel orffenedig i'r Lolfa, fe gaiff garped coch a ffliwt o siampên.

Tachwedd 1986 JOHN CWMERE

Stori am John Cwmere, chwedl yn ei oes ei hun. Mae hon yn eu curo nhw i gyd – hyd yn oed yr un amdano'n cwrdd â Sais ar y ffordd gul i Nant-y-moch yn ei dractor Massey Ferguson. Pan wrthododd y Sais symud, gyrrodd John ei dractor dros ben y car, yn ôl y sôn.

Sais haerllug sydd yma hefyd. Roedd yn yfed ym mar y Llew Gwyn ac yn cwyno am ddiffyg cwrteisi'r Cymry yn mynnu siarad Cymraeg â'i gilydd, y tu ôl i'w gefn. Roedd John Cwmere'n digwydd sefyll ar bwys a dywedodd fod yna ateb syml i'r broblem. Dylai 'ffwcio'n ôl i Loegr'. Ymatebodd y Sais trwy roi *head butt* i John ar ei dalcen. Ond yna syrthiodd y Sais fel sach o datw i'r llawr llechen yn gwaedu fel mochyn,

a ffoniwyd am ambiwlans i'w gludo ar frys i Adran Argyfwng Ysbyty Bronglais.

Doedd y Sais ddim i wybod bod gan John blaten o ddur yn ei dalcen yn dilyn damwan beic modur a gafodd pan oedd tuag ugain oed. Nid fe oedd y cyntaf na'r olaf i ddewis y boi anghywir wrth bigo dadl â John Cwmere.

Rhagfyr 1986 TURGENEV

Pedwar dydd hyfryd yn Abertawe dros y Nadolig. Y rhieni, er eu hoedran, yn ein sbwylio ni'n rhacs fel arfer. Cymryd y cyfle i ddarllen *Rudin* gan Turgenev, a'i fwynhau'n aruthrol. Mae'n dal rhamant bywyd ond ar yr un pryd yn edrych i lawr arno, o ryw bwynt uchel.

Gyrru lan i Dal-y-bont o Abertawe neithiwr i gyfeiliant 'Nos yng Nghaer Arianrhod', cân hudolus Bando, a'r lleuad lawn yn tywynnu dros Fae Ceredigion. Gallai fod yn olygfa o nofel gan Turgenev. Rhaid derbyn dau beth hollol groes mewn bywyd, sef bod yn rhaid i bethau newid, ond yn sylfaenol, nad yw pethau'n newid chwaith. Mae'r lleuad yn codi a disgyn, a thyfu a lleihau, a chenhedloedd ac ieithoedd yn byw a marw a gwareiddiadau'n mynd a dod. Ond beth ydw i, heb Gymru? Yng ngeiriau Turgenev, "Beth ydyn ni heb Rwsia? Heb Rwsia allwn ni ddim byw nac anadlu na chyflawni dim. Hi sydd wedi rhoi popeth inni."

1987

Ionawr 1987 LANSIADAU

Lansio *Ysglyfaeth*, nofel gan Harri Pritchard Jones am Ogledd Iwerddon, yng Nghlwb Ifor Bach, Caerdydd. Cyfryngis y byd yna, a band *jazz* Wyn Lodwick yn creu awyrgylch hwyliog a meddwol. Fi'n 'dawnsio' lot gormod fel arfer, a mwynhau gwylio dwy aelod o'r staff yn dawnsio yn eu nef eu hunain: Meinir Vittle (ein gweinyddwraig) a Helen Morgan (dylunydd) – secsi iawn. Meinir oedd hefyd wedi trefnu ac arwain y noson: be wnawn i hebddi?

Mwynhau sgyrsio â Wyn Lodwick, bachan hyfryd o Lanelli, ac â Harri ei hun, oedd yn enwog am ei bartis ym Mangor, pan oedd yn feddyg yn y C&A. A beth yw lansiad, ond parti da? Ro'n i'n arfer meddwl amdanyn nhw fel pethau drud a thrafferthus, yn gwneud mwy i ego'r awdur nag i werthiant y llyfr. Ond nawr rwy'n gweld mai partis bach Cymraeg ydyn nhw, yn cynnig cwmni da, sgwrs fywiog, gwin am ddim, caws a bisgedi, a *jazz* Cymraeg os y'ch chi'n lwcus. Am be arall y'n ni'n chwilio ar y ddaear? A falle werthwch chi lyfrau Cymraeg, hyd yn oed …

Chwefror 1987 DENIADOLRWYDD PECHOD

Mynd i ddosbarth nos Leopold Kohr heno yn y Llew Du yn Nhal-y-bont. I Leopold, y dosbarth allanol yw'r wir brifysgol, lle mae pobl yn trafod syniadau dim ond er eu mwyn eu hunain. Wna i fyth golli cyfle i glywed Leopold. Unwaith, fe dorrodd y car i lawr, ac fe gerddais yr holl ffordd o Dal-y-bont i Rydypennau rhag colli un o'i ddosbarthiadau. Mae rhyw berlau wastad yn llifo o'i enau. Heno, er enghraifft:

1. 'Sensitifrwydd crefyddol' – y syniad bod gan bobl grefyddol yr 'hawl' i beidio cael eu 'brifo'. Rhyw groendeneurwydd cyfiawn, fel petai. Ond dywed Kohr ei bod yn ddyletswydd arnom i ymosod ar *sensibilities* crefyddol, nad ydynt yn wahanol i *sensibilities* eraill. Dylai pawb fod yn barod i amddiffyn eu safbwyntiau, neu mae rhywbeth yn bod. Ac *mae* rhywbeth yn bod, yn achos y person crefyddol: fe – trwy ddiffiniad, bron – yw'r un sy'n methu credu. Dyna pam mae ei *sensibility* mor bwysig iddo. Yn gyfrinachol, mae'n flin ganddo na all gredu – ond fi sy'n dweud hynny, nid Leopold.

2. Chwedl Porth Uffern. Dyn yn cyrraedd porth Uffern â llond tin o ofn, ond mae'r porthor rhadlon yn dweud wrtho am bwyllo – ni ddaeth ei amser eto – ac mae'n cynnig *carnet* o 30 tocyn iddo i'w wario, un y dydd ar y tro. Mor ddiolchgar yw'r dyn am y rhodd annisgwyl. Mae'n gwario'i docynnau dyddiol yn ofalus ond daw'r diwedd yn gyflymach nag y dychmygodd. Unwaith eto, mae'n ciwio wrth borth Uffern. Agora'r porthor y gatiau haearn. Ond yr ochr draw mae llyn ac elyrch gwynion yn llithro'n dawel ar ei draws. Ar ei lannau mae teuluoedd yn cael picnics a'r plant yn taflu cacennau at y brithyll sy'n llamu'n hapus i fyny o'r dŵr. Mae Uffern yn rhywbeth sy'n digwydd cyn, nid ar ôl, cyrraedd y gatiau.

Eglurodd Leopold: gan fod bywyd mor hyfryd, mae'n rhaid i'r eglwys osod rhwystrau moesol ar ein traws, a bygythiadau o uffern, er mwyn ein cadw yn ein lle. Felly ry'n ni'n byw gyda'r bygythiad o gosb nad yw'n bod. A dyna pam fod pregethwyr yn pregethu ar y Sul yn erbyn pechod: am ei fod yn beth mor ddeniadol, ac mor ddymunol i'w fwynhau.

Mai 1987 TŶ TAWE

Haleliwia, mae Tŷ Tawe'n bod! Bydd gan Abertawe galon Gymraeg eto. Pan o'n i'n ifanc roedd yna siop Gymraeg fawr, brysur a gwasg Gymraeg (John Penry) yng nghanol y ddinas, a wnes i erioed ddeall pam roedd yn rhaid iddyn nhw gau. Gadawyd bwlch yn ein bywydau ond mae Heini a'i ffrindiau nawr yn mynd i agor clwb Cymraeg reit yng nghanol y ddinas, ar bwys y clybiau nos, gyda siop lyfrau, bar, a stafelloedd ar gyfer dysgu Cymraeg a digwyddiadau cymdeithasol.

Ond ni wireddwyd y freuddwyd dros nos. Bu Heini a'r criw yn brwydro am flynyddoedd i godi arian ac i ddenu cefnogaeth Cyngor Abertawe. Sefydlwyd Ysgol Gymraeg

Lôn Las wedi brwydr debyg. Ro'n i mor ddiolchgar pan
ddaeth fy mlwyddyn o uffern i ben yn Ysgol Brynmill. Ro'n
i'n chwech oed a ches i fy mwlio gan y bechgyn mawr gan
nad o'n i prin yn gallu siarad Saesneg. Ro'n i'n hollol unig
ac yn llwyr gasáu'r lle. Ond daeth grŵp o rieni at ei gilydd
yn benderfynol o sefydlu ysgol Gymraeg. Lleolodd Cyngor
Abertawe'r ysgol ar y pwynt pella posib o ganol y ddinas,
yn Llansamlet ar y cyrion dwyreiniol. Wna i fyth anghofio'r
siwrneiau bws diddiwedd trwy ddrewdod diwydiannol 'Fox
Hole' yng ngwaelod y cwm – ond fe achubodd hynny Heini a
fi, a rhoi plentyndod paradwysaidd i ni, a sail i'n Cymreictod
a barodd byth.

Mae Heini wedi sefyll gwpwl o weithiau dros Blaid Cymru
yn Nwyrain Abertawe, ond yna penderfynodd roi ei ynni i
rywbeth a fyddai'n para, a dyna yw Tŷ Tawe. Mae e'n dal yn
llywodraethwr yn ysgol Lôn Las, a newydd gael bws mini
i'r ysgol. Ond mae'n gwneud pob math o bethau eraill gan
gynnwys sgrifennu rhai o'n llyfrau mwyaf llwyddiannus ni
fel gwasg, yn nofelau a llyfrau i ddysgwyr. Ry'n ni'n dal i
ailargraffu *Welsh is Fun*, sydd nawr wedi gwerthu dros 100,000
o gopïau – *Superman* o frawd.

Mai 1987 CRETA

I Greta, yr ynys o eithafion sy'n cydio yn yr enaid. Ond â
Jac y Sais ym mhob twll a chornel, ffoais ar Vespa o *resort*
gorbrydferth Agios Nikolaos yn y dwyrain i'r bryniau, trwy'r
hewlydd tyllog i bentre hyll Kalo Chorio. Yn obeithiol, es
i mewn i daferna garw â tho *zinc*, ond ar y byrddau roedd
llieiniau Nottinghamshire Lakeland Recipes. Archebais salad
syml ond methu ei fwynhau achos y *muzak* diflas, Saesneg
oedd yn chwarae yn y cefndir. Gofynnais i'r gweinydd taeog
chwarae miwsig Groegaidd yn ei le. Ufuddhaodd a rhoi tâp o
ddawns Zorba ar y system – y fersiwn robotaidd yna chi'n ei
glywed ym mhobman ac sy'n hala chi'n nyts.

'Nôl yn Agios Nikolaos nos Sadwrn, roedd goleuadau disgos
Lipstick a Bara Bara yn fflachio i mewn i ddŵr tywyll yr

harbwr a chodais botel o gwrw yn un o'r bariau. Yno, yn sugno bob i goctel ar stolion uchel, roedd dwy Saesnes yn tynnu at eu deugain, Sheila a Linda. Dechrau sgyrsio, a gweld nad oedden nhw mor hapus ag roedden nhw'n ymddangos. Roedd y ddwy wedi bod ar y clwt yn Cumbria, ac wedi eu denu yma gan y siawns o waith yn yr haul, ond nawr yng nghrafangau dau Gretiad priod oedd yn rhedeg y bar yma, ymhlith eraill. Roedden nhw'n cael eu llety am ddim – ond yn talu mewn ffordd arall.

"Dwi'n methu credu'r sefyllfa dwi ynddi," meddai Sheila gan dynnu ar ei gwelltyn. "Dwi'n ennill *peanuts*. Hyd yn oed 'sen i'n gallu fforddio ffoi, buasai Nikos a'i fêts byth yn gadael imi. Roedd e'n ddyn mor neis o'r blaen, wastad yn dod â blodau i fi i'r maes awyr."

Ffoiais i'r bryniau, yn dal i synnu at stori'r caethweision modern, a cherdded heibio i bentrefi bychain a thai gwynion, y rhan fwyaf â sgrin deledu fawr yn eu stafelloedd blaen. Roedd hen wragedd bach gwargam, yn eu du i gyd, yn llusgo'u traed mewn a mas o'r tai, gan wneud sŵn poeri mawr wrth ynganu brawddegau caled, cytseiniol. Ro'n i'n dwlu ar y sŵn poeri yna. Yna gwelais un ohonyn nhw'n edrych mas o gornel ffenest tŷ yn Kritsa, ei llygaid yn fawr wrth i hwren bowld o Athen sbowtio sbwriel o'r set deledu.

Gorffen y noson yn nhaferna Uncle John's a chael croeso mawr gan Uncle John ei hun, bachan tua 65 oed â golwg hollol ffycd arno. Roedd e'n gweithio 400 dydd y flwyddyn, medde fe, fel arfer tan ddau neu dri y bore. Mae'n gystadleuol iawn: rhaid croesawu ymwelwyr er mwyn byw. Roedd 'da fe dri mab i'w helpu: John, George a Jim – enwau Sgotaidd, meddai'n falch. Gwyliais ef yn ailadrodd ei *spiel* wrth groesawu twristiaid newydd. Roedd ei act *Uncle John* yn ddramatig y tro cynta, ond yn bathetig yr ail ac yn drasig y trydydd tro, ac roedd fy nghalon yn gwaedu drosto. Ac roedd y blydi teledu ymlaen trwy'r amser: y tro hwn, rhyw Americaniaid boldew, hyll yn malu cachu cyn gêm *baseball*.

Ces fy nal ar y ffordd mas gan ferch tua 30 oed â'r enw

Cymraeg, Deryn. "I am just an observer," meddai'n feddw wrth bwyso'n erbyn y drws, a *mojito* yn ei llaw. "Or I would be, if I wasn't in lust with one of the locals." John, George neu Jim, efalle.

Tachwedd 1987 ZURICH

Clywed Wild Bill Davies yn chwarae'r organ Hammond mewn clwb *jazz* ar y Limmatquai yn Zurich. Noson hwyliog, a'r ysbryd yn dda. Roedd nifer o hen fois gydag e'n perfformio'n wych i gynulleidfa o fyfyrwyr yn bennaf. Llofnodon nhw record 12" i fi ar y diwedd. Wedyn ymlaen i Lyn Luzern, y *Vierwaldstättersee*, a mwynhau mordaith rhwng y copaon a gweld Tribschen, y fila lle cyfansoddodd Richard Wagner fy hoff opera, *Die Meistersinger von Nürnberg*. Wedi gweld y lleoliad, do'n i ddim yn synnu bod y miwsig mor hudolus.

Yn wir, rwy'n methu credu'r prydferthwch sydd o 'nghwmpas. Ydw i yma mewn gwirionedd? Mae'r broses o deithio mewn awyrennau mor annaturiol. Dim ond rhannol lwyddiannus yw'r broses o gludo rhywun o un rhan o'r Cyfandir i'r llall: ry'ch chi'n gadael rhannau o'ch pen ar hyd y lle. Ond os na alla i gredu, ar ôl cyrraedd yma, fy mod i yma, sut galla i gredu 'mod i wedi bod yma, ar ôl cyrraedd adre?

1988

Ionawr 1988 PAULINE

Lawr i Gaerdydd ddoe i Glwb Catholig St Peter's i annerch y gangen leol o Undeb Sgrifenwyr Prydain Fawr. Mae'r rhan fwyaf ohonyn nhw'n aelodau o Blaid Gomiwnyddol Prydain Fawr, sy'n ffitio rywsut. Ond yn od iawn, mae hyn yn eu gwneud nhw'n fwy – nid yn llai – ariangar wrth drafod telerau cyhoeddi. Maen nhw'n edrych ar Y Lolfa fel cwmni cyfalafol, ond arnyn nhw eu hunain fel gweithwyr yn llafurio yn y ffosydd a'r caeau, yn ennill eu ceiniogau gonest trwy chwys eu talcen – ac ambell i gytundeb tew gan S4C.

Es i trwy fy mhethau 'run fath. Ar wahân i Dafydd Huws, does yr un ohonyn nhw'n cyhoeddi gyda ni. Er ein bod yn dal yn ffrindiau, pwdodd Gareth Miles rai blynyddoedd yn ôl – yn hollol gyfiawn – wedi i fi ychwanegu'r llythyren 'n' i mewn i'r gair 'cychwr' yn stori olaf *Cymru ar Wasgar*, ei gasgliad o straeon byrion cosmopolitanaidd. Plentynnaidd iawn, wrth gwrs.

Ond mwynhau'n fawr wedyn gyda rhai o gymeriadau gwerinol y Clwb Catholig. Sgwrsio â Pauline, merch hwyliog, ganol oed â lipstic oren, oedd wedi bod, yn ei dydd – a barnu wrth y ffordd roedd hi'n gollwng enwau rhai cenedlatholwyr amlwg – yn *Hostess* Trwy Apwyntiad i holl Bwyllgor Gwaith Plaid Cymru. Ond doedd hi ddim am i fi fod dan gamargraff ynglŷn â'r math o ferch oedd hi. "It's the hunt, not the kill," eglurodd yn ei llais dwfn, hysgi, wrth chwythu mwg ei sigarét i fy wyneb. "I don't deny it, I had a good time in those days. I put it down to my west Wales charm."

Mawrth 1988 BLAENORIAETHAU'R OES

HEDDIW, YN BEN:

PROFFESIYNOLDEB

EFFEITHIOLRWYDD

PRYDLONDEB

CLYFRWCH

£ – ELW – £

STEIL

SAFON

SYNNWYR

LLWYDDIANT

HUNANGYFLAWNIAD

CLÎN SHÊF

A

2

IAITH

Mawrth 1988 MICHAEL WALKER

Michael Walker a dau o'i ffrindiau wedi dod draw o Lundain ac aros yn y Llew Gwyn. Prin o'n i'n nabod nhw, ond ro'n i'n methu meddwl am reswm i beidio bod yn gyfeillgar. Des i gysylltiad â Michael trwy'r cylchgrawn adain dde, *Scorpion*. Michael sy'n sgrifennu'r rhan fwyaf ohono, ac mae i gyd mewn print mân iawn heb isbenawdau na lluniau nac unrhyw gonsesiwn i boblogrwydd. Mae'n fachan tal, tu hwnt o olygus a deallus – model o berffeithrwydd Ariaidd, yn wir – ac yn byw, medde fe, ar weini mewn caffes ym Merlin. Mae'n siarad Almaeneg perffaith ac weithiau'n sgriblo nodyn ataf mewn Cymraeg (gwallus), chwarae teg iddo fe.

Roedd y rhifyn diwethaf o *Scorpion* yn ddiddorol ac yn cynnwys ymosodiadau hollol resymol ar y syniad o farchnad rydd Ewropeaidd. Sgrifennodd Michael: 'Os nad yw ffiniau gwleidyddol yn rhwystro pobl a nwyddau rhag symud yn rhydd, yna does dim pwrpas iddyn nhw. Mae amharodrwydd llawer o *regionalists* i wynebu problem symudiad rhydd pobl a nwyddau yn tanseilio eu cysyniad o ymreolaeth.'

Ac meddai Peter Bahn yn yr un rhifyn: 'Byddai Ewrop unedig sy'n caniatáu cylchrediad rhydd pobl a nwyddau o fewn ffiniau'r wladwriaeth Ewropeaidd yn arwain yn anochel at wanhau a diflaniad amrywiaeth rhanbarthau Ewrop.'

Mae hyn i gyd yn amlwg. Mae'r syniad o farchnad gwbl rydd rhwng gwledydd y byd yn hollol amheus. Eglurodd Leopold Kohr mai tric gan y gwledydd mawrion yw e. Bu America, am y rhan fwyaf o'i hoes, yn amddiffyn a meithrin ei diwydiannau trwy drethu mewnforion ac ati, a dechrau pregethu 'marchnad rydd' fel efengyl dim ond pan oedd ei heconomi'n ddigon cryf i drechu gwledydd gwannach.*

Ta beth, yng nghanol trafodaeth fanwl a deallus am bynciau fel hyn, fe gewch chi yn *Scorpion* osodiad sydyn, ffiaidd o wrth-Iddewig, rhywbeth *crackers* sy'n rhedeg yn gwbl groes i naws resymol gweddill y cylchgrawn.

Triais anghofio am hyn wrth fwynhau peintiau cyfeillgar yn nhafarnau Tal-y-bont nos Sadwrn. Aethom am dro fore Sul lan i fedd Taliesin, a'i olygfa eang o aber afon Dyfi. Soniais am y bardd o'r chweched ganrif, ac am newid enw'r pentre i 'Taliesin' o 'Comins y Dafarn Fach' er mwyn plesio crefyddwyr y bedwaredd ganrif ar bymtheg. Roedden nhw'n llawn diddordeb, ac yn dal i ofyn pob math o gwestiynau am hynt a helynt y mudiad iaith yng Nghymru wrth i ni gerdded yn hamddenol i lawr y llwybrau gwledig yn y pnawn.

Ond pam? Ai dim ond diddordeb mewn syniadau? Neu oedden nhw'n casglu gwybodaeth at bwrpas cudd? Neu i wasanaeth cudd, hyd yn oed? Neu ai cenedlaetholwyr Seisnig oedden nhw, yn chwilio am dir cyffredin â chenedlaetholwyr Cymreig? Ond os felly, pam yr wrth-Iddewiaeth?

*Nodyn: gwnaed yr un pwynt yn ddiweddarach gan Ha-Joon Chang yn ei lyfr *Kicking Away the Ladder* (2002).

Mehefin 1988 SUSAN MAYSE

Cwrdd â Susan Mayse, awdures o Ganada. Mae hi am i ni gyhoeddi *thriller* o'r enw *Merlin's Web* sy'n sôn am griw o eithafwyr Cymreig sy'n herwgipio Carlo, tywysog Cymru, gyda'r SAS wedyn yn camu i mewn i'w achub. Mae'n nofel hir a chignoeth gyda llu o gymeriadau lliwgar o'r cyfryngau, MI5, yr IRA a'r PLO hyd yn oed. Yn amlwg dyma nofel boblogaidd â photensial mawr ac aethon ni am ginio i Gannets i drafod y posibiliadau.

Mae'n anodd credu iddi sgrifennu'r cyfan heb erioed ymweld â Chymru. Dywedodd wrthyf mor siomedig oedd hi, wedi dod yma o'r diwedd, o weld gwlad mor wan oedden ni mewn gwirionedd, ac mor annhebyg o gynhyrchu'r digwyddiadau cyffrous a greodd hi yn ei dychymyg. Yn ferch siarp a deniadol, roedd hi'n reddfol wrth-sefydliad a gwrth-Seisnig. Roedd hi'n gwrthod derbyn grantiau sgrifennu gan lywodraeth Canada, er mwyn cadw'i hun yn feddyliol annibynnol. Roedd hi'n rhoi traean o'i hamser i sgrifennu hac, i ennill arian, a'r gweddill i sgrifennu er mwyn ei phleser ei hun.

Dywedais na fydden ni'n debyg o dderbyn grant at gyhoeddi nofel fel hon: byddai nofel fwy 'llenyddol' yn debycach o lwyddo. Wfftiodd at ddadl mor bathetig. Oedden ni felly am gyhoeddi stwff nad oedd yn gwerthu, dim ond er mwyn cael grant? Onid yw cyhoeddwr go iawn yn cynhyrchu incwm trwy werthiant, ac yn neidio at nofel boblogaidd fel hon? Mwmialais esgusodion, nad ni fel gwasg fach yng nghefn gwlad Cymru oedd yr un i wneud llwyddiant Prydeinig o *thriller* boblogaidd fel hon; byddai cwmni o Lundain yn well.

"Ond nofel am Gymru yw hon," atebodd. "Mae'n rhaid bod marchnad iddi yma?"

"Fe ddylai fod. Ond dosbarthwyr o Loegr sy'n gwasanaethu siopau Saesneg Cymru, ar y cyfan."

Craffodd arna i'n feirniadol dros ei gwydryn o win gwyn y tŷ. "Byddwch yn onest: ydi'r deunydd yn rhy gryf i chi, yn rhy radical?"

"Na, nid i fi'n bersonol, ddim o gwbl. 'Sda fi ddim problem o gwbl â'r syniad o herwgipio Carlo ..."

Ond ro'n i'n gwybod yn iawn beth oedd hi'n feddwl: dyma wasg wimpaidd yn gweithredu mewn gwlad wimpaidd a bydda i'n ffeindio gwlad well i sgwennu amdani y tro nesa, un â 'bach o gic ar ôl ynddi hi, ac yn ei chyhoeddwyr.

Awst 1988 PROTEST GANOL-OED

Peintio 'Deddf Iaith Newydd' ar wal y Swyddfa Gymreig gyda naw neu ddeg o bobl eraill barchus, canol-oed yn ystod eisteddfod Casnewydd. Ry'n ni'n gofyn am Ddeddf Iaith yn rhoi hawliau cyfreithiol i'r iaith yn lle Bwrdd Iaith biwrocrataidd a di-rym. Cawsom ein cadw wedyn mewn cell mewn swyddfa heddlu yng Nghaerdydd a'n dirwyo £150.

Ces i gic o weithredu eto – ond beth am fod yn onest? (a) Roedd 'na rywbeth fandalaidd am y weithred, nad o'n i'n hoffi. Mae gwahaniaeth rhwng dileu geiriau Saesneg ar arwydd ffordd – gan ymosod ar y peth dy'ch chi ddim yn hoffi – a pheintio slogan hyll mewn paent du ar waliau adeilad hardd. (b) Sai'n siŵr am y syniad o gael pobl hen a pharchus i weithredu. Parchus yng ngolwg pwy? Ond yn fwy difrifol, (c) ydw i'n credu yn y peth? Ydi cael Deddf Iaith yn syniad gwell na Bwrdd Iaith? Oes raid dewis rhwng y ddau? Onid oes angen cael bwrdd i weithredu deddf?

… sydd i gyd yn profi 'mod i'n llawer rhy hen a pharchus, erbyn hyn, i wneud y math yma o beth.

1989

Ebrill 1989
CYMRU BOCS SIOCLED

Argraffu posteri'r Mabinogion ac un yn dangos Lleucu Llwyd yr wythnos 'ma; hefyd cardiau'r duwiau a'r duwiesau Celtaidd gan Ioan Einion. Mae rhan ohonof sy'n casáu'r stwff meddal yma am orffennol siwgr candi. Mae'n iawn i ymwelwyr ac Americaniaid, ond ydyn ni, sy'n byw bob dydd trwy'r Gymraeg, angen hyn? Dyw Saeson ddim yn dangos posteri ar eu waliau o Beowulf, a dawnsio Morris, a gêmau criced, a hen ferched yn reidio beiciau i mewn i'r machlud. Pan mae iaith ar ei thin, fel yn Llydaw a Chernyw, yna mae'r bwlch rhwng y byd fel y mae ac fel y dylai fod yn cael ei lanw gan hen rysetiau, a dawnsio clocsen, a phatrymau Celtaidd, a lluniau bocs siocled o gopaon mewn niwl.

Nonsens yw'r cyfan, os nad yw pobl yn byw a gweithio, a rhegi, ac ymladd a charu yn yr iaith. Rhaid i ni fynd 'nôl at wneud posteri hyll, pyncaidd, gwleidyddol.

Wedi cysgu am ddeuddydd solet ers dod 'nôl o wythnos o wyliau gyda Gwilym a Megan Tudur yn Rethymnon yng Nghreta. Roedden ni'n mynd i'r gwely rhwng tri a phedwar bob bore – fel arfer ar stumog hanner gwag yn sgil treulio'r rhan fwyaf o'r nos yn chwilio'n ofer am fwyd llysieuol i Gwilym. Ac aethon ni ddim i'r gwely o gwbl y noson olaf.

Roedd yn rhaid ffeindio rhywle dilys, Cretaidd i orffen y gwyliau ac yn gynnar nos Sadwrn sylwon ni ar far addawol o arw ar ganol harbwr Rethymnon. I mewn â ni a chael croeso cynnes gan y perchennog, oedd yn ei saithdegau. Roedd lluniau ohono ar y wal, un gyda'i dri mab, ac un arall mewn lifrai milwr, yn dal gwn. Eglurodd iddo gymryd rhan yn safiad dewr y Cretiaid yn erbyn yr Almaenwyr yn y rhyfel diwetha. Yna daeth ei wraig atom â charáff mawr o win coch i ni, a rhoi'r gwydrau ar y bwrdd.

Roedden ni wedi dewis yn dda. Roedd yn lle moel, croesawgar, a rhyfedd o ymlaciol. Cyn bo hir ymunodd dau ddyn â ni: Vassilis, darlithydd mewn economeg diwydiannol yn y brifysgol yn Rethymnon, ac un o'i fyfyrwyr. Trodd y sgwrs at wleidyddiaeth, a pheryglon twristiaeth, a'r angen ar i wlad reoli ei heconomi.

"Of course," cytunodd Vassilis, "you are right, and this leads us to Eurocommunism. It's the only way to control the multinationals. It must be carried out across the whole European Community or it won't work."

Roedd yn amhosibl anghytuno â rhesymeg ei ddadl wrth i'r hen wraig ail-lanw'r caráff. Ychydig wedyn, torrodd Vassilis mas i ganu hen lafargan Roegaidd. Eglurodd ei ffrind mai mynegiant o werthfawrogiad oedd hyn, yn dod o'i enaid: hen ffordd o ddweud bod y gymdeithas yn dda.

Tua dau o'r gloch y bore, cawsom blatiad mawr o fara cartre a chaws gafr, a mwy o win a dŵr. Ehedodd yr oriau, a chawsom sioc wrth weld golau gwan y wawr yn sydyn yn glasu'r ffenest. Byddai'n rhaid i ni ei throi hi: roedden ni'n hedfan adre drannoeth. Gan nad oedden ni wedi talu dim trwy'r nos, gofynnon ni i'r hen wraig gyflwyno'r bil i ni. "Does dim angen i chi dalu dim i ni," meddai.

"Ond ry'n ni wedi mwynhau un o nosweithiau difyrraf ein bywyd."

"Os mynnwch chi, talwch beth y'ch chi'n gredu oedd gwerth be gawsoch chi."

Roedd hynny, wrth gwrs, yn ambosib, ac wedi gadael dyrnaid o ddrachmas yn y soser, camodd Gwilym a fi'n ansicr i'r stryd lle roedd hen foi yn pasio â chert yn llawn orenau. Cymeron ni un yr un a mynd i'r caffe gyferbyn. Yno, dan y stripiau ffliworesent roedd byrddau o bysgotwyr a gweithwyr shifft cynnar yn sipian eu coffi Twrcaidd. Gallech dorri'r naws â chyllell. Yfodd Gwilym a fi bob i baned felys yn dawel yn y gornel, gan deimlo'r fraint o fod yno ymhlith y werin Gretaidd.

Cerddon ni'n araf yn ôl i westy'r Brascos ac i mewn i stafell yn llawn twristiaid hyll, gwyn, Prydeinig yn brecwasta'n brysur, eu cyllyll a'u ffyrc yn clecian fel peiriannau gwnïo. Roedden ni'n methu peidio â chwerthin ar yr olygfa ddieithr. Roedden ni wedi camu rhwng dau fyd ac fe benderfynais, wedi dychwelyd i Gymru, na fasen i byth yn dychwelyd i'r hen fyd gorbrysur, diystyr ond yn aros am byth ym myd cyfeillgarwch ac Ewrogomiwnyddiaeth.

Mehefin 1989 HEN LOLS

Pori trwy hen rifynnau o *Lol*, a meddwl, sut oedden nhw mor dda? Nid yn gymaint y cynhyrchu a'r golygu, oedd weithiau'n rwff, ond yn eu hagwedd a'u hysbryd. Yn rhifyn '71, er enghraifft, roedd:

A. YR HYDER. Sicrwydd y safbwynt – yn tarddu o sicrwydd o lwyddiant terfynol yr Achos. Y flwyddyn '71 oedd pinacl yr ymgyrch arwyddion, cyfnod caneuon ffantastig fel 'Peintio'r Byd yn Wyrdd' (Dafydd Iwan), 'Rhaid yw eu Tynnu i Lawr' (Y Chwyldro) ac 'Ie, Ie, 'Na Fe' (Y Tebot Piws) oedd mor hwyliog a daufysol. Dyw'r hyder llwyr yna ddim 'da ni heddi. Pam? Ai arnon ni mae'r bai (falle am ein bod ni'n mynd yn hen), neu ydi Cymru ei hun wedi gwanhau yn y degawd wedi refferendwm

'79? Y broblem gyda dychan yn rhy galed yw'r perygl o ddymchwel y cyfan, fel pac o gardiau. Faint o ddychan all Gymru ei gymryd erbyn hyn?

B. Y GWRTHSEFYDLIADOWGRWYDD. Roedd 'na wawd absoliwt yn yr hen Lols am ben y sefydliadau i gyd, a'r dringwyr a'r crafwyr oedd ynddyn nhw. Yn gymysg â'r hwyl am ben sefydliadau'r genedl roedd 'na elfen o anarchiaeth – sef dirmyg at sefydliadau *per se*.

C. ROEDDEN NI'N ECER. Tarddodd hynny o gyfnod coleg. Ni oedd yn iawn. Roedden ni'n gwybod yn well na phawb ac yn hau'r gair 'bradwr' yn ffri. Daeth un o Gymry Llundain ata i mewn un steddfod, a gofyn pam oedden ni, yn *Lol*, yn mynnu galw Cymry Llundain yn 'fradwyr'? Doedd 'da fi ddim ateb, a gallwn weld bod y boi yn meddwl 'mod i'n drist o ifanc o hunangyfiawn – ac yn wir, ei fod e'n iawn yn meddwl hynny. Ond wedyn, nid i gael cydbwysedd y mae pobl yn prynu *Lol*, ond i gael safbwynt ac i gael hwyl.

CH. YR HIWMOR CYNNES, gogleisiol, sbonclawn gyda gwawd a'r dirmyg yn fwy na'r casineb. Mae casineb wastad yn

'Is-bwyllgor maswedd y Gymru Rydd' – o gartŵn strip gan Gareth Miles ac Elwyn Ioan

arwydd o wendid, achos chi'n tynnu'ch hunan i lawr i'w lefel nhw. Mae'n golygu mynd i drafferth, a dangos parch at y rhai chi'n eu beirniadu.

Doedd rhifyn '76, bum mlynedd wedyn, ddim yn ddrwg chwaith. Strip cartŵn mawr 4-tudalen gan Gareth Miles ac Elwyn Ioan – cyfuniad athrylithgar o dalent. Tua phymtheg llun o borcen ddigon neis, storïau, a chartwnau eraill, a lluniau â bybls. Y pyrcs yn syth, dim lol. Popeth yn syml, at y pwynt – ddim yn rhy glyfar na deallusol. Yn reddfol iawn a chywir, heb hunan-amau. Sut oedd e mor dda? Ac roedd golygyddol y rhifyn cynt yn eitha doniol, yn esgus 'mod i'n Gwyn Erfyl yn cymryd hoe mewn sawna ym Milan.

Licen i'n fawr gael y steil yna'n ôl. Ond *never look back*. Does dim modd dad-ddysgu'r hunanymwybyddiaeth sy'n dod gyda chanol oed. Rhaid symud ymlaen – yn anffodus.

Gorffennaf 1989 *WYT TI'N COFIO?*

Cyhoeddi *Wyt ti'n Cofio?* – o'r diwedd. Roedd y llyfr i fod i ddathlu 20 mlwyddiant o hanes Cymdeithas yr Iaith;

nawr mae'n dathlu chwarter canrif, sef 1962 i 1987, ac mae'n gampwaith, fel y dylai fod, wedi i Gwilym dreulio rhan dda o'r blynyddoedd ychwanegol yn atig Y Lolfa yn llungopïo a threfnu a golygu'r cyfan. Mae'r rhan fwyaf o lyfrau hanes yn dibynnu ar ffynonellau ail-law: doedd yr hanesydd ddim yno ei hun. Ond mae'r llyfr yma'n wahanol. Gyda'i luniau, a'i atgofion, ei bytiau a'i gartwnau mae'n cyfleu yr hwyl, y perygl, y ddelfrydiaeth, y dewrder a'r diodde hefyd a fu dros yr iaith dros y chwarter canrif diwethaf.

Yn y cyfnod yma, sefydlwyd S4C a Radio Cymru, cafwyd arwyddion ffyrdd dwyieithog, pasiwyd deddf yn rhoi 'dilysrwydd cyfartal' i'r iaith. Yn y saithdegau'n unig bu 585 o achosion llys a 102 o garchariadau. Yn ogystal, llosgwyd dros 200 o dai haf, a chwythwyd lan sawl piben ddŵr a gweithredwyd yn Nhryweryn. Gan nad y'n nhw'n ymwneud â Chymdeithas yr Iaith, dyw'r rheini ddim yn y llyfr – ond mae'n codi'r cwestiwn: a gawson ni 'chwyldro' wedi'r cyfan?

Medi 1989 Y DDINAS FEWNOL

Cyhoeddi *The Inner City* gan Leopold Kohr, casgliad o rai o'i erthyglau wythnosol pryfoclyd i'r *San Juan Star*.

Mae Leopold yn dadlau nad yw cynllunio canolog, biwrocrataidd yn gweithio wrth adfywio dinas. Syniad gwell a thipyn symlach yw gofyn i'r archesgob symud i fyw i'r ardal dlawd a chodi tŷ iddo'i hun yno: bydd pobol wedyn yn dilyn. Felly y newidir yr 'inner city' problematig i 'inner city' cymdeithasol fywiog.

I Leopold, 'rhamant' yw'r cymhelliad cryfaf dros ddewis lle i fyw (a gyda phwy i fyw!): y canfyddiad bod ardal yn gymdeithasol fywiog ac o statws derbyniol. Ac mae'r un peth yn wir am adfer y Gymraeg. Rhaid creu rhai ardaloedd lle mae 'na fywyd da a bariau da, a chwmnïaeth a chwmnïau bychain, bywiog: llefydd sy'n Gymraeg, ac yn secsi.

Tachwedd 1989 ADOLYGU LLYFRAU

Wedi dweud wrth olygydd *Golwg* na wna i fyth adolygu llyfr iddyn nhw eto.

Ro'n i wedi adolygu *Plentyn y Bwtias*, pedwaredd nofel Alun Jones, iddyn nhw ac wedi teimlo'n wael byth ers hynny. Mae Alun yn awdur abl; y broblem gyda'r nofel hon oedd 'mod i'n amau dilysrwydd y profiad o *déjà vu*, sy'n ganolog i'r plot. Dyw'r dirgelwch ddim yn cael ei 'ddatrys', achos does 'na'r un: mae'n ffenomen niwrolegol (fel y dywedais

yn hollwybodol) sy'n dod pan mae'n dod. Ond ydi'r profiad
yn llai dilys oherwydd hynny? Wedi gweld yr adolygiad ar
draws tudalen lawn yn *Golwg*, fe wnes i lwyr gasáu be wnes
i. Pa hawl sy 'da fi, sy'n awdur fy hun, i osod fy hunan fel
beirniad mor bedantig ar waith awdur arall? Sut fasen i'n
teimlo petai Alun yn rhacso *Crac Cymraeg*, er enghraifft – nid
peth mor anodd i'w wneud.

Dyna pam rwy'n edmygu John Rowlands. Dyw e'n poeni
dam ac mae'n dweud y gwir ac yn parchu syniadau ac yn barod
i godi ei ben uwchlaw'r parapet. Ond os y'ch chi'n gyhoeddwr
yn ogystal â thamed o awdur, caiff eich cymhellion eu hamau
ddwywaith drosodd. Ddylen i ddim poeni, ond rwy'n amlwg yn
rhy groendenau i adolygu llyfrau.

Rhagfyr 1989 Y WEST WALES RUN

Cinio Nadolig gwahanol i'r arfer neithiwr gyda John Thomas a
Tom Stuart, reps cwmni papur Robert Horne, a Keith Brown,
rheolwr cwmni argraffu a chyhoeddi enwog Browns o'r Bont-
faen. Rwy'n cwrdd â John a Tom yn gyson ar eu 'West Wales
Run', eu taith fisol i'r Gorllewin Gwyllt, sy'n arfer gorffen gyda
tancad yn y Llew Gwyn – wedi iddyn nhw fwynhau chwisgi
neu ddau ar y ffordd yn nhafarn y Porth, Llandysul, gyda bois
Gwasg Gomer.

Mae John a Tom yn dipyn o adar, yn hoffi rygbi a'r diwylliant
yna, a wastad mewn trafferthion gyda menywod. Mae John,
rheolwr y gangen, yn mynd trwy ysgariad a Tom, sy'n iau a reit
olygus, yn dal i chwarae'r maes yn galed o ran rygbi a merched.
Ond ble roedden nhw? Roedd hi'n hanner awr wedi naw yn
barod. Oedden nhw'n dal ar y *shorts* gyda Gwasg Gomer?

O'r diwedd, tua deg o'r gloch, sgrialodd Ford Granada coch
i fyny at y Patshyn Glas, a golch o chŵd yn drai gwyn ar draws
drws y teithiwr. Yn araf a sigledig, cropiodd ffigwr dieithr
allan o'r car: Keith Brown, mae'n rhaid. Eglurodd na allai fyth
handlo cinio Nadolig heno; byddai peint o laeth yn ddigon.
Felly dyna lle'r o'n i yn sobr yn trio bwyta cinio Nadolig o
flaen tri ymwelydd llipa a chocos. Ond, er heb brin gyffwrdd ei

laeth, fe ailflodeuodd Keith Brown yn araf. Erbyn deall roedd yn rhedwr marathon, ac nid yn fachan i adael i chwydiad neu ddau amharu ar ei fform.

"Robert," dywedodd, "sai'n nabod chi ond ga i roi gair o gyngor i chi fel brawd yn gweithio yn y diwydiant. Rwy wedi dysgu tri pheth: peidiwch tyfu'n rhy fawr, rhedwch y cwmni eich hunan, a pheidiwch byth â chael y teulu i mewn, nac unrhyw reolwyr o'r tu fas."

"Dyna ddigwyddodd i Tremewans, yntê, y rhwymwyr o Abertawe?"

"Ie. Trueni. Ddylsen nhw ddim fod wedi ehangu, ac wedi aros ar Ffordd y Mwmbwls. Ond, yn anffodus, dyna'r sefyllfa rydw i ynddi nawr. Ych a fi, mae'r llaeth 'ma'n troi arna i! Robert, pa gwrw fasech chi'n argymell, o'ch profiad o seler y gwesty hwn?"

"Y Banks's Mild fuasai saffa ar stumog sensitif ... ga i ofyn iddyn nhw ddod â'r cinio mewn i chi nawr?"

"Dim o gwbl, ond fe gymera i'r Banks's *Bitter,* os gwelwch yn dda."

"Syniad da," meddai Tom wrth y tafarnwr gan glirio'i ginio o'r ffordd. "Diolch yn fawr, ond dwi ddim angen y bwyd yma chwaith, na'r gwin Black Tower, diolch yn fawr. *Mein Host*, gwnewch e'n dri pheint o Banks's Bitter."

"A dewch ag un i Robert hefyd," ychwanegodd John Thomas. "Mae e'n ymddangos braidd yn sobor i fi. Amser Nadolig neu beidio, rhaid i ni gofio ein bod ni ar y West Wales Run."

Y Nawdegau

1990

Chwefror 1990 AI DYMA'R CYFAN?

Methu cael gwared â'r teimlad nad hyn yw'r cyfan, bod 'na
ryw lwyfan gwell na hyn i chwarae mas ein tipyn bywydau.
Tybed ai effaith treulio'r holl flynyddoedd mewn ysgol yw hyn?
Mae plant mewn dosbarth yn gwybod mai dim ond paratoad
ar gyfer y byd go iawn yw addysg. Mae rhai'n disgleirio ac yn
cael marciau uchel ac yn cael eu henwau yng nghylchgrawn yr
ysgol, ac eraill yn chwarae o gwmpas a mitsio a chael llawer
mwy o hwyl. Ond dim ots be wnawn ni, ry'n ni'n gwybod mai
yn y dyfodol mae'r perfformiad sy'n cyfri. Ond wrth gwrs, does
dim theatr arall ar gyfer bywyd: dim ond hyn sydd. Felly beth
ddylen ni ei wneud? Cymryd bywyd – a'n hunain – yn llwyr
o ddifri? Ydi hyn wir yn syniad mor dda? Neu barhau i fyw
mewn cwmwl o hunan-dwyll?

Ebrill 1990 BYWYD BRAU

Merch yn dod lan ata i mewn lansiad a gofyn i fi o'n i wedi
darllen *Bywyd Brau*, llyfr a gyhoeddon ni gan Rhiain Lewis ac
sy'n rhoi'r safbwynt Efengylaidd ar erthylu. Dywedais fy mod i.

"Ydach chi'n cytuno efo safbwynt y llyfr?"

"Ydw, rwy'n credu 'mod i – ond ry'n ni'n cyhoeddi llyfrau
gyda gwahanol safbwyntiau, wrth gwrs."

"Ydach chi? Fasach chi'n cyhoeddi llyfr yn difrïo'r iaith
Gymraeg?"

"Na fasen, mae'n debyg."

"Felly mi rydach chi *yn* cymryd sylw o safbwyntiau eich
llyfrau?"

"Mae 'da ni safbwynt ar rai pethau, ond does 'da ni ddim
safbwynt ar erthylu."

"Wel, mae gynnoch chi rŵan!"

"Safbwynt yr awdur yw hwnna, nid safbwynt y wasg."

Yn anochel, aeth hi'n ddadl am erthylu, sef beth oedd y ferch yn ysu amdano. Roedd yn rhaid i fi dderbyn nad yw'r egwyddor o 'barchu bywyd' a chadw rhywun yn fyw, doed a ddelo, yn cyd-fynd bob tro. Gadawodd o'r diwedd, wedi cael gwneud ei phwynt.

Wnes i ddim dweud y gwir wrthi, sef bod 'da ni olygydd ffantastig yn Rhiannon Ifans, a'i bod yn Efengylwraig, a bod ganddi Rolls Royce o ymennydd, a 'mod i'n hollol ddibynnol arni. Un o ffrindiau Rhiannon gynigiodd y llyfr i ni ac rwy'n dal yn ansicr ar y cwestiwn yma. A yw'n bosib i wasg gael safbwynt ar rai pynciau, ond nid ar rai eraill? Onid yw gwasg, yn y pen draw, yn gyfrifol am bob teitl mae'n ei gyhoeddi? Oedd y ferch yn iawn?

Gorffennaf 1990 BYLCHU'R WAL

Mynd i fynyddoedd yr Harz i ddathlu pen blwydd fy mam yn bedwar ugain. Hedfan i Hannover a gyrru i dref hynafol Goslar, ac i westy'r Kaiserworth. Gwybod yn syth mai dyma'r lle iawn: dim ond y gwestai gorau mae ein teulu ni'n eu noddi. Buon ni'n crwydro caffes ac orielau'r dre dydd Sadwrn er mwyn magu nerth i wynebu'r wledd deuluol yn y nos. Yno croesawyd ni gan Günther (brawd fy mam, meddyg yn Sweden) a'i ferch Ingrid. Mae hi'n dipyn o haden, yn *divorcee* sy'n gwisgo minlliw coch a chlustdlysau perlog. Wrth sylwi arnynt, gofynnodd fy nhad yn ddiniwed, a oedd ganddi, felly, ddiddordeb mewn *Kunst* (celfyddyd). Na, atebodd, dim ond *Lebenskunst* (celfyddyd byw).

Yn y man llanwodd yr ystafell ag Almaenwyr hyderus, parablus, dosbarth canol uwch – yn feddygon bron i gyd – a'u plant. Roedd fy mam fel merch ifanc eto wrth weld pawb ynghyd. Sgyrsiodd yn fywiog â phob un yn ei dro yn ystod y wledd, ac ymlaen i'r oriau mân – ac wedyn dros frecwast cyn ail-gwrdd â phawb tua hanner dydd yn y broses hir o gusanu a chofleidio wrth ffarwelio. Ro'n i'n meddwl: wel, dyma fel maen nhw ar y Cyfandir – cyn sylweddoli nad yw teulu'r Almaen yn gweld ei gilydd yn amlach nag y'n ni.

O'r diwedd, neidio mewn i'r car hur ac anelu am Wittenberg.

Roedden ni'n gwybod y byddai hon yn daith emosiynol i'n mam. A wal Berlin wedi syrthio y llynedd, hwn fyddai'r tro cyntaf ers y rhyfel iddi allu croesi'r ffin yn rhydd rhwng Gorllewin a Dwyrain yr Almaen. Roedd hi wedi croesi'r ffin yn anghyfreithlon yn y pumdegau, ac wedi sgrifennu am y profiad yn y llyfr, *Bwlch yn y Llen Haearn*. Arhoson ni yn Eckental, y pwynt cyntaf lle torrwyd bwlch yn y wal ddwbl, goncrit. Aeth fy mam mas o'r car yn aflywodraethus o lawen, yn methu credu bod ei gwlad hi eto'n un. Cyffyrddodd y wal â'i dwylo ac aros i dynnu lluniau, ymhlith yr ymwelwyr eraill.

Teithiodd y pedwar ohonom ymhellach i'r hen Ddwyrain. Erbyn hyn roedden ni'n llwgu ac fe welon ni arwydd *Bratwurst* wrth hen dafarn mewn pentre o'r enw Grosspaschleben. Roedd pump dici-bach-dwl yn eistedd ar fainc o'i blaen, a dim sôn am sosej, dim ond bara sych a hen farjarîn afiach, a'r tŷ bach mwyaf drewllyd yng ngogledd Ewrop. Yn amlwg roedd cyfalafiaeth yn araf yn cyrraedd, ond y noson honno ym mwyty'r Schlossfreiheit yn Wittenberg, roedd 'na arwydd balch ar y wal yn cyhoeddi: 'Er gwaethaf 40 mlynedd o Sosialaeth, mae lletygarwch yn dal yn fyw'.

Edrychodd fy mam yn hir a hapus ar yr arwydd, gyda'i neges o groeso'n ôl iddi i'w gwlad ei hun.

Awst 1990 EIRUG V. RHODRI

Steddfod brysur ac anodd weithiau yng Nghwm Rhymni. Yr hen safle diwydiannol yn llychlyd a diawyrgylch fel wyneb y lleuad. Buasai rhywun o Mars yn methu credu bod yna 'genedl' yn cynnal ei gŵyl genedlaethol yn y fath leoliad. Ond buon ni'n dilyn llwybrau Owain Glyndŵr yn y Skirrid, tafarn hynaf Cymru, a mwynhau parti'r Lolfa nos Iau yn yr Hen Lew Coch, Tredegar, gyda grŵp y Blas Glas â Lefi ar y gitar fas.

Cafodd *Lol* dipyn o sylw yn sgil gwaharddiad Uchel Lys ar y cylchgrawn, a bu'n rhaid i ni ailargraffu rhai tudalennau gan dduo rhannau o stori honedig enllibus am gwmni teledu Agenda, a'r ffordd enillon nhw'r cytundeb ar gyfer rhaglen nosweithiol S4C, *Heno*. Ond aeth eu cyfreithwyr ar ôl Eirug, fel golygydd, yn lle'r cyhoeddwyr, Gwasg Gwalia.

Wedi chwarter canrif o gyhoeddi *Lol* yn enw'r Lolfa, roedd Eirug a fi wedi penderfynu creu cwmni newydd a fyddai'n rhydd i gyhoeddi storïau caletach. Nod Eirug oedd codi'r cylchrediad o 3,000 i 5,000, gan gyhoeddi deirgwaith y flwyddyn. Ond fel un o gyfarwyddwyr cwmni Gwasg Gwalia, ro'n i'n awyddus i setlo'r anghydfod ac fe driais drefnu cyfarfod rhyngddo a Rhodri Williams o gwmni Agenda. Roedd hi'n bnawn dydd Gwener erbyn i fi lwyddo i gael y ddau i gornel lychlyd a thawel o'r maes.

Bues i'n pwyso ynghynt ar Eirug i ymddiheuro cyn i'r costau godi – wedi'r cyfan, dyw ymddiheuriad yn *Lol* ddim yn cario pwysau'r Bregeth ar y Mynydd – ond mynnai Eirug fod y stori'n wir.

"Sai'n amau hynny," dywedais. "Ond fel ti'n gwybod: mwya'r gwir, mwya'r enllib."

"Dyna dwi'n ddeud wrthat ti, mêt!"

Fel ro'n i'n ofni, gwrthododd Eirug symud modfedd, a phrin fu'r Gymraeg rhyngddo ef a Rhodri Williams ac rwy'n cymryd y bydd ei gyfreithwyr nawr yn symud ymlaen ag achos enllib llawn.

Ar ben popeth arall, roedd Eirug wedi golygu *Jiwbilol*, cyfrol i ddathlu pen blwydd *Lol* yn 25 oed eleni. Rwy'n dal i fethu credu bod chwarter canrif wedi pasio ers sefydlu'r cylchgrawn. Yn fuan wedi gadael Llyfrgell Ceredigion, es i i weld R. E. Griffith, pennaeth yr Urdd, ynglŷn â swydd gyhoeddusrwydd. Soniais am fy ngwaith ar *Lol*, oedd newydd ymddangos

"Hy!" meddai'n annisgwyl o flin. "Neith *Lol* bara dim, dim mwy na sawl cylchgrawn Cymraeg arall. Mi ddiflannith dros nos fel cicaion Jona!"

Rhyfedd meddwl bod *Lol* erbyn hyn wedi goroesi hyd yn oed *Blodau'r Ffair*, ei gylchgrawn ysgafn e (yr o'n i'n eitha hoff ohono pan o'n i'n iau) – ond pa mor sicr yw dyfodol *Lol*, os aiff Rhodri Williams ymlaen â'i achos?

Medi 1990 NABOKOV

Teimlo'n uffernol o isel wedi gorffen cyfrol o storïau gan Nabokov. Wnes i erioed ddarllen llyfr mor greulon, mor negyddol, mor sinicaidd, mor ddiarbed o dywyll. Mae pob un o'i gymeriadau'n *losers*: y ddau frawd llofruddiol; y Rwsies galed, brydferth; yr unig fab yna a gwympodd i lawr lifft ym Mharis ac a gymerodd 40 munud i farw; y gwerthwr-gnychwr a ffodd heb ddweud wrth y fenyw roedd yn ei chnychu fod ei thad yn marw; y boi oedd yn gwerthu drychau â siapiau ffansi fel siâp calon, gyda'r frawddeg olaf uffernol, ei fod e'n byw dim ond i farw. Ond yr un greulonaf i gyd oedd yr un am y sgwennwr bach oedd yn methu sgwennu, ond yr oedd ei enaid yn hongian wrth unrhyw air o ffug ganmoliaeth ...

Mae pawb yn canmol Nabokov – 'sgwennwr y sgwenwyr' – ac mae ei arddull yn reit wych ond rwy wedi methu'n lân â gorffen *Lolita* chwaith. Mae'r llyfr yn afiach ac rwy'n casáu agwedd baedoffilaidd y prif gymeriad ati hi, fel at bob cymeriad arall mae'r crachyn Rwsiaidd yma yn eu dadansoddi a'u diberfeddu mor glinigol â'r gloÿnnod byw roedd e'n arfer eu casglu a'u pinio i lawr mewn casys gwydr.

Medi 1990 MYND I'R CAPEL

Dal i weithio'n rhy galed. Mewn sbin o hyd. I ble'r aeth yr hen agwedd braf, ymlacedig? Ond nawr rwy'n deall be sy'n bod. Sai'n mynd i'r capel y dyddiau hyn. Ers hynny rwy wedi colli fy nghŵl. Mae 'na wastad reswm da dros beidio mynd. Dywedodd Dr Dafydd Alun Jones, y seiciatrydd, unwaith, ei fod yn colli echel ei wythnos os nad oedd yn mynd i gapel ar ddydd Sul. Mae e'n iawn; a rhaid iddo fod yn gapel Cymraeg, wrth gwrs. Dim ond awr mae'n ei gymryd i'r ymennydd aildrefnu'i hun, gan roi yn ôl i grefydd y lle sydd i fod iddo yn y pen, ac i'r hunan ei safle llai pwysig yntau.

Dywedodd Salman Rushdie fod 'twll siâp Duw' ynom ni i gyd, ac os na gaiff ei lanw mewn un ffordd, fe gaiff ei lanw mewn ffordd arall, fel arfer gan ryw rwtsh neu degan.

Hydref 1990

Darganfod heddiw 'mod i'n credu mewn Duw sy'n bod trwy beidio bod. Dyw hyn ddim yn safbwynt gwreiddiol, ond mae'n hollol resymol dweud: rhaid Iddo fod yn absennol cyn y galla i gredu ynddo Fe. Mae'n hollol dwp credu mewn Duw sy'n bresennol, achos, yn amlwg, does 'na ddim Duw sy'n ymyrryd ym mywydau pobl. Mae popeth sy'n digwydd yn y byd yn profi hynny, gan gynnwys y trychinebau a ddigwyddodd i'n teulu ni. Dim ond pan mae 'na absenoldeb digwyddiadau – pan mae 'na wacter a llonydd – y mae yna unrhyw siawns neith E ymddangos, er ein bod ni'n gwybod yn iawn na all E wneud hynny, gan nad yw'n bod. Ond yna, yn groes i bob rheswm a disgwyl – byddai'r peth yn chwerthinllyd – falle neith cysgod gwan ohono basio'n sydyn y tu ôl i ryw len neu lun. A dyna sut mae e'n profi Ei fodolaeth: trwy beidio dangos Ei Hun.

Tachwedd 1990 HANDI CIAP STIWART JONES

Clywed bod Stiwart Jones, actor Ifas y Tryc, yn cael trafferthion 'da'i ben-glin. Sawl doctor wedi'i archwilio, a ffeindio dim o'i le. Trio gwahanol ysbytai, ond eto dim eglurhad. Yn amlwg, nid corfforol yw'r broblem, ond meddyliol. Mae Stiwart yn diodde o Handi Ciap Ifas ei hun, yr iniwri a gafodd yn y Rhyfal. Does dim gwellhad i Stiwart, mwy nag oedd i Ifas.

Nid yw hyn yn golygu bod Stiwart yn newid i fod yn Ifas, ond ei fod wedi ei fabwysiadu fel ffordd hwylus o ddelio â'r byd. Ddylen ni i gyd fabwysiadu rhyw bersona difyr – un hawdd ei nabod, gyda stoc o ymatebion a dywediadau parod – er mwyn wynebu pobol yn ddidrafferth. Mae'n straen gorfod meddwl o hyd am ymatebion sy'n driw i 'bersonoliaeth' dybiedig.

Mae'r holl syniad o'r 'hunan' yn amheus, wrth gwrs. Does neb yn gyson yn ei gymeriad. Does dim 'fi'. Fi yw'r bydysawd. Ond, am ryw reswm, ry'n ni'n mynnu cyfyngu ein hunain o hyd, gan ailddiffinio'n hunain yn ddiangen i gwrdd â disgwyliadau pobl eraill, ac â'n disgwyliadau ffôl ein hunain. Haws na straffaglu â 'hunan' nad yw'n bod ydi mabwysiadu persona bant-o'r-silff fel un Ifas y Tryc.

Oscar Wilde ddywedodd nad oes dim sy'n fwy artiffisial na naturioldeb. Ac fe ofynnodd Saunders Lewis, hefyd, mewn llythyr at Pennar Davies: "Pa mor aml y bydd neb yn ef ei hun?"

Tachwedd 1990 Y CAWR GWYRDD

Cael ymweliad gan y 'Green Giant', dyn o'r enw Norg neu Marg McNeill, sy'n byw ym Mhontrobert. Ac roedd e'n fawr hefyd! Ei esgus dros alw oedd ei fod e am i ni argraffu ei *Field Guide to Wales* – ta beth fyddai hynny – ond treuliodd wyth awr yn godro fy ymennydd, cyn mwynhau gwely a brecwast yn ein tŷ ni, baddon estynedig, a dau wy wedi'u berwi i frecwast – yn unol â'i gais clir yn y bore, wrth ddamsgel lawr y stâr i'r gegin.

Roedd yn foi Gwyrdd, heddychgar ac yn credu mewn Natur a bod pob system ddynol yn wyriad oddi wrth Natur ac yn rhwym o dyfu'n llwgr a magu swyddgarwyr sydd wastad yn cyfaddawdu eu delfrydau cynnar. Roedd 'da fi ddiddordeb yn y safbwynt yna, er nad o'n i'n gallu'i lyncu'n llwyr.

Ond o ailfeddwl am y peth wedyn – mewn hamdden amheuthun, a'r boi wedi gadael – rwy'n gweld mai fy safbwynt i fase un Leopold Kohr: bod gwerth sefydliadau, fel cymaint o bethau eraill, yn amrywio yn ôl eu maint, ac yn dderbyniol os y'n nhw'n rhai bach, tryloyw yn gwasanaethu amcanion lleol a Chymreig. Ond daeth y fflach yna o weledigaeth yn rhy hwyr, a dyfarais na fasen i wedi mynegi'r pwynt yn glir i'r Cawr Gwyrdd o Bontrobert. A chlywais i byth wedyn am y *Field Guide to Wales*.

Comedi fer mewn tŷ cyrri yn Heol San Helen, Abertawe, yn hwyr nos Sadwrn dwetha.

"Get me the salt, you fucking black c**t," meddai'r boi, cyn-Farine cydnerth, wrth y gweinydd croenddu.

"Just relax, mun, just eat, you blab too much," meddai'r llall, y boi â mwstás. Yna trodd ata i: "He don't mean no harm, mind. We're just ordinary, working-class Swansea boys 'avin' fun ... do you get the crack?"

Tra o'n i'n meddwl sut i ateb y cwestiwn, aeth ymlaen i egluro mai 'bach o hwyl oedd y cyfan oedden nhw moyn mewn bywyd, ond bod eu gwragedd yn eu gorfodi i gystadlu a thanseilio busnesau'i gilydd.

Yn trio ateb ei gwestiwn, dywedais 'mod i'n arfer cael cwpwl o beints nos Wener yn y Llew Du. "How many, then?" Tri neu bedwar, broliais. "That's all?" meddai. "That's when we're *discussin'* if we're gonna go out."

Pasiodd boi smart mewn siwt wen heibio i ni, a blonden ddeniadol, groenfrown yn pwyso ar ei fraich wrth ei ddilyn at y drws. Edrychodd y boi cyntaf ataf yn athronyddol, heb ddim eiddigedd. "It's the women what fucks us up," meddai. "It's hard out there, we just wanna be mates."

Gofynnais beth o'n nhw'n ei wneud, ac mewn ateb iddyn nhw, dywedais 'mod i'n argraffydd.

"You can't be a printer!" meddai'r cyn-Farine. "You looks like a professor."

"Leave him alone," meddai'r llall. "He's a gentleman, intelligent and sensitive."

"Anyway," dywedais wrth adael a siglo llaw â'r ddau ohonynt, a dau foi arall oedd wrth y bwrdd nesa (yr oedd un ohonynt wedi ymddiheuro'n ddwys wrtha i am fod ei fêt wedi gorfod rhuthro mas trwy'r drws blaen rai munudau'n ôl i gael chwydiad ar y pafin), "it'll get better when the Welsh Revolution comes along."

"The Welsh Revolution?" meddai'r cyn-Farine gan roi llond fforc o gyrri yn ei geg. "If that ever comes, they'll be

hanging you by that fucking tie you've got," gan gyfeirio at
y tei Dafydd Elis Thomasaidd ro'n i'n digwydd ei wisgo'r
noson honno. "And anyway, where's that fucking black c**t
gone now?"

1991

Chwefror 1991 AMOS OZ

Dywed Amos Oz nad yw'r freuddwyd byth yn dod yn wir, yn ei
chyflawnder. Daeth nod y freuddwyd o wladwriaeth Iddewig
yn wir, ond nid ei chynnwys. Mae angen i bawb dderbyn
amherffeithrwydd hanfodol y cyflwr dynol, a'r angen parhaol
am frwydro, ac am ddadlau am y frwydr: mae pawb yn Israel
yn ddarpar brif weinidog. Mae gan yr Israeliaid, yn ôl eu
breuddwyd nhw, yr hawl i'r tir yna (meddai Amos Oz), ond nid
yw'n dilyn y dylent ymarfer yr hawl yn llawn. Dylen nhw ildio
rhan o'r freuddwyd fawr a rhoi tir i'r Palestiniaid. Efallai y daw
mwy o'r freuddwyd yn wir, o'i chyfaddawdu. A allai hyn fod yn
wir am ein breuddwyd Gymreig a Chymraeg ni?

Gorffennaf 1991 MARILYN MONROE

Pwynt difyr gan Milan Kundera, y nofelydd. Beth petaech
chi'n rhoi holiadur i bobl yn gofyn iddyn nhw: be well 'da chi,
cerdded lawr y stryd fawr 'da Marilyn Monroe, ond heb fynd i'r
gwely 'da hi, neu fynd i'r gwely 'da hi, ond heb i neb eich gweld
chi gyda'ch gilydd? Buasai'r mwyafrif yn ticio'r ail ddewis:
mynd i'r gwely 'da Marilyn Monroe – wrth gwrs. Ond nid dyna,
meddai Kundera, fyddai'r ateb cywir. Petaen nhw'n cael y
dewis, nid mewn holiadur, ond mewn bywyd real, buasai'n well
gan y mwyafrif gael eu hystyried o fod wedi mynd i'r gwely 'da
Marilyn Monroe, nac o fod wedi gwneud hynny.

Pwynt anodd ei brofi'n wyddonol, ond i'r rhan fwyaf ohonon
ni, mae delwedd yn bwysicach na sylwedd, a syniad pobl eraill
ohonom yn bwysicach na beth ydyn ni yn iawn.

Gorffennaf 1991
SONS OF GEORGE

'The Sons of George' wedi fandaleiddio murlun Ruth Jên a pheintio geiriau anllad mewn paent *gloss* du dros waelod y murlun. Anfonon nhw lythyr hyll at Angharad Tomos hefyd. Be ddiawl mae'r moch yma'n ei wneud yn ein gwlad ni? Ai gwrthwynebu'r defnydd o'r iaith Gymraeg maen nhw? Beth petaen ni'n dechrau gwrthwynebu'r defnydd o'r Saesneg yn Lloegr? Mae haerllugrwydd y rhain yn anghredadwy ac yn codi'r llen ar agwedd meddwl imperialaidd sy'n dal i fodoli.

Ruth Jên

Gobeithio na fydd Ruth Jên yn digalonni, yr arwres lwyr sydd wedi mabwysiadu'r prosiect anferth yma – mae'r wal yn mesur 45 × 30 troedfedd. Mae hi wedi bod allan ar y sgaffaldiau ym mhob tywydd gan ddefnyddio techneg arbennig i daflunio'r cynllun ar y wal. Nawr bydd hi'n gorfod glanhau'r sloganau cyn ail-wneud y gwaith gwreiddiol – a byw mewn gobaith na fydd y bastards yn taro eto.

Hydref 1991 LLAWRYBETWS

Claddu llwch fy modryb Augie, chwaer fy nhad, heddiw ym mynwent eglwys Glanrafon, ger Corwen. Mynd am de wedyn i blasty Gordon Jones, sgweiar y pentre, yn Fferm Llawrybetws, a chael cip ar y byd o'r tu mewn i Gymreictod. Llawrybetws, a'i fryniau mwynion a'i bobl foneddigaidd, yw Cymru i fi, a lluniau o'r ardal fydd yn nofio yn fy mhen pan fydda i'n clywed cerdd dant.

Braf iawn dod yn ôl i'r lle na fues i cyhyd. Cofiais am y

pythefnosau paradwysaidd fwynhaodd Heini a fi yma bob gwanwyn gyda'n modryb groesawgar a Stephen, ei gŵr, un o ardal Llanwrda. Roedd yn brifathro poblogaidd, bachan mwy cytbwys na'r teulu yr oedd wedi priodi i mewn iddo: 'intense' oedd gair pobl am y Griffithsiaid. Roedd yn hoff o gadw gwenyn a garddio a saethu cwningod a bydden ni'n ei ddilyn yn aml ar y topiau gyda'i wn – neu'n cicio pêl rygbi am oriau yn y cae drws nesa rhwng y polion telegraff, neu'n crwydro'r lonydd culion yn casglu wyau o'r cloddiau.

Edrychais tua'r ffenestr yn y gornel: y planhigion llonydd, y dresel a'r delwau pres, y rhesi twt o lestri tsieina. Mae yma fyd cyfan, a gofod braf i fyw a bod. Gallen i fod mewn hen blasty gwledig yn Rwsia neu Ffrainc, lle sefydlog sy'n cynnig hafan a llwyfan dros dro ar gyfer bywyd dyn, ei deulu a'i gymdogion.

"Rob ddy bygars," dywedodd Gordon pnawn 'ma am y Saeson sy'n heidio i'w feysydd carafannau: mae'n ddigon hael gyda'i ymadroddion Saesneg parod, ail-law. Dyw e'n poeni dam, mae'n hapus i ddweud pethe anghywir, mae'n gwneud yn dda, mae'n ddyn annibynnol. Yn ôl John Bala yn lolfa'r Llew Du, 'Libral' henffasiwn yw Gordon Jones. Ond uchelwr Cymreig yw e mewn gwirionedd, yn teyrnasu dros ardal sy'n dal yn Gymraeg.

Hydref 1991 MAE ARTISTIAID YN WAHANOL

Mae yna safbwynt Iddewig, a fynegwyd gan Norman Mailer a hefyd gan fy mam: dim ots be ti'n neud, na sut ti'n byw, mae'n iawn, os ydi e'n ddeunydd sgwennu. Yn ôl y syniad yma, mae 'artistiaid yn wahanol', mae 'da nhw'r hawl i dorri'r rheolau mae disgwyl i bawb arall eu cadw. Fe faddeuir dy bechodau, os wyt ti'n ysgwyddo'r llafur wedyn – y treulio, y sgwennu, y creu.

Dywedodd fy mam hefyd fod ynni cnawdol ac ynni ysbrydol yn aml yn mynd gyda'i gilydd ac mae hi weithiau'n dyfynnu geiriau Martin Luther: *'Pecca fortiter, sed crede fortius.'* ('Pecha'n ddewr ond cred yn ddewrach.') Mae llawer i'w ddweud dros beidio pechu'n wangalon, a mwy fyth dros gael maddeuant *gilt-edged* – neu *guilt-edged?* – wedyn.

Ond mae *catch* yma'n rhywle, wrth gwrs. Soniodd Graham Greene am y sglodyn o iâ sydd yng nghalon pob awdur. Mae'n wrthun defnyddio profiadau gyda phobl dim ond er mwyn sgrifennu amdanyn nhw wedyn. Y tric yw peidio cymryd yr agwedd oeraidd yna at brofiadau yn y foment o'u profi – ond eu defnyddio nhw wedyn, 'run fath.

Tachwedd 1991 YR ANFODLONRWYDD DA

Noson ddiddorol nos Wener dwetha wrth lansio nofel Marcel Williams, *Diawl y Wenallt*, yn Tŷ Tawe. Ers ymddeol fel prifathro, mae Marcel wedi sgrifennu rhes o nofelau cyfoes, dychanol yn ymosod ar yr Eisteddfod, y Cynulliad a'r Eglwys, nawr yn bwrw mewn i Dylan Thomas, y fuwch sanctaidd olaf. Mynd i far hwyr Quids Inn wedyn gyda Lleucu Morgan (ein golygydd), Llion Williams (awdur *Cyw Haul*), ac Elin Llwyd Morgan (cyn-olygydd i ni) cyn dychwelyd i dŷ gwag fy modryb Augie yn yr Uplands.

Roedd yn rhyfedd yno heb fy modryb ond ro'n i'n hoffi'r ffordd yr oedd Llion yn gyrru'r sgwrs ymlaen wrth rolio'i Rizlas a chwilio am osodiadau i bryfocio'r merched. Llion yw'r un â'r Anfodlonrwydd Da. Mae'n chwilio am rywbeth gwell o hyd – rhyw Grac, rhyw Ansawdd tebyg i obsesiwn Pirsig yn y nofel *Zen and the Art of Motorcycle Maintenance*. Anfodlonrwydd Da sy'n gyrru Bleddyn i dorri'n rhydd yn y nofel *Cyw Haul*, a math arall o anfodlonrwydd sy'n gyrru Marcel i ddychanu sefydliadau Cymru. Mae pob awdur gwerth ei halen yn chwilio am rywbeth tu hwnt i'r byd fel y mae.

Rhagfyr 1991 DIWEDD MABOLAETH

Ar uchel uchel. Bob Delyn yn y Cŵps neithiwr. Heddiw, *all dayer* Cymdeithas yr Iaith yn y Bont: 30 o grwpiau yn chwarae i ddathlu 30 mlwyddiant y Gymdeithas. Mwynhau gwylio'r bobl ifainc yn mwynhau. Mor bell oddi wrthynt yw byd cyhoeddi a phrint. Cofio meddwl, flynyddoedd yn ôl ym Mangor, na fuasen i byth yn bradychu'r profiadau yna trwy sgrifennu amdanyn nhw, a bod pob awdur yn cablu wrth drio'r amhosibl, ac yn y

diwedd yn creu dim ond *counterfeit* gwael o fywyd ei hun.
Cael sgwrs â Garmon, y mab, oedd yn y bar. Mae e'n
mwynhau ei fywyd coleg ac am iddo bara am byth ond mae'n
gweld ei ffrindiau yn gorfod gwneud dewisiadau anodd: fel
arfer, rhwng TT (ymarfer dysgu) a rhywbeth arall, mwy diflas
fyth. Ond mae'r rhai sydd eisoes yn dysgu yn ei gynghori i
beidio â'u dilyn. Yn academaidd, dywed Garmon iddo ddysgu
mwy yn yr ysgol nag yn y coleg. Y peth mawr am fywyd coleg
yw'r gymdeithas, a'r rhyddid. Ond nawr mae e'n gweld y
System yn taflu'i chysgod dros ei ddyfodol ac mae e hyd yn oed
yn ystyried gwneud TT er mwyn cael blwyddyn olaf o ryddid.

A dyna sut, yn sydyn, y daw ein hieuenctid i ben, a'n
breuddwydion am fywydau posibl. Fel y sgrifennodd
R. Williams Parry: 'Diwedd mabolaeth yw diwedd y byd,
Dechrau'r farwolaeth a bery cyhyd.'

Rhagfyr 1991 HIL-LADDIAD

Gweld eitem annisgwyl o ddiddorol yn Llais y Sais.* Mae
rhywun yn paratoi achos o *genocide* yn erbyn gweinidog yn
llywodraeth John Major, yn sgil datganiad a wnaeth yn bygwth
defnyddio arfau niwclear petai sefyllfa arbennig yn codi. Gan
fod yr arfau ar gael at alwad y Llywodraeth, a'r bygythiad
felly'n gwbl greadwy, mae'r her gyfreithiol yn hollol resymol.
Dyma ddyn sy'n bygwth lladd miliynau o bobol. Ydi e'n
bosib dychmygu gweithred fwy anfoesol ac anghyfrifol? Ond
dadleuodd bargyfreithiwr ar ran y gweinidog bod gweinidogion
y Llywodraeth yn cael eu heithrio rhag awdurdod y llysoedd
troseddol wrth weithredu polisi'r Llywodraeth.

Mae hyn yn golygu bod cymdeithas wedi ei sefydlu ar gyfraith
foesol sy'n berthnasol dim ond i'r dinasyddion, ac nid i'r rhai sy'n
eu llywodraethu. Felly tric anonest yw cyfraith gwlad i gadw'r
dinasyddion yn eu lle – ond nid y gwleidyddion. Gall y bygars
yna wneud fel y mynnon nhw – ffaith, wrth gwrs, sy'n tywynnu o
dudalennau pob papur newydd, a phob llyfr hanes erioed.

*Yr enw traddodiadol ar y *Western Mail*

1992

Robyn Huws* yn galw pnawn ddoe yn Y Lolfa, a finne'n methu
deall pam. Rwy'n nabod Robyn wrth gwrs, ond faint o ffrindiau
ydyn ni mewn gwirionedd? Tybed a ddaw pwrpas yr ymweliad
i'r amlwg yn nes ymlaen, wedi peint neu ddau o Banks?

Ond, a ninnau ar ein trydydd peint yn y Llew Gwyn, roedd
y dirgelwch yn dal heb ei ddatrys, wrth i Robyn draethu ar
ei egwyddor fawr o 'beidio planio'. Dyma gyfrinach y grefft o
fyw, meddai: gadael i bethau ddigwydd. Cofiais amdano ef a
Ruth yn cyrraedd yr Ŵyl Gerdd Dant yn Ninbych gan lanio yn
y gwesty lle roedden ni i gyd wedi setlo ers rhai oriau. Roedd
hi'n ddeg o'r gloch y nos, a dim stafell ar ôl. Ond, wrth gwrs,
cymerodd rhywun drugaredd arnyn nhw: fyddai neb yn gadael
iddyn nhw gysgu ar y palmant.

Wedyn steddfod Caernarfon, 1979. Robyn yn cyrraedd yn
hwyr ar y nos Sadwrn i westy'r Celtic Royal, eto heb le i roi pen
i lawr. Ond cysgodd fel brenin yn un o'r stafelloedd gorau, gan
orfodi un o gynhyrchwyr y BBC i symud i stafell wag. Y bore
wedyn, wedi baddon hir gyda sebonau a hylifau'r gwesty, aeth i
lawr i frecwast yn persawru fel Brenhines Sheba a mynnu bod
y gweinydd yn rhoi pwdin gwaed iddo gyda'i giper, a dau wy
wedi'u potsio, a math arbennig o *muesli* – heb dalu yr un ddimai,
wrth gwrs. Roedd gan y boi steil ro'n i'n ei edmygu.

Gan ymhelaethu ar ei ddamcaniaeth fawr, soniodd amdano'n
mynd am wyliau i Ffrainc gyda'r teulu, a gorfod ciwio heb
docyn ar gyfer y llong yn Portsmouth. Meddai'r swyddog
wrtho, ei wyneb yn hir gan ofid: "I'm very sorry, Sir, but I have
to tell you there's no other ferry for another half an hour." Mor
hir â hynny! Wedi cyrraedd Ffrainc, cafodd ei ddal ar un o'r
hewlydd gwledig. Yno, mewn seler o dan garej rhyw foi, roedd
tair casgen o win newydd eu corcio ac angen eu profi. Tra
cytunai'r Ffrancwr a'i gymydog yn hawdd ar y gwin gorau, aeth

hi'n ddadl ffyrnig ynglŷn â'r ail a'r trydydd safle. Gwahoddwyd Robin i ymuno yn y broses o brofi'r casgenni – un o bnawniau difyrraf ei fywyd, meddai.

Yn driw i'w ddaliadau, thalodd Robyn ddim am yr un peint trwy'r nos. Wnes i ddim darganfod 'pam' y galwodd e, chwaith – ond dysgais i beidio gofyn cwestiwn mor anfaddeuol o dwp.

* Cymeriad amryddawn o Benmachno a fu'n dal swyddi yn y byd addysg, darlledu, ac actio.

Mai 1992 YNYS SYMI

Dal fferi o Rodos i Ynys Symi a cherdded ar draws yr ynys yn yr haul crasboeth, a chyrraedd porthladd Symi ei hun ddiwedd y pnawn. Galw mewn taferna ar ganol yr harbwr a holi am le i aros. Pan ddeallodd y tafarnwr 'mod i'n dod o Gymru, goleuodd a dweud "Iechyd da!" yn Gymraeg a gafael yn fy llaw. "Mae wastad croeso i'r Cymry! Roedd criw o Gymry'n arfer aros yma bob haf …" a phwyntio at y wal tu ôl i'r bar lle roedd oriel o hen luniau lliw o bobl feddw, hapus yn codi eu gwydrau at y camera. Craffais a gweld rhai wynebau cyfarwydd: Dewi Pws, Huw Ceredig, Dafydd Iwan ac Alan Gwallt o Bwllheli. Felly dyma lle buon nhw'n aros ar eu troeon chwedlonol i Ynys Symi.

Yn anffodus, roedd y taferna'n llawn ond cyfeiriodd y tafarnwr fi at ffrind iddo oedd ag *annexe* lan y cwm yn Chorio. "Ond croeso i chi ddod i'r taferna am fwyd a diod. Mae yma ddigon o hwyl gyda'r nos. A Gorgias ydi'r enw, gyda llaw …"

Es i gyda fy sach i'r *annexe*. Roedd yna olygfa hardd o'r balcon i lawr tua harbwr Symi a'i oleuadau. Y tu ôl i'r adeilad roedd coedwig a gynhyrchai gorws rhyfeddol o synau anifeiliaid ac adar a dolefau cathod gwyllt. Wedi iddi dywyllu, roedd golau leuad yn goleuo'r bryniau a'r tai bychain gyferbyn. Ond roedd hi'n boeth iawn, ac yn amhosib gweithio â'r pen yn ystod y dydd. Pan fyddai'r gwres yn gostwng, ro'n i'n dibynnu ar ddiferyn o gwrw Amstel i danio'r awen, oedd yn araf iawn yn dod.

Yna, neithiwr, yn sydyn, wedi straffaglu'n ofer gyda fy nofel *Crac Cymraeg*, diffoddodd y goleuadau i gyd: nid yn unig rai'r

adeilad, ond yr holl rai lan y cwm, a goleuadau tre Symi ei hun.
Oedd y byd wedi dod i ben yn gynharach na'r disgwyl? Neu ai
system drydan yr holl ynys oedd wedi ffiwso? Rai munudau
wedyn, agorodd y drws i'r balcon lle ro'n i'n eistedd, a daeth
merch flond, dal, Ariaidd ata i, ei gŵn tywelog yn llac am ei
chorff esmwyth, heulog.

Eisteddodd ar fy mhwys a chynigiais botel o Amstel iddi
a dechreuon ni sgwrsio. Wedi i fi ddweud 'mod i'n Gymro,
dywedodd ei bod hi'n dod o Innsbruck yn Awstria, a'i bod yn
hoff o deithio ar ei phen ei hun, erbyn hyn. "I hate peoples,"
meddai gan chwifio'i sigarét.

"You can't hate all people, surely?" dywedais.

"Men, zey are not reliable. Zey never say ze truth. Zey are
not faisful, you see. So zis how I enjoy myself. Zere are not
problems zis way." Oedd hi'n trio dweud rhywbeth wrtha
i? Wedi ychydig mwy o sgwrsio, cododd i ddychwelyd i'w
hystafell. Dim ond dau ohonon ni oedd yn yr holl lle, hyd y
gwelwn i. Cyn ymadael, dywedodd: "I go to ze strand early for
to swim, when zere are no peoples. You like swimmink?"

"Yes, I swim regularly," atebais yn frwd.

"I vill knock on your door – but early, jah?" meddai wrth
ymadael, a chau ei thywel amdani.

Gadawodd hi fi yn y tywyllwch, fy mhen yn troi. Llyncais fy
mhotel o Amstel, a methu cysgu winc. Sgrechiai anifeiliaid ac
adar a chathod gwyllt o'r goedwig. Yna, tua phedwar o'r gloch
y bore, digwyddodd peth arall anghredadwy. Sylwais â braw ar
fflamau'n fforchio'n uchel y tu fas i ffenest fy stafell. Ofnais am
fy mywyd. Beth oedd ystyr hyn? Oedd Satan neu un o'i weision
yn trio fy rhybuddio? Agorais y drws – roedd y trydan yn dal
bant – ac yno, tua chanllath gyferbyn â fi, roedd hen wraig yn
hamddenol yn procio coelcerth o sbwriel twristaidd.

Methais gysgu wedyn chwaith, tan yr awr olaf, a deffro tua
wyth o'r gloch. Cofiais am y ferch, yr Aphrodite Awstriaidd.
Curais yn nerfus ar ei drws. O'n i'n rhy gynnar, neu'n rhy hwyr?
Ond doedd dim ateb. Rhaid ei bod hi eisoes wedi diflannu
i draeth unig i nofio'n noeth, fe ddychmygais. Gan deimlo

cymaint o ryddhad ag o siom, penderfynais gerdded i lawr
i Symi i fwynhau brecwast hir a thawel yn yr harbwr gyda
Gorgias ac ysbrydion Dewi Pws, Dafydd Iwan, Huw Ceredig ac
Alan Gwallt.

Gorffennaf 1992 HIRAETH AM FANGOR

Diwrnod graddio Garmon. Dydd hyfryd. Cwrdd yn Neuadd
JMJ, wedyn ymuno â'r bobl oedd yn sipian gwin yn y gerddi.
Yn eu plith roedd Dafydd Glyn, darlithydd yn yr Adran
Gymraeg, ac arwr mawr Garmon a fi. Cymysgu â gwahanol
rieni a myfyrwyr yn eu gynau duon. Hyn yw Academia,
meddyliais – byd arall braf, heddychlon, pell o drafferthion
busnes: un diog, difyr o lawntiau gwyrddion a chlociau haul
a stafelloedd cyffredin â hen setiau gwyddbwyll. Ac os nad
yw'n bod, fe ddylai fod: teyrnas rydd uwchlaw'r rwtsh i gyd,
sy'n gosod y safon, yn cynnal trafodaeth wybodus ac yn ein
gwarchod rhag celwyddau gwleidyddion a'r wasg.

Yna i'r Glob ym Mangor Uchaf ac edmygu globs anhygoel
merch newydd raddio oedd yn pwyso'n ôl yn erbyn y grât du
mewn gwisg lac, goch. Cwrdd â Rhys Llwyd ac ambell i hen
gydymaith arall a rhannu atgofion am fywyd coleg chwarter
canrif yn ôl. Am rai munudau, gyda help y ferch secsi, rwy'n
gallu esgus mod i'n dal i grwydro o'r Glob i'r Vaults ac i'r siop
chips ym Mangor Uchaf. Ond yna gwelais Garmon trwy'r
ffenest yn ei dei a'i grys gwyn a sylweddolais, nid yn unig fod fy
ffantasi i wedi dod i ben, ond ei nefoedd ef hefyd.

Awst 1992 Y PETHAU SYDD I FOD

Mae yna bethau, mewn eisteddfod, sydd i fod. Mae'n rhaid i
Gareth ap Siôn fod y boi cyntaf chi'n 'i weld tu fas i ddrws y
dafarn gyntaf ar y ffordd i mewn, mae'n rhaid i Gymdeithas yr
Iaith racso rhyw stondin, mae'n rhaid i Ffred ymprydio, mae'n
rhaid i Clive Betts ryddhau enw bardd y Gadair cyn pryd, ac
mae'n rhaid bod yna dagfa ym mhibau'r maes carafanau. Ac
am hanner awr wedi pump bob dydd, mae'n rhaid i'r Eidalwr
unig yn y T-grys coch Cymru grwydro i mewn i'n pabell a

dechre archwilio'r cardiau cyfarch tra bod pawb yn tagu eisiau gadael. A dydd Iau, mae'r Fflip Eisteddfodol yn digwydd, pan ry'n ni'n newid o fod yn unigolion effeithiol, egotistaidd i fod yn bobl brafiach ac arafach a gwell.

Am ddim ond tridiau'r flwyddyn, daw ein hyder naturiol yn ôl i ni, ry'n ni'n siarad â phawb yn Gymraeg yn gyntaf, ac yn cael cip ar sut mae pobl normal yn byw trwy'r byd sef o fod yn y mwyafrif yn eu llecyn eu hunain. Mae 'na bethau mewn steddfod a ddylai fod trwy'r flwyddyn.

Medi 1992 PRÂG

Cael fy mygio ym Mhrâg. Mae'r holl beth yn embaras mawr ac rwy'n dal i grynu wrth gofio'r profiad. Rwy'n methu credu i fi gael fy nhwyllo mor rhwydd gan y ddwy ferch a'r boi ifanc yna oedd yn dod, medden nhw, 'o Sbaen'. Ro'n i'n cerdded lawr un o'r prif strydoedd yn gynnar yn y nos pan wahoddon nhw fi am ddiod, ac mae'n rhaid eu bod nhw wedi rhoi powdwr ynddo fe wedyn. Y peth twpaf i gyd oedd gwrthod rhoi fy waled i'r boi pan ofynnodd amdani. Am ddim ond canpunt, gallasen i fod wedi osgoi'r holl strach.

Bues i yn yr ysbyty am dridiau ond doedd dim niwed heblaw un llygad du. Ces i wasanaeth gwych gan y nyrsys a'r meddygon ifainc, cydwybodol oedd yn ennill cnau mwnci wedi cwymp y system gomiwnyddol. Roedd pethau'n fwy henffasiwn yn swyddfa'r heddlu, lle roedden nhw'n dal i ddefnyddio teipiaduron i wneud eu hadroddiadau. Ond roedden nhw hefyd yn fanwl a chwrtais wrth egluro mai sipsiwn oedd yr ymosodwyr, yn ennill eu bywoliaeth mewn ffordd gyffredin iawn ar strydoedd Prâg.

Ond trwy gyd-ddigwyddiad hynod, daeth fy rhieni i Brâg ddeuddydd wedyn ar gyfer cynhadledd Eifftolegol. Felly ces i wythnos gyfan o'u cwmni nhw, yr wythnos brafia o wyliau i fi ei mwynhau gyda nhw yn eu henaint. Oni bai am y mygio mae'n debyg y basen i wedi canolbwyntio ar y 'sgwennu' ro'n i wedi esgus dod yma i'w wneud. Yn lle hynny, buom yn crwydro o gaffe i oriel a theatr a mwynhau sawl tro ar lannau afon Vlatava.

Un prynhawn, mewn caffe awyr agored ar un o'r ynysoedd yn yr afon, buon ni'n trafod Havel a'i ddramâu. Mae fy mam wedi eu darllen i gyd, ac yn eu hedmygu'n fawr. Maen nhw'n pwysleisio'r absẃrd yn y drefn wleidyddol, felly mae rywsut yn addas bod Havel, y cyn-arweinydd radical oedd ar flaen y protestiadau stryd yn erbyn y Rwsiaid, nawr yn Arlywydd y wlad ac yn byw yng nghastell Kafka ac yn cynnal perthynas ag actores ffilm boblogaidd dipyn iau nag e.

Cafodd ei holi, mewn cyfweliad ym mhapur Saesneg Prâg, sut roedd e'n teimlo am ei sefyllfa bresennol. Atebodd: y peth cyntaf y dylai gwleidydd ei wneud, cyn meddwl am newid y byd, yw ymarweddu'n naturiol a bod yn driw iddo'i hunan. Yna gofynnwyd: pe na bai e'n Arlywydd y wlad, beth fuasai e'n hoffi ei wneud? Dywedodd na allai ddychmygu bywyd fel dim ond sbort a sbri. "Buasen i'n hoffi agor theatr fach," dywedodd, "neu ddechrau cylchgrawn neu fynd yn ôl i sgrifennu dramâu. Beth sy'n bwysig yw gwneud rhywbeth ar gyfer y bobl, nid gwneud beth ydw i eisiau er fy mwyn fy hun."

Syniad da. Gallai agor theatr fach, a chamu'n syth o'i gastell i'r llwyfan, ac actio un o gymeriadau absẃrd ei ddramâu ei hun.

1993

Ebrill 1993 Y LLEW DU

Felly dyna ddiwedd i helynt y Llew Du – a diwedd i'r Llew Du, fel yr oedd e.

Rai misoedd yn ôl, ar fy ffordd rownd y cefn i'r gwaith, ro'n i wedi sylwi ar hysbysiad bach hyll, plastig ar wal gardd y dafarn: cais cynllunio i godi dau dŷ yn yr ardd. Mae'r ardd yn un o ogoniannau'r pentre, yn un hir, donnog, ddeiliog, sy'n berffaith ar gyfer pnawniau diog o haf gyda theulu neu ffrindiau, neu ar gyfer achlysur fel priodas neu sioe.

Suddodd fy nghalon. Ro'n i'n gwybod nad oedd Derek –

Brymi surbwch – yn gwneud fawr ohoni fel tafarnwr. Felly dyma ffordd rwydd i'r perchnogion godi £100,000 dros nos. Ac fe gytunodd Adran Gynllunio Cyngor Ceredigion i'r cais gan ildio unwaith eto i bwysau gan ddatblygwr yn lle ystyried lles cymdeithasol. Mae hyn yn fy ngwylltio'n llwyr: y math yma o waseidd-dra yw beth rwy'n casáu fwyaf am Geredigion. Alla i ddim dychmygu cyngor yn yr Almaen yn caniatáu chwalu adnodd pentrefol mor bwysig.

Ond yna daeth llygedyn o obaith. O bosib yn sgil yr un problemau ariannol, aeth adeiladau allanol y dafarn ar werth, a daeth criw ohonom ynghyd gan weld cyfle i wireddu'r hen freuddwyd o greu gweithdai ar y Patshyn Glas. Casglon ni £35,000 mewn addewidion a ches i'r cyfrifoldeb o gynnig yn yr ocsiwn a gynhaliwyd ym mar y dafarn. Roedd y lle'n orlawn ac fe ffeindiais 'mod i'n cynnig yn gyson yn erbyn rhywun y tu ôl i fi. Pasiais y ffigwr a gytunwyd, gan mor frwd o'n i i'r cynllun lwyddo. Yna aeth yr arwerthwr i'r lolfa i drafod y cynnig gyda'r asiant. Daeth yn ôl a dweud fy mod yn fyr o'r swm 'wrth gefn'.

Yn siomedig, trois rownd i edrych pwy yn y stafell oedd wedi bod yn cynnig mor gyson yn fy erbyn. Doedd yna neb. Cadarnhaodd un o'r bois wrth y bar 'mod i'n cynnig yn erbyn fy hun. Diwedd twp, felly, i freuddwyd naïf ac i unrhyw obaith o ddatblygu'r pentre mewn ffordd lesol i'r pentrefwyr eu hunain.

Mai 1993 Y RYFF EDJ

Gwych o noson neithiwr yng nghlwb Ellingtons, uwchben tafarn y New York yn Abertawe. Band Mawr o'r brifysgol oedd wrthi – deunaw o wynebau ifainc, iach mewn siwtiau *lounge* a dici bows. Myfyrwyr hefyd oedd y gynulleidfa, yn clapio ac yn eu hysio ymlaen. Chlywais i erioed chwarae mor ffres, mor bwerus, mor onest – gyda'r Ryff Edj yna rwy mor hoff ohono.

Beth yw'r Ryff Edj, yr Ymyl Arw? Os triwch ei ddiffinio, fe syrthiwch yn syth i drap. Mae e naill ai 'da chi, neu ddim. Nawr yn hanner cant, rwy wedi hen golli'r ddawn yna i fynd yn syth at y pwynt, p'un ai mewn miwsig neu sgwennu neu ddylunio. Ry'ch chi hapus pan y'ch chi'n clywed yr wmff caled, cynnes yna, ond allwch chi mo'i ddynwared os y'ch chi'n rhy hen, neu'n rhy glyfar. Taflais yr Hancocks HB yn ôl, yn llawn eiddigedd o'r cerddorion yn eu dillad smart a'u sanau neilon rhwydog.

Duke Ellington ei hun ddywedodd mai perffeithrwydd yw maes yr eilradd. Dywedodd y Danwr Piet Hein rywbeth tebyg: "There is one art, no more, no less: to do your art with artlessness." Mae'n swnio'n rhwydd, ond does dim sy'n anos. Gallwch drio weindio'n ôl a symleiddio eich gwaith i wneud iddo ymddangos yn ddiymdrech, ond wnewch chi ddim twyllo neb – ac mae'n waith caled iawn o'i gymharu â ffordd y band yma: chi jyst yn ei wneud e!

Mehefin 1993 BOD YN ANGHYFRIFOL

Cael sgwrsys hir gyda fy mam, fel bob tro rwy'n dod i Abertawe. Meddai hi, wrth edrych 'nôl ar fy nhipyn gyrfa, a thrio'i hesbonio, 'mod i'n 'wallgo'. Yn dod wrthi hi, roedd hynny'n gompliment anferth wrth gwrs, yn dipyn mwy o ganmoliaeth na phetai hi wedi dweud 'mod i wedi bod yn 'gall' neu'n 'glyfar iawn'.

Dywedodd John Bwlch-llan wrtha i unwaith, yn sgil achos enllib 'Yr Aflan', wedi i fi wrthod defnyddio cyfreithiwr, fy mod i'n 'sylfaenol anghyfrifol'. Oedd e'n cyfeirio at yr un peth? Be fuasai gyrfa fwy 'cyfrifol' wedi ei olygu? A fuasai'r Lolfa yn fwy 'llwyddiannus' 'sen i, er enghraifft, wedi ehangu'r wasg ar frys, bachu awduron a chwsmeriaid yn systematig, symud i stad ddiwydiannol yn Aberystwyth efalle, yn sicr peidio cyhoeddi *Lol* ac *Englynion Coch* a *To Dream of Freedom* …

Ond onid yw pawb creadigol yn sylfaenol 'anghyfrifol'? Onid yw'n amod, hyd yn oed, ar gyfer bod yn greadigol?

Medi 1993 ATAL CENHEDLU

Gweld poster o ddwy ferch, un â llaw dros ei cheg mewn syndod ffug, yn sefyll o boptu bwrdd du â'r geiriau 'Maneg Atal Cenhedlu' wedi eu sialco arno. Rwy'n llwyr gasáu stwff fel hyn, sy'n gwneud i blant deimlo'n dwp neu'n euog neu allan ohoni os nad y'n nhw'n *au fait* â holl fanylion rhyw. Rwy'n casáu'r normaleiddio gorfodol yma, y ffug soffistigeiddrwydd. Yn amlwg, pwyllgor o'r sector gyhoeddus wnaeth y penderfyniad i boso'r ferch fel hyn, gan sarhau safonau traddodiadol, capelgar, a gwneud i blant bach diniwed deimlo'n euog os nad y'n nhw'n gwybod popeth am ffwcio.

Nid dadl yw hyn yn erbyn rhoi gwybodaeth i blant, ond i'w chyflwyno'n barchus a naturiol, nid trwy siocio a chywilyddio. Neu ydw i'n casáu'r holl syniad o addysg rywiol yn cael ei darparu gan y wladwriaeth yn hytrach na rhieni a ffrindiau? Falle 'mod i.

1994

Ionawr 1994 *KAFFEEKLATSCH*

Yn Stirling yn yr Alban. Yn cymryd pythefnos bant i wneud ychydig o sgwennu, gan esgus bod yn Garmon. Mae e'n gwneud gradd uwch mewn cyhoeddi yn y brifysgol yma ac rwy wedi dwyn ei stafell yn yr hostel. Mae'r tywydd yn uffernol o oer ac rwy'n cuddio fy hun mewn sgarff wlanog er mwyn trio ymddangos fel myfyriwr hŷn – ond does neb yn sylwi nac yn poeni.

Mynd i gaffe bob bore a mwynhau darllen y *Scotsman* yn lle'r *Western Mail*. Gweld adolygiad diddorol bore 'ma o lyfr gan Eva Hoffman. Mae hi'n dweud bod Dwyrain Ewrop, wrth gael ei orllewino, nawr yn colli elfen hanfodol yn ei wareiddiad. "Yr adnodd sy'n prinhau," meddai, "yw Amser. O'r blaen roedd Amser yn fwy toreithiog ac yn arafach. Byddai pobl yn mwynhau gwyliau hirion dros yr haf, a sgyrsiau oedd yn ymestyn i ddyfnder nos. Bydden nhw'n syllu o'u ffenestri yn y pnawniau er mwyn busnesu yn nigwyddiadau'r stryd. Nawr mae Amser wedi cyflymu. Mae pethau'n galw, ac mae pobl yn dweud, 'Falle alla i gwrdd â chi am chwarter awr sydyn ...'"

Mae hi'n dadlau fod y newid yma yn newid cymdeithasol sydd o leia mor sylfaenol â'r newid o gomiwnyddiaeth i ddemocratiaeth. Mae ffurf ein hamser yn effeithio ar ein cysylltiadau dyfnaf â phobl eraill, ac ar ein profiad â ni ein hunain. "Ni fydd pobl yn mwynhau *Kaffeeklatsch* mor aml. Bydd llai o gyfle i hel clecs a thrafod hynt a helynt eu bywydau mewn hamdden, llai o gyfle i arsyllu a myfyrio; llai o ymweliadau ar hap. Y mae'r busnes o ennill bywoliaeth ac aildrefnu'r byd wedi cymryd drosodd."

Ond ai 'democratiaeth' sy wedi dwyn ein hamser ni – neu gyfalafiaeth?

Mawrth 1994 ANGLADD LEOPOLD KOHR

I angladd Leopold Kohr yng Nghaerloyw, profiad brafiach na'r disgwyl. Roedd y gwasanaeth yn folawd i'w fywyd, ac i fywyd ei hun. Tad Catholig mwyn oedd yn gwasanaethu, un meddal a Gwyddelig ei acen. Siaradodd amryw, ond y meddyg Glyn Rhys o Ystradmeurig roddodd yr anerchiad gorau: un ffraeth, pwrpasol â mwy o steil nag un o'r crach Saeson o Lundain. Yna canodd ffliwt hudol, er cof am berson hudolus Leopold.

Gŵr bonheddig oedd e, meddai'r Tad, yn ôl y diffiniad cywir: nid rhywun sy'n byta pysgod â chyllell fflat pan nad oes neb arall yn y stafell, ond un sy'n rhoi mwy i fywyd nag mae'n ei gymryd allan. "Leopold has gone to the Lord for ever," gorffennodd yn ei lais chwythbrennol, Gwyddelig, fel petai'n ddigwyddiad hyfryd a naturiol.

Kohr oedd fy arwr syniadol, yr athronydd realistig oedd yn deall mai dyn, yn ei fychander, yw mesur popeth – hen egwyddor Roegaidd; na weithiai'r un system heb ystyried ei wendidau; mai'r wlad fwyaf llwyddiannus yw un fach, dryloyw, y gallai twpsyn ei rhedeg. Mewn gwlad fach, dim ots os yw'r prif weinidog yn ffŵl – ond byddai'n hollol beryglus mewn gwlad fawr. Soniodd unwaith amdano'n ciniawa gyda chwmni dethol o gyfoedion talentog. Roedd pob un wedi cyrraedd pinacl ei yrfa, ond fel y llifai'r gwin, roedden nhw i gyd yn gorfod cyfadde eu bod nhw'n dal mor anaeddfed ac anwybodus ag erioed, ac yn wir yn synnu eu bod nhw wedi cyrraedd y fath safleoedd. Gallen nhw gyfaddef hyn i'w gilydd, ond nid, wrth gwrs, i'r rhai odanynt: oes yna dwyll yng nghalon pob system? Dywedodd Kohr beth arall am lwyddiant. Nid y gamp yw llwyddo mewn gyrfa. Gall unrhyw un â rhywfaint o ddeallusrwydd ac uchelgais wneud hynny. Y gamp fawr yw cadw egwyddorion ar ôl llwyddo, a defnyddio dylanwad swydd i wthio pethau ryw gymaint i'r cyfeiriad iawn. Mae'n hawdd gweiddi "Rhaid i bopeth newid!" o'r cyrion ond y prawf ar gymeriad dyn neu ferch yw ei allu i chwarae'r ffon ddwybig: cadw yn y gêm, ond peidio â gwerthu mas, a dal i gredu.

Adroddodd Glyn Rhys rai jôcs yn y car ar y ffordd 'nôl, un am Marilyn Monroe a'i phroblem yn cofio rhif ffôn newydd: roedd yn rhaid iddi anghofio hen un gynta. Ac roedd 'da fe un am y Pab, a alwodd mewn pentre gwledig yn Ffrainc: ei ymweliad cyntaf ers canrif a hanner. Synnodd wrth sylwi nad oedd clychau'r eglwys yn canu i'w groesawu. Eglurodd y rheithor: "Mae 'da ni dri rheswm pam y'n ni'n methu canu'r clychau. Y rheswm cyntaf ydi: does 'da ni ddim clychau ..." "Gadewch e fan'na," atebodd y Pab. "Sa i eisie clywed y ddau reswm arall."

Roedd yn iawn i Glyn drio codi ein calonnau, ond wrth gofio am Kohr rwy' n cofio'n arbennig am eiriau André Gide, yr oedd e mor hoff o'u dyfynnu, ac ro'n i'n eu defnyddio fy hun ar gatalogau'r Lolfa: "Rwy'n caru cenhedloedd bychain. Rwy'n caru niferoedd bychain. Fe achubir y byd gan yr ychydig."

Ebrill 1994 ROGER SCRUTON

Darllen adolygiad o lyfr newydd gan Roger Scruton am athroniaeth fodern. Dywed yr adolygydd yn sarcastig fod Scruton yn credu fod pethe'n gyffredinol wedi mynd ar i waered oddi ar tua'r 14eg ganrif. Mae Scruton yn hiraethu am drefn theocrataidd ac yn casáu moderniaeth, sy'n cynrychioli'r Diafol. "Mae gan y Diafol un neges: sef nad oes yna berson cynta lluosog. Ry'n ni ar ein pennau ein hunain yn y byd, a'n Hunan yw'r unig beth y gallwn ni osod yn ei erbyn."

Mae Scruton yn iawn, ac yn iawn am Gymru. Roedd 'da ni drefn – tua'r bymthegfed ganrif – lle roedd Duw yn ben, a lle roedd yna 'ni' cyffredin odano, lle roedd yna batrwm i fywyd, a chymdeithas glòs, drefnedig. Mae'r cyfan ynghlwm, ac wrth foli Duw, mae Dafydd Nanmor yn moli'r uchelwr delfrydol:

> Yn Nêr ac yn aderyn,
> Yn llo a gŵr, yn llew gwyn,
> Yn eryr, yn ŵr arab,
> Yn faen, yn garreg, yn fab ...
> Yn oen gwâr ac yn fara,
> Yn un Duw ac yn win da!

Ond heddiw, does 'da ni ddim Duw, na dim uchelwyr, na fawr o gymdeithas a all ffurfio'r 'ni' sydd ei angen arnom i'n cadw'n gall – a'n cadw rhag Diafol Scruton.

Mai 1994 BWRDD DIFETHA CYMRU WLEDIG

Mynd mas gydag Elwyn Ioan yn hwyr nos Wener dwetha i bastio posteri llachar 'Development Board for Rural Wales Festival: CANCELLED' ar bolion telegraff rhwng Tal-y-bont ac Aberystwyth, ond wnaeth e ddim rhwystro'r Saeson a'r hipis rhag tyrru i'r 'Ŵyl' afiach ym Mhlascrug. Roedd Richard Booth, brenin y Gelli, wrth ei fodd pan soniais wrtho am ein cyrch, ac am ein defnydd o'r term 'Bwrdd Difetha Cymru Wledig' yn *Lol*.

Mae Richard yn casáu'r diawled cymaint â ni, ac am resymau digon tebyg. Mae'r Bwrdd yn gorff biwrocrataidd a grëwyd gan y Llywodraeth er mwyn denu cwmnïau a phobl o'r tu allan i Gymru i'r canolbarth. Maen nhw'n annog mewnlifiad artiffisial trwy godi cannoedd o dai yn ardal y Drenewydd, a'u llanw gyda'u ffrindiau trwy gynnig pob math o *perks* anghyfreithlon iddyn nhw. Ond yn waeth hyd yn oed na hynny, maen nhw'n annog all-lifiad o Gymry lleol. Holodd brawd Geraint Løvgreen am un o'u tai, ond fe'i gwrthodwyd am ei fod yn byw o fewn 30 milltir i'r Drenewydd! Ydi hyn, mewn egwyddor, mor wahanol i'r symud poblogaethau a ddigwyddodd dan Stalin ac eraill?

O'r diwedd mae'r National Audit Office yn ymchwilio i'r bastards, ond cawn weld a fydd unrhyw beth yn digwydd.

Clywais fod Gwyn Jones, pan oedd yn gadeirydd, wedi hedfan ar y Concord i Fosco i roi anrheg pen blwydd i'w wraig: un noson yn Theatr y Bolshoi! Wel, gallai ddefnyddio ei arian at bwrpas gwaeth.

Mehefin 1994 I HARBWR HOWTH

Hwylio i Ddulyn gyda Garmon – sydd nawr wedi ymuno â'r cwmni – a John Dudley, Pennaeth Marchnata'r Cyngor Llyfrau, i lansio *Lazy Way to Irish*. Ymweld â'r ganolfan ddosbarthu llyfrau Gwyddeleg yng nghanol y ddinas a chwrdd â Diarmuid, y pennaeth, bachan dymunol a deallus. Aeth â ni o gwmpas y warws helaeth, ond ychydig iawn o staff ac o gyllid oedd 'da fe. Roedd yn cwyno ei fod o dan fawd Bord na Gaelige (Bwrdd yr Iaith Wyddeleg), sy'n gorff hynod fiwrocrataidd, a gwrth-Wyddeleg hyd yn oed. Pan basiwyd mesur yn ddiweddar yn y Dáil yn rhoi mwy o hawliau i'r iaith, dim ond cwyno wnaeth y gweision sifil yma am y llwyth gwaith ychwanegol! Gobeithio wir y bydd ein Bwrdd Iaith* 'bach yn fwy brwd.

Lansion ni *Lazy Way to Irish* yn awyrgylch gwerinol braf clwb pêl-droed Gaeleg ar gyrion Dulyn. Aethon ni i harbwr Howth gyda'r nos gyda Diarmuid a'i wraig hyfryd a rhoi'r byd yn ei le mewn bwyty pysgod uwchben y môr. Dywedodd Diarmuid am y noson lansio: "I enjoyed it. I didn't have to be good! But of course, we should have published the book over here. You guys have put us to shame once again."

Roedd hynny'n wir. Roedd yn beth rhyfedd bod Flann O'Riain, awdur y llyfr, wedi cyflwyno'r llawysgrif i ni – yn hytrach nag i gwmni o Iwerddon – mewn lansiad arall yn Nulyn ddwy flynedd yn ôl, un i *Irish is Fun!* Tra ei bod yn brofiad braf i ni fod yn allforio llyfrau, wrth y miloedd, dros y dŵr i wlad arall – yn hytrach na'u haddasu a'u mewnforio fel sy'n arferol – roedd y cwestiwn cas yn llechu yng nghefn y meddwl wrth fwynhau'r Sauvignon a'r bwyd môr yn Howth: beth yn hollol mae annibyniaeth wedi ei roi i gyhoeddi yn yr iaith Wyddeleg?

*Sefydlwyd Bwrdd yr Iaith Gymraeg ym mis Rhagfyr 1993, a'i ddiddymu ym Mawrth 2012.

1995

Chwefror 1995 TEULU FFORDD LLANBADARN

Mynd â manylion swydd heibio i dŷ yn Ffordd Llanbadarn
neithiwr. Gweld hen gar rhydlyd, â bathodyn Cymdeithas yr
Iaith, yn diffodd ei olau wrth y gât, a gweld ffigwr talgrwm,
ifanc, talcennog, gwalltog yn hastu mewn i'r tŷ. Wyddwn i
ddim pwy oedd e, ond rwy'n barnu mai ei chwaer hwyliog
a hyfryd oedd wedi dangos diddordeb mewn dod i'r Lolfa i
weithio.

Diolch bod rhai o'r rhain ar ôl 'da ni yng Nghymru: ambell
deulu amlblantog, amldalentog, bywiog, ecsentrig. Ynddyn
nhw mae calon Cymru'n dal i guro. Mae eu deallusrwydd yn
rhoi iddyn nhw eu hannibyniaeth barn a'r steil a'r modd i
godi uwchlaw'r rwtsh i gyd. Gan ramantu, rwy'n dychmygu
'nythaid o benaethiaid' gwreiddiol a hyderus yma yn y tŷ yn
Ffordd Llanbadarn, yn barod i faeddu'u dwylo yn nhaeogrwydd
y wlad maen nhw wedi'u geni iddi, wrth iddyn nhw chwilio'n
optimistaidd am yrfa. Rwy'n gobeithio na chân' nhw'u siomi'n
rhy fuan; na fydd Cymru'n eu newid nhw yn fwy na fyddan
nhw'n newid Cymru.

Mai 1995 YMLADD MEWN LANSIAD

Rwy'n addo: dyna'r tro ola i fi gynnal lansiad yn Y Lolfa.

Ro'n i wedi penderfynu trefnu parti i agor estyniad newydd
i Hen Swyddfa'r Heddlu, gan weld cyfle i dynnu sylw at ein
hadnoddau argraffu a'n peiriannau modern. Roedd Bob
Delyn a'r Ebillion i fod i chwarae, ond cyn hynny, gwahoddais
y partïwyr, gyda'u caniau cwrw a'u gwydrau o blonc, i'r
estyniad i wneud eu hunain yn gartrefol rhwng y peiriannau
a'r pentyrrau o brint ar eu hanner. Ond, tua naw o'r gloch,
a'r gerddoriaeth ar fin dechrau, fe ymosododd brawd un o
staff ein hadran rwymo (sydd o dras Maltaidd) yn ddirybudd

ar Kenny Kahn o Gaernarfon, y drymiwr (sydd hefyd o dras cymysg) wedi iddo'i glywed yn siarad Saesneg ag aelod o'r band.

Aeth yn ffeit, ond llamodd Mair Harlech i'r adwy a gwahanu'r ddau ac apelio'n emosiynol am gymod a brawdgarwch a heddwch byd. Dechreuodd Bob Delyn ganu o'r diwedd ond ro'n i'n methu mwynhau. Roedd pobl yn pwyso ar y peiriannau ac ambell un hyd yn oed yn tynnu ar sigarét ddiog. Cloiais y lle wedi i bawb adael, ond methu cysgu. Codais tua hanner awr wedi dau i archwilio'r adeilad, ac yn wir roedd yna un stwmpyn sigarét cochlyd yn dal i fudlosgi ar un o silffoedd y ffenest.

Duw a ŵyr be fuasai wedi digwydd petai'r stwmpyn yna wedi goroesi ac wedi tanio'r caniau o gemegau. Ond roedd rhywbeth doniol am y syniad o ddau foi caled o dras cymysg yn dadlau yn eu cwrw ynglŷn â phwy oedd y Cymro gorau.

Awst 1995 EMYR HUMPHREYS

Steddfod braf ym Mae Colwyn. Aros yn uchelfannau'r Colwyn Bay Hotel gyda chriw hwyliog, cymdeithasgar. Mwynhau swperau gyda fy rhieni yn Llandrillo-yn-Rhos a Betws-yn-Rhos; rafio i Geraint Løvgreen nos Wener yn y Faenol Fawr, Bodelwyddan. Mynd nos Sadwrn gyda Gwilym Tudur i Abergele i swper pen blwydd Wil Sam yn 75 oed. Noson wych, uchelwyliol. Yfed sawl peint o Guinness yng nghwmni Dewi Prysor, Alun Ffred a rhes o ferched ifanc hyfryd o Ben Llŷn.

Emyr Humphreys, y nofelydd a hen ffrind i Wil, a grynhodd y cyfan yn loyw yn ei anerchiad yn y swper: rhaid i ni adnabod a derbyn ein hunain fel yr ydym, a byw yn annibynnol fel Cymry, a mwynhau hynny i'r ymylon; yn ein Cymreictod y mae'r byd i gyd. Y cyfan sydd angen i ni ei wneud yw bod yn ni ein hunain. Os llwyddwn ni i wneud hynny, bydd popeth arall yn dilyn: mae mor syml, mor anodd â hynny.

Ro'n i'n mwynhau peint tawel wrth y bar yn y Cŵps pan glywais lais lled gyfarwydd yn bloeddio o'r tu ôl i fi: "Hei, Robat, sut ti'n cadw'r bastard?" Yno wrth y ffenest, mewn siaced ledr, roedd Emyr Price* yn mwytho peint o Guinness. Do'n i ddim wedi'i weld ers oesoedd.

"Iawn. Sai'n cwyno," atebais.

"Alla i weld hynny. Mae golwg digon bras arnat ti. Gneud pres da erbyn hyn, dwi'n siŵr."

"Na, ddim felly. Sa i mor glyfar â rhai am chwarae'r system."

"Paid â malu, Robat, ti'n rhan ohoni bellach."

"Na, ti sydd, hyd y gwela i. Mae dy raglenni am Lloyd George, Cledwyn a'r rheina gyda'r gorau ar y bocs."

"Mae'r teledu'n gyfrwng diflanedig iawn, 'sti – yn wahanol i'r llyfra rwyt ti'n eu cynhyrchu. Pan ma rhaglan drosodd, be sgin ti i'w ddangos am dy waith?"

"Sgrifenna lyfr i ni, 'te, Emyr!"

Es i draw ato i eistedd. Doedden ni ddim yn ffrindiau clòs ym Mangor ac ro'n i'n falch o'r cyfeillgarwch yr oedd e nawr yn ei gymryd yn ganiataol. Eglurodd ei fod yn treulio dydd neu ddau yr wythnos yn y Llyfrgell Genedlaethol yn ymchwilio i'w raglenni

fy hanner canrif i

Emyr Price

a'i fod yn mwynhau hynny, ond nid y teithio parhaus yn ôl i'w gartref. Yna trodd y sgwrs at ddyddiau Bangor a gofynnodd Emyr o'n i'n cofio am y cyfarfod yna gyda Tom Parry, pan ddaeth draw i Neuadd Reichel i'n damnio am feiddio'i feirniadu am wahardd *Llais y Lli*, papur myfyrwyr Aberystwyth.

Dywedais 'mod i'n cofio hynny'n dda.

"Felly ti'n cofio be ddeudodd o reit ar diwadd ei druth?"

"Ydw, y byddai e'n bersonol

yn gofalu na châi yr un ohonon ni swydd yng Nghymru."

"'Ta 'ym Mhrifysgol Cymru' ddeudodd o?"

"Na, nid y Brifysgol."

"Hen fastard ynte ... Mae rhei ohonan ni, oedd stalwm yn Neuadd Reichel, wedi esgyn yn uchal iawn yn y Brifysgol. Dyna ti Derec Llwyd, sy'n Brifathro yma yn Abar, a Gruffydd Aled rŵan yn Athro Cymraeg ..."

"Wel, wyt ti'n synnu?"

"Nid deud ydw i nad ydan nhw'n haeddu'r swyddi yna – ond mi roeddan nhw'n gallach na ni, on'd oeddan nhw, yn y dyddia hynny?"

"Ti'n gneud mwy o gyfraniad lle rwyt ti nawr. A ti'n haeddu medal aur am gymryd golygyddiaeth *Y Faner* – rhaid bod honna'n swydd o uffern."

"Ti'm yn bell o dy le fan'na ..."

Roedd Emyr wedi camu i mewn i sgidiau Jennie Eirian wedi ei marwolaeth drasig hi, ond wnaeth e erioed ffitio i flychau parod y sefydliad Cymreig. Roedd yn fwy o sosialydd na chenedlaetholwr ym Mangor ond safodd dros Blaid Cymru yng Nghonwy a throi'n arbenigwr wedyn ar y Rhyddfrydwr Lloyd George, y Llafurwr Cledwyn Hughes a'r Tori Wyn Roberts.

Aethom ymlaen i sgyrsio fel petai'r deng mlynedd ar hugain ers Bangor heb ddigwydd. Gofynnodd gwestiynau plaen a difyr oedd yn hawlio atebion gonest. Triais ei berswadio ei fod yn lwcus na chafodd ei sugno i uchelfannau academia, a'i fod yn gwneud cyfraniad mwy gwreiddiol fel *lone ranger* o hanesydd, yn cadw ei bowdwr yn sych, a'i safbwynt yn annibynnol ac yn rhydd o'r system.

Edrychodd Emyr i mewn i'w beint gwag, bellach, o Guinness, a'i osod ar y bwrdd. "Ella dy fod ti'n iawn," meddai, "ond cofia, hen sinach oedd y Tom Parry yna."

* Roedd Emyr Price yn ddarlithydd, hanesydd, newyddiadurwr a darlledwr poblogaidd. Do'n i ddim i wybod, pan gwrddon ni yn y Cŵps, y byddai Emyr yn cadw'n driw i'w gred yn y gair printiedig, ac yn cynnig llyfr i ni, *Fy Hanner Canrif I* – oedd yn ymdriniaeth arbennig o onest a difyr ag ail hanner yr ugeinfed ganrif yng Nghymru. Do'n i ddim, chwaith, i wybod y byddai farw'n gymharol ifanc wedi brwydr gas yn erbyn cancr.

1996

Mawrth 1996 DIFFYG SEICOLEG

Trist bod Kieślowski, y cynhyrchydd ffilm Pwylaidd, wedi
marw mor sydyn ac mor ifanc. Y Pwyliaid sy'n gwneud y
ffilmiau gorau i gyd. Ro'n i'n hoff o'i ffilmiau, 'Y Tri Lliw' ond
dywedodd rhywun bod ei ffilmiau'n brin o seicoleg. Gofynnodd
sgriptwraig iddo unwaith: oni ddylen ni gael gwybod beth yw
teimladau'r barnwr at gymeriad arbennig, y mae e newydd ei
ddedfrydu. Atebodd Kieslowski fod pethau'n fwy cymhleth na
hynny. Allwn ni ddim gwybod popeth am rywun. Ry'n ni'n colli
rhywbeth o hyd; ry'n ni wastad yn anghyflawn. Mae rhywbeth
o'i le, a wyddon ni ddim ydi e'n dda neu'n ddrwg. Mae angen
cadw'r dirgelwch.

Mewn oes sy'n obsesu â seicoleg, rwy'n hoffi'r syniad o beidio
gwybod gormod am bobl. Gwnaeth Tom Stoppard bwynt tebyg
wrth drafod dramâu Harold Pinter: bod yna gelu gwybodaeth,
a bod y gynulleidfa'n teimlo nad y'n nhw'n gwybod fawr mwy
am y cymeriadau na'r awdur; bod Pinter yn cyrraedd yn hwyr
at ei storïau ei hun. Mae'r profiad theatrig felly'n ddwysach ac
yn fwy cyffrous, gan bod yna ganolbwyntio ar y presennol –
sy'n ansicr. Dywedodd Pinter unwaith mewn ateb i gwestiwn:
"Os gall y gorffennol fod yn dywyll – pam lai'r presennol?" a
dywedodd Walter Benjamin, yr athronydd Iddewig, fod seicoleg
yn absennol o'r storïau mwyaf dwys: fe'n gorfodir i chwilio am
y gwirionedd am na chynigir rhesymau.

Ebrill 1996 I'R LÔN GOED

I Ffestiniog nos Wener – gwych o le, mor Gymraeg! – i
fwynhau perfformiad o *Llifeiriau* Wil Sam, drama mor dda
ag roedd ei theitl o wael. Yna am benwythnos i Ben Llŷn ac
Eifionydd gyda Penri, Wil Sam, Gwilym Tudur a Rocet. Gyrru
beics i lawr y Lôn Goed, oedd yn wyrdd â dail y gwanwyn, ac
yfed peintiau yn y Madryn, Chwilog a'r Plu, Llanystumdwy.

Yfed dŵr glân y bore wedyn o Ffynnon Felin Fach a throchi traed yn Ffynnon Cybi a dringo i ben Carn Bentyrch cyn dychwelyd i Bwllheli i fistro'r Mariner a chael cwmni Prys Edwards, oedd wedi dod o'i dŷ yn Aber-soch i fwynhau stecen go wych. Mynd i'r capel fore Sul i glywed Islwyn Lake yn pregethu; wedyn taith i'r llethrau uwchlaw Aberdaron a gorffen â chinio trwm yn Nefyn.

Dod at goed ym mhob ystyr, cael gwybod bod Cymru'n dal ar gael. Gwych, a braint i gyd.

Mai 1996 TWLL TIN Y CWÎN

Digwyddiad hanesyddol iawn heddiw. Am y tro cyntaf erioed, rhwystrwyd y Cwîn rhag cyflawni seremoni gyhoeddus, ar gyngor ei swyddogion diogelwch. Roedd dau gant o fyfyrwyr yn protestio yn erbyn cael y Cwîn i agor adeilad newydd gwyddonol ar gampws coleg Aberystwyth, ond torrodd criw bach ohonyn nhw, gan gynnwys Iwan Standley a Iest Mawr, trwy gadwyn yr heddlu a thaflu eu hunain o flaen cerbyd y Cwîn – ac fe ganslwyd y seremoni. Derec Llwyd Morgan, prifathro'r Coleg, fynnodd ei gwahodd ac roedd yna faner fawr, 'A-rise Syr Derek', i ddymuno'n dda iddo yn ei yrfa.

Trefnwyd gŵyl 'Twll Tin y Cwîn' yn y Cŵps i gyd-fynd â hyn, a mawr oedd y cyffro a'r dathlu a'r chwerthin pan gyrhaeddodd y protestwyr y dafarn. Chwaraeodd bandiau Chouchen a Geraint Løvgreen, a rhwng y setiau, coronwyd Gwilym Gam fel 'Drag Cwîn' mewn seremoni anarchaidd. Roedd yr awyrgylch mor

Dathlu'r achlysur ddeng mlynedd wedyn

wych, jyst gwrthseisnigrwydd iach, henffasiwn fel yn yr hen ddyddiau. Ac mae'r hwyl yn parhau nos fory yn y Casablanca, lle bydd Løvgreen yn chware eto, ond sai'n credu bod 'da fi'r stamina i ddala mas tan hynny.

Medi 1996 NÜRNBERG

Mynd i Nürnberg i weld lleoliad y *Meistersinger von Nürnberg*, fy hoff opera, sy'n folawd cynnes, hudol i'r ddinas, ei phobl a'i hurddau ac i'w beirdd swyddogol ac answyddogol. Urdd y Meistersinger yw Gorsedd y Beirdd wrth gwrs, gyda'u seremonïau a'u rheolau caeth. Ond pan laniais yng nghanol y ddinas, beth weles i ond archfarchnadoedd, *Peep Shows*, a phobl ar ffonau symudol – y crap arferol.

Ffoiais i lawr i un o'r seleri canoloesol a chodi sgwrs, wrth un o'r byrddau, â bachan tua'r deugain oed oedd yn taflu'r *Dunkelbier* lleol yn ôl yn harti. Erbyn deall, roedd wedi dod i ffair feddygol yma i hyrwyddo staesiau a ddyfeisiodd i'w gwisgo ar ôl damweiniau, er mai llawfeddyg yn arbenigo ar gancr *colorectal* oedd e. Roedd e'n amlwg yn mwynhau ei waith, a dywedodd ei fod e, mewn naw achos o bob deg, yn gallu rhagweld a fyddai rhywun yn goroesi ei lawdriniaeth yn llwyddiannus.

"Anodd 'da fi gredu hynny."

Edrychodd arna i'n feirniadol. "Faint yw dy oed di?" "Wedi troi'r hanner cant," cyfaddefais. "Os felly, mae gen ti tua dau ddwsin o fân ganserau yn crawnu mewn gwahanol rannau o dy gorff. Y cwestiwn ydi: pam nad ydyn nhw, yn dy achos di, yn debyg o droi'n llidiog – tra byddai'r un symptomau yn ffyrnigo a lledu yng nghorff rhywun arall?"

"Felly mae 'na ffactorau y tu hwnt i'r clefyd ei hun?"

"Yn hollol. Y claf."

Eglurodd iddo fynnu ymchwilio ymhellach i gysylltiad y corff a'r meddwl, a dilyn cyrsiau gradd mewn ffiseg ac athroniaeth. Dyfeisiodd arbrofion – gyda pheli o aer yn nofio mewn silindrau o *vacuum* – i brofi a allai rhywun, trwy rym meddyliol yn unig, beri symudiad ffisegol. Sai'n siŵr beth

oedd y canlyniadau, ond ro'n i'n methu credu fy sefyllfa.
O'n i, mewn seler gwrw yn Nürnberg, wedi digwydd cwrdd
â boi oedd wrthi'n datrys un o ddirgelion mwyaf bywyd ac
athroniaeth?

Gosododd y gweinydd *Stein* arall o'r *Dunkelbier* o'i flaen.
Roedd y llawfeddyg wrth ei fodd. Dywedodd: "Mae'r cwrw
tywyll yma o les mawr i'r corff. Allwch chi ddim curo cwrw
traddodiadol Ffranconaidd. Ond cofiwch: sai'n cyffwrdd ag
alcohol am ddeuddydd cyn gweithio yn y theatr."

"Pryd fyddwch chi wrthi nesa?"

"Rwy'n gweithio mewn ysbyty yn Frankfurt bob dydd
Mawrth."

"Felly, ry'ch chi'n teithio mor bell â hynny bob wythnos?"

"Pell? Gen i Porsche Carrera Coupé 3.4 Litr. Alla i basio
unrhyw beth ar y draffordd mewn chwinciad."

Trawodd ei *Stein* yn erbyn fy un i. Roedd e'n iawn ynglŷn
â'r cwrw tywyll: roedd e'n blasu'n dda ac yn llifo'n rhwydd.
Ond nid ar y pryd, nac wedyn, wrth i ni barhau i sgwrsio, y
gallen i wrthbrofi unrhyw beth roedd e'n ei ddweud amdano'i
hun, nac am ei syniadau. Ro'n i yn yr Almaen, wedi'r cyfan,
nid yn y Cŵps.

Tachwedd 1996 Y QUEENS

Cwrdd â Dafydd Thomas, Llanelli, yn y Queens. Fe a Wil
Glansevin sy nawr yn rhedeg tafarn orau Abertawe. Pobl go
iawn gewch chi yma, yn gymeriadau ecsentrig, gwerin gyffredin,
deallusion hunan-apwyntiedig, a merched garw. Dyma'r hen
Abertawe gyfeillgar, ac mae peint neu ddau o Guinness yn y
Queens yn gwneud mwy o les i chi na mis o gyffuriau.

Roedd Wil yn mwytho glasied mawr o chwisgi ar un pen
i'r bar a rhai o'r cwsmeriaid yn tyrru o gwmpas Dafydd, oedd
yn amlwg yn boblogaidd fel cogydd y dafarn. Mynnodd godi
peint i fi, a throdd y sgwrs yn anochel at yr hen amserau
ym Mangor. Be ddigwyddodd i Ann Evans, a Gwenllian, a
Rhiannon Preis, a'r ferch dawel yna – beth oedd ei henw hi,
nawr? A'r boi yna – wnaeth e ei phriodi hi yn y diwedd? Aeth

rhai ymlaen i lwyddo'n wych yn y byd teledu – fel Cenwyn ac Euryn – ond beth am Howard Owen? Roedd Dafydd wedi clywed bod ganddo ei gwmni bysys ei hun …

Wrth fwynhau peint gyda Dafydd yn ei siwmper binc samwn – mae e'n hoyw – daeth newid sydyn drosof. Yn lle edrych 'nôl o'r presennol at Fangor, ro'n i'n gweld y presennol o safbwynt dyddiau coleg ac yn gweld yn glir fod popeth a ddigwyddodd wedyn yn ddibwys a damweiniol, achos dyna pryd roedden ni'n rhydd a heb ein llygru gan uchelgais ac yn blaenoriaethu cyfeillgarwch.

"Pam nad est ti 'mlaen i ddysgu?" gofynnais. "Roedd 'da ti radd Gymraeg."

"Fasen i'n athro anobeithiol. Mae coginio ac arlwyo'n waith caled, rwy'n gwybod, ond rwy'n ei fwynhau e. Fuest ti mewn Hwyrnos erioed, yn Green Dragon Lane? Fi oedd yn paratoi'r gwleddoedd."

Fues i ddim, ond gwnes i'r syms yn fy mhen. Roedd tipyn mwy o flynyddoedd wedi pasio oddi ar ddyddiau Bangor na chyn hynny. Bydd y cyfan drosodd cyn bo hir, y ffars i gyd. Mynnais godi peint yn ôl i Dafydd, nid am mai fy nhro i oedd e, ond am mai fe oedd yr un ohonom nad oedd wedi dringo ysgol, nad oedd wedi priodi, nad oedd wedi newid.

· · · · · · · ·

1997

DEG HEN GRED A GOLLWYD (1967–1997)

1. Y gred genedlaethol
(roedd pobl yn arfer galw'u hunain yn 'genedlaetholwyr')

2. Y gred amharchusol
(nawr peth gormesol, nid rhyddhaol, yw rhyw)

3. Y gred wrthgyfalafol
(roedden ni'n arfer credu yn y Ffordd Gymreig o wneud busnes)

4. Y gred wrthawdurol
(yn yr hen ddyddiau roedd sgrifennu yn foethbeth hunanol ac
yn wrthchwyldroadol)

5. Y gred wrthsystemol
(roedden ni'n arfer sôn am y 'system' o hyd; nawr ry'n ni'n rhan
ohoni)

6. Y gred wrthdechnolegol
(y Ryff Edj oedd yn bwysig slawer dydd; ffresni a bywyd, nid
sglein technegol)

7. Y gred ddirfodol
(yn byw dan gysgod y Bom, y presennol oedd yn bwysig, nid y
dyfodol)

8. Y gred wrthgelfyddydol
(heb neges a phwrpas a gwleidyddiaeth, gwastraff amser yw
llenyddiaeth)

9. Y gred arwahanol
(roedden ni'n credu mewn codi muriau, nid rhyngwladoldeb
llwyd)

10. Y gred wrthysbrydol
(doedden ni ddim yn credu mewn gorymdrechu'n ysbrydol;
roedd Cymru'n ddigon – y ffordd ganol oedd ein ffordd ni)

Darganfod theatr yr El Molino yn Barcelona.

Heb wybod beth i'w ddisgwyl, rhoddais fy ngwydryn o sieri rwff ar y silff bach tu ôl i'r sedd o'm blaen. Roedd y theatr yn hanner llawn pan agorodd y llenni i ddangos set liwgar o'r Ramblas, y stryd lydan sy'n arwain i lawr at harbwr Barcelona. Wedi dawns gan res o ferched hirgoesog, cafwyd golygfa hir, eitha Cymreigaidd, o gymeriadau lleol yn eistedd ar fainc yn gwneud sylwadau sarhaus am y bobl oedd yn cerdded heibio. Daeth y merched hardd yn ôl a newidiodd y llwyfan yn ddec pleserfad moethus, oedd yn gefndir i gyfres o olygfeydd doniol a choch, a rhai unawdau cabaretaidd.

Roedd y gynulleidfa draddodiadol wrth ei bodd â'r drygioni diniwed. Dwy ochr i'r un geiniog yw parchusrwydd ac amharchusrwydd, wrth gwrs. Do'n i ddim yn deall gair, ond wnes i ddim mwynhau rifiw cymaint ers *Cofiant y Cymro Olaf*, Hywel Ffiaidd. Ar y ffordd allan, gan ymddiheuro am fy niffyg Sbaeneg, cyflwynais fy hun i'r Cyfarwyddwr Artistig fel un o 'Pays de Galles'. Doedd 'da fe ddim gair o Saesneg chwaith, ond rhoddodd docyn am ddim i fi.

Wedi gwirioni, defnyddiais y tocyn i weld y sioe eto nos Sadwrn gyda chwpwl o Saeson canol-oed o'r gwesty yn Sitges. Braidd yn feirniadol oedden nhw: wnaeth y geiniog jyst ddim disgyn. Mae Saeson yn gallu bod yn dwp iawn, braidd fel hen set radio sy'n brin o rai tonfeddi. Felly dim ond cadarnhau wnaeth hynny fy nghred fod yma beth gwych iawn, sef molawd cynnes, doniol, secsi i fywyd mewn dinas arbennig – ac i fywyd ei hun.

Wrth adael y theatr am yr eildro, ac wedi fy nghynhesu gan y sieri, bues i'n ysgwyd llaw yn frwd â'r Cyfarwyddwr Artistig. Erbyn hynny ro'n i'n eiddigeddus hefyd achos ro'n i, yn y cyfamser, wedi sylweddoli rhywbeth mawr: tasen i'n dod lawr i'r ddaear eto mai dyna fuasen i am fod – yn Gyfarwyddwr Artistig i sioe gabaret. Be sydd ddim i'w hoffi am y swydd?

Gorffennaf 1997 Y DIRIAID

Mas nos Wener fel arfer 'da Meibion y Machlud yn lolfa'r Llew Du – uchafbwynt cymdeithasol yr wythnos. Soniais wrth y criw i fi fod, yn ystod yr wythnos, mewn darlith ddifyr iawn gan Dafydd Glyn Jones am y 'dedwydd' a'r 'diriaid': hen syniadau Cymreig sy'n cyfuno da/drwg â lwcus/anlwcus.

"Mae angen derbyn," dywedais wrth y bois gan orsymleiddio Dafydd Glyn, "fod yna bethau sydd y tu hwnt i'n rheolaeth ni. Dyw bod yn dda ddim yn ddigon. Mae cymaint yn dibynnu ar y sêr. Ti naill ai wedi dy eni'n ddedwydd, neu ti ddim."

"Felly os ti heb dy eni'n ddedwydd," meddai Gwyn drws nesa, "oes 'na unrhyw beth ti'n gallu'i wneud ynglŷn ag e?"

"Na, dim byd," atebais, o dan y ddylanwad. "Ti'n ffycd."

"Ah ... *shit*," atebodd Gwyn, yn uffernol o ddoniol, wrth yfed ei beint i lawr.

Awst 1997 IE DROS GYMRU

I Gastell Brenin y Gelli i gyngerdd a pharti gwin a chaws o blaid yr ymgyrch 'Ie Dros Gymru'. Roedd y lle'n llawn pwysigion, deallusion a chrach Saeson, ond ces i gipolwg ar ddyfodol hyfryd a gwahanol i Gymru. Roedd telyn ar ganol y llawr, silffoedd llawn hen lyfrau yn pwyso'n erbyn y waliau carreg, a thair merch ifanc, brydferth yn perfformio ar y piano a'r feiolin mewn awyrgylch o chwaeth ac ysgafnder.

Helpais fy hun i'r gwin a'r caws a chodi sgwrs â Lembit Opik, yr AS Estonaidd dros Faldwyn, ac Eluned Morgan, yr aelod Llafur Ewropeaidd. Yna daeth cyflwynydd Rhydychenaidd, lled-feddw ymlaen i sôn am yr ymgyrch 'Ie'. Â marblen yn ei geg, dywedodd ei fod yn Sais, ac nad oedd e'n ymddiheuro dros gyflwyno perfformiadau heno o weithiau gan Schubert. Eglurodd nad noson ranbarthol o ganeuon gwerin gwladaidd fyddai hon, ond un yn dathlu Cymru fel hen genedl Ewropeaidd oedd ar fin camu'n ôl i'r llwyfan rhyngwladol.

Profiad cyffrous iawn i fi oedd clywed y giwed uniaith,

Seisnigaidd yma'n sôn am senedd, a hawliau gwlad, a'i phosibiliadau – a chefais gip ar y Gymru newydd a allai fod. Roedd pawb yn sylweddoli pwysigrwydd tyngedfennol y bleidlais, ac yn llawn ddeall y gwahaniaeth rhwng byw mewn rhanbarth a byw mewn gwlad go iawn, a fyddai'n brofiad cymaint mwy cyffrous.

Ac yn y canol yn rhoi clod roedd yr hen Risiart Bŵth yn ei siwt ddu, weinidogol. Roedd wedi hau taflenni propagandol dros y seti, fel bob amser yn annealladwy ac yn rhestru pwyntiau gwallgo oedd yn dilyn rhesymeg oedd yn gudd i bawb ond fe. Ond fel ei gyfaill, y cyflwynydd simsan o Rydychen, mae Richard yn fwy deallus a llwyddiannus yn ei wallgofrwydd na sawl un arwynebol gallach.

Rhoddais ddecpunt yn y soser, a chael cusan gan Hope, gwraig hyfryd Richard (ei drydedd). Ei merch hi (o briodas arall) sy'n sgrifennu cofiant Richard i ni, *My Kingdom of Books*. Cyn ymadael â'r castell – a adeiladwyd yn y 12fed ganrif ac yr ymosododd Llywelyn Fawr ac Owain Glyndŵr arno yn eu tro – edrychais trwy un o'r ffenestri allan tua lawntiau'r castell, a mân oleuadau'r Gelli a bryniau'r gororau. Doedd dim amheuaeth pa ochr i'r ffin y gorweddai'r dre a'r castell heno. Dan ddylanwad y gwin, ro'n i'n gweld amlinell gwlad newydd yn disgwyl am fore newydd, yn llawn gobaith a phosibiliadau.

Medi 1997 TALINN

Wedi penderfynu cyfeirio fy nhroeon blynyddol i ymweld â gwledydd y Baltig, y gwledydd bychain sydd mor debyg i Gymru, ond sydd nawr yn rhydd. Glanio yn Talinn, prifddinas Estonia, mewn llai na theirawr o Gatwick, a chael dim siom.

Roedd y strydoedd yn llawn ymwelwyr a phobl ifainc yn mwynhau ond hefyd yn gweithio wrth agor bwytai a busnesau newydd a thaflu'r hen sbwriel Sofietaidd i'r sgip. Pnawn ddoe, cerddais lan i fryn y Trompea gyda'i adeiladau canoloesol a'i olygfa wych lawr i Talinn a'r môr. Ond ces i fy nal gan fachan ifanc oedd yn gwerthu tapiau o ganu corawl Estonaidd i dwristiaid. Gan wybod bod y 'chwyldro canu' yn rhan bwysig o'u brwydr dros ryddid, prynais ddau dâp a rhoddodd drydydd i fi am ddim. Wedyn bues i'n yfed gydag e am ddeg awr – oedd yn dipyn o gamp o ystyried ei fod e ar y wagen, medde fe.

Cawsom ein gwydraid cyntaf mewn bar twristaidd ar y rhiw, a'r un nesa mewn lle *jazz* tywyll ymhellach i lawr lle roedd sacsoffonydd tenor yn arwain grŵp ffyncaidd caled. Roedd y lle yn llawn dynion ifanc golygus yn yfed coffi'n hamddenol a sylweddolais 'mod i wedi cyrraedd lefel fwy deallus o wareiddiad. Ond roedd Kulno am i ni symud ymlaen at gyngerdd o ganu gwerin, a dilynais e'n anfodlon am filltir dda nes cyrraedd *palazzo* bach Eidalaidd ar gyrion y ddinas.

Wedi talu wrth y drws, aethom i stafell oedd yn hollol dywyll oni bai am biano gwyn a channwyll olau yn sefyll arno mewn gwydryn gwin. Craffais a gweld dau foi yn ffidlan â dyfeisiadau electronig. Yn dawel, dechreuodd y 'miwsig'. Roedden nhw'n recordio ac yn ailrecordio cymalau cerddorol ar bennau'i gilydd, wedyn yn chwarae darn newydd eto uwchben y cyfan, a recordio hynny wedyn. Doedd dim byd gwerinol am y gerddoriaeth yma, ond wrth i fi ildio i'w heffaith hypnotig, dyma ferch hardd mewn gwenwisg hir yn ymddangos yn y ffenest Ffrengig, a dechrau canu alaw syml mewn Estoneg.

Mor gyffrous yw'r synthesis yma o'r traddodiadol a'r modern, meddyliais. Dyma fiwsig y dyfodol yn cael ei chwarae gan bobl mae eu dyfodol yn eu dwylo. Daeth y cyngerdd i ben yn rhy fuan; goleuwyd yr ystafell ac agorwyd y ffenestri. Cododd y bobl ifainc hardd a mynd mas yn dawel barchus, ac ambell un hŷn barfog, tra deallus yr olwg. Symudodd Kulno at y drws, ond do'n i ddim angen profiad arall heno. Byddai unrhyw far neu fiwsig arall yn sbwylio'r profiad ysbrydol, cenedlaethol, dyfodolaidd.

Ond roedd Kulno'n benderfynol o daro'n ôl i far yn y ddinas lle byddai'n cwrdd â'i ffrindiau ar nos Sadwrn. Wedi mwynhau gwydraid gyda nhw, roedd Kulno'n ffansïo clwb gyda llawr gwydr lle gallech chi edrych lan coesau'r merched yn dawnsio o'r bar odano, ond roedd y lle'n rhy ddrud i ni. Yna awgrymodd far lleol, ymhellach i fyny'r hewl, y Valli Baar. Roedd pedwar neu bump cymeriad amheus yn eistedd yn llonydd o gwmpas barfwrdd yr oedd gwraig swmpus ac aeddfed yn teyrnasu drosto. Gwych, meddyliais: dyma far go iawn. Arhoson ni am awr neu ddwy, ond am bedwar o'r gloch y bore, fe gyhoeddodd y wraig *"Geschlossen!"* a'n taflu ni i gyd mas i'r palmant: un Estoniad, un Cymro, dau Rwsiad blonegog, un Almaenwr mawr swnllyd o Hamburg, ac un Iddew bach eiddil mewn siwt ddu.

Roedd hyd yn oed hynny – y *chuck out* rhyngwladol – yn perthyn rywsut i'r dyfodol ac ro'n i'n falch (fe benderfynais wedyn) o gynrychioli Cymru yn y digwyddiad.

Medi 1997 HELMUT O MÜNCHEN

Dal bws i Tartu, ail ddinas Estonia, a theithio trwy wlad werdd a gwastad a rhyfedd o wag. Wedi cyrraedd, synnu at lwydni Sofietaidd Tartu ei hun. Prin oedd y lampau stryd ac roedd adeiladau dadfeiliedig ym mhobman. Rownd y gornel i ryw floc tywyll, falle gwelech chi McDonald's annisgwyl neu siop Consum neu siop Optik – mae lot o'r rheini. Ydi llygaid pawb mor wan y ffordd hyn? Achos y tywyllwch, efalle? A ble mae'r llefydd byta, os oes 100,000 o bobl yn byw yma? Mae chwe blynedd oddi ar ymadawiad y Rwsiaid, ond mae'n teimlo fel petaen nhw'n dal yma. Oes ymerodraeth erioed wedi gadael cynhysgaeth mor ddigalon?

Bwcio mewn i westy oedd yn edrych fel bloc o swyddfeydd, a mynd am dro yn gynnar gyda'r nos a dod ar draws *Mix-bar,* sef garej rhywun gydag arwydd hyll, neon ar ei phen, a bwrdd yn dal caniau o gwrw. Roedd MTV yn chwarae ar set deledu yn y gornel a miwsig *rave* yn blastio o'r blychau sain: mae gan yr Americaniaid long mas ar y Baltig sy'n darlledu'r sbwriel yma ddydd a nos. Mae Estoniaid ifanc yn llyncu unrhyw beth sy ddim yn dod o Rwsia. Roedd dau foi tua deugain oed yn pwyso ar y bar, un â chynffon poni yn gwisgo crys-T Microsoft Corel Corporation a'r llall yn gwisgo crys â'r neges *Porno Yes.* 'Robat, no,' dywedais gan lyncu gweddillion fy nghwrw Saku, a diflannu'n ôl i'r tywyllwch.

Wrth fynd lawr i frecwast, ro'n i eisoes wedi derbyn 'mod

i wedi gwneud camsyniad. Allwch chi ddim ennill bob tro. Byddai'n rhaid i fi edrych ar y cyfan fel profiad. Dim ond dau ohonom oedd yn y stafell foel; galwodd y bachan arall fi draw a chyflwyno'i hun fel Helmut o München. Cytunon ni fod y lle yma'n dipyn o dwll. Ond doedd hynny'n poeni dim arno fe: roedd e wedi dewis Tartu dim ond er mwyn defnyddio Milltiroedd Awyr ei gariad.

Â mop o wallt blond, gallai fod yn hanner cant ifanc. Roedd yn fab i newyddiadurwr amlwg, adain-dde ym Mafaria – ond pwysleisiodd na wnaeth ei dad na'i deulu erioed gefnogi'r Natsïaid. "Rwy wastad wedi perthyn i'r Blaid Werdd. Ces i radd mewn economeg ond do'n ddim am gael fy sugno mewn i'r system, felly treuliais i bum mlynedd yn crwydro'r byd ..."

"Braf iawn. Sut lwyddoch chi i wneud hynny?"

"Ro'n i'n ifanc ac yn rhydd – ac yn dwlu ar garnifalau. Teithiais i'r Caribî a De America yn eu canlyn. Ces i gariadon draw 'na ac rwy'n dal yn ffrindiau â rhai ohonyn nhw. Roedd 'da fi ddwy 'run pryd ym Mecsico – doedd eu teuluoedd ddim yn gadael i fi fynd mas ag un ar y tro. Ro'n i'n eistedd mewn bar gyda nhw un noson, ac ymosododd tri Mecsicanwr arna i â gwydr ar fy mhen ac ar fy ngheilliau – roedden nhw'n las am fisoedd wedyn. Ac yn strydoedd cefn Guatemala camgymrodd rhyw ddiawl fi am Americanwr, a mynd am fy waled, ac ymosod arna i â *syringe* o waed wedi'i heintio ag AIDS ..."

Wrth wrando ar y straeon lliwgar, ro'n i'n teimlo mwy a mwy o gywilydd o'm bywyd llwyd a chonfensiynol.

"Roedd 'da fi ddyled drom erbyn hyn. Allwn i ddim gohirio swydd dim mwy. Ces i gynnig un ym München yn rhedeg adran o Bayer, y cwmni pharma. Ces i bopeth: fflat fendigedig yng nghanol y ddinas, BMW newydd, pensiwn da, y *perks* i gyd. Ond ces i ddigon ar ôl pedair blynedd. Fe werthais i'r fflat a'r BMW. Byth ers hynny rwy'n byw ar y llog – ac ar fy nghariad."

"Felly beth y'ch chi'n ei neud nawr?"

"Rwy'n gwneud cyfrifon ariannol i fy ffrindiau – am bris tipyn is na'r cwmnïau mawr – ac rwy'n dal i deithio'r byd, yn gwirio ffeithiau ar gyfer llyfrau twristaidd."

"Ac yn cael eich talu am hynny?"

"Dyw arian ddim yn broblem i fi. Rwy'n ddi-eiddo, chi'n gweld. Dwy ddim am berchen dim, nac am i neb na dim fy mherchen i. Ond rwy'n dal yn gyfoethocach na rhai o fy ffrindiau. Mae un ohonyn nhw'n gorfod cynnal pedair cyn-wraig. Daeth ffrind arall draw o Awstralia pan oedd yr Oktoberfest ymlaen. Treuliodd ei holl wyliau – 16 dydd – yn gwneud dim ond yfed. Doedd fy nghariad ddim yn hapus … hi yw'r unig broblem sy 'da fi."

"Sut hynny?"

"Mae hi am gael plant. Alla i ddim gohirio'r penderfyniad am lawer mwy. Bydd yn fy nghaethiwo i, wrth gwrs … chi'n rhydd heno, Rob? Mae'r stiwdants i gyd yn mynd i'r Zum Zum Bar …"

Ymwelais ag Archif Llenyddol Tartu yn y pnawn ar anogiad Sara Branch, merch o Dal-y-bont sy'n gynorthwyydd personol i'r Llyfrgellydd Cenedlaethol yn Aberystwyth. Wedi crybwyll ei henw, daeth Mihkel Volt, y prif archifydd, lawr i'm croesawu. Dangosodd i fi'r llyfr cyntaf i'w argraffu yn Estoneg: yn 1535, tua'r un amser ag *Yn y Llyfr Hwn*, y llyfr Cymraeg cyntaf. Hefyd dangosodd argraffiad hardd o'r *Kalevipoeg*, y gerdd epig genedlaethol o ganol y 19eg ganrif, a chopi o'r cylchgrawn Estoneg cyntaf a gyhoeddwyd yn y ddeunawfed ganrif, tua'r un pryd â'r cylchgronau Cymraeg cynharaf. Mae gennym ni'r gwledydd bychain gymaint yn gyffredin.

Am saith o'r gloch, ro'n i 'nôl gyda Helmut yn y Zum Zum Bar. A dau lasied ffres o gwrw tywyll Carl Friedrich ar y bwrdd o'n blaenau, aeth ymlaen â'i stori. Roedd ei agwedd heulog at fywyd, a'i siniciaeth iach, yn fy atgoffa o Leopold Kohr. Byddai'n dweud bob hyn a hyn, wrth drafod rhyw safbwynt neu ymateb swyddogol: "I vaz not impressed by zis stuff …"

Doedd e ddim chwaith yn *impressed* â'r ffrindiau hynny oedd wedi dringo ysgol gyrfa, a llwyddo yn y ffordd arferol. "Does 'da fi ddim i'w ddweud wrth y rheini – er bod yna rai sy'n fy neall i. Sut allen nhw fod wedi newid mor llwyr, ar ôl popeth wnaethon ni gyda'n gilydd yn y chwedegau? Bydden ni'n dal y tram i ganol

München ac yn mynd lan at bobl oedd yn eistedd yn y tram yn darllen *Blöd Zeitung* – papur newydd cachu rwtsh, gwaelod y farchnad, yn costio 20 *Pfennig* – ac yn cipio'r papur oddi arnyn nhw, a rhoi darn un *Deutschmark* iddyn nhw i brynu papur newydd go iawn … A 'Nhad yn newyddiadurwr, mae'r wasg yn bwysig i fi. Chi'n gyfarwydd â'r cylchgrawn *Der Spiegel?"*

"Ydw, rhyw fath o *Time* Almaenaidd."

"Dyna'r un. Mae'n gylchgrawn da, annibynnol, beirniadol, 49.9% ym meddiant y newyddiadurwyr. Ond sefydlodd rhyw filiwnydd y cylchgrawn *Focus* yn ei erbyn e – cylchgrawn meddal, adain dde sy'n chware lan i'r system, ond yn gallu bod yn frwnt iawn hefyd: mae'n hoff o gysylltu'r Blaid Werdd â'r Natsïaid. Bastard arall yw'r mogwl Leo Kirch, sy bia llwyth o sianeli teledu gan gynnwys rhai porn sy'n darlledu mor bell â Thwrci gan stiwio pennau dynion sy'n byw mewn cymdeithasau traddodiadol. Mae porn yn chwerthinllyd, wrth gwrs – ond mae'n gallu gwneud drwg. Dim ond un peth sy'n cyfri i'r diawled yma: gwneud arian …"

Roedd y bar yn raddol lanw â myfyrwyr, rhai o'r deunaw mil sydd yma yn Tartu. Codon ni sgwrs â rhai wrth y bwrdd nesa. Ro'n i'n falch o sylwi bod 'na genedlaetholwr Estonaidd yn eu plith, ond o'i gymharu â Helmut, roedd ei ddadleuon yn naïf ac ansicr.

Meddai Helmut wedyn: "Mae gwleidyddion a phleidiau'n mynd a dod. Nid cael grym sy'n bwysig ond cadw'r drafodaeth yn fyw, sbarcio syniadau radicalaidd. Dyna ydi gwir swyddogaeth y Blaid Werdd: cadw'r gwleidyddion ar flaenau'u traed …"

Roedd pobl ifainc nawr yn dechrau dawnsio i fiwsig y disgo. Ro'n i'n araf feddwi ar y Carl Friedrich, ac ar y sgwrs a'r awyrgylch. Ond anwybyddodd Helmut y merched hardd a chario 'mlaen i siarad am wleidyddiaeth. Wrth edrych arno, sylweddolais 'mod i wedi cwrdd â bachan anghyffredin iawn: dyn oedd wedi llwyddo heb gyfaddawdu, ac yn dal i fwynhau pob munud o'i fywyd heb fradychu yr un o'i egwyddorion.

Tachwedd 1997 PASIO'R NOD

Galw 'da Jim Hammonds, Cymro di-Gymraeg ddaeth i fyw
i'r pentre ar ôl rhedeg y Lancashire Community Press, gwasg
adain chwith yng ngogledd Lloegr. Croesawodd fi i'w garej,
oedd yn llawn at yr ymylon o beiriannau argraffu ysgafn. Yna,
ar y wal, sylwais ar boster yn dangos pennill Tsieineaidd a
gyfieithiwyd i'r Saesneg:

> I thought that I had far to go,
> until I turned and saw
> that I had passed my destination
> many years before.

Teimlais sioc wrth i ergyd y pennill fy nharo. Pryd basiais
i'r pwynt yna? Tua ugain mlynedd yn ôl efallai, pan oedd
Y Lolfa ar ei thraed, ond cyn symud i Hen Swyddfa'r
Heddlu? Neu ar ôl symud, ond cyn codi'r estyniadau i'r
adeilad? Ond ai pwynt amseryddol yw e, y gallwch chi ei
hoelio ar galendr?

Edrychais eto ar yr offer ysgafn, amaturaidd – yn beiriannau
plygu, torri, casglu, styffylu – a theimlo ton o hiraeth am
Y Lolfa fel roedden ni yn yr hen ddyddiau, yn wasg fach
anffurfiol a gwleidyddol a diuchelgais, yn dal i wneud pethau
am yr hwyl a'r diawlineb, yn hapus i fod fel roedden ni. Ond
all neb droi'r cloc yn ôl. Felly beth yw'r dewis arall? Symud
ymlaen – ond pam, ac i ble?

Rhagfyr 1997
GYDA'R MEIBION I AMSTERDAM

Trip Meibion y Machlud i Amsterdam. Methu deall pam rwy
mor gartrefol yma ac yn gallu ymlacio mor rhwydd ac mor
llwyr. Bariau 'brown' Amsterdam yw'r rhai mwyaf gwaraidd
yn y byd, gyda'u diwyg ecsentrig, a'u barmyn tal, deallus,
hael â'u sigarau. Ond y teimlad trwm o barhad yw'r peth
gwychaf am y bariau hyn. Mae lluniau olew a chartwnau lliw
o'r canrifoedd a fu yn hongian mewn fframiau ar y waliau,
eu cymeriadau ecsentrig yn dystion tawel i'n sgyrsiau ni, sy'n
barhad o'u sgyrsiau nhw ...

Wedi cerdded am awr dda o'n gwesty, fe ffeindion ni'r bar brown perffaith ar ben draw Rhif Dau Prinsengracht, lle roedd dwy gamlas yn croesi. Eisteddodd y chwech ohonom o dan y ffenest. Llepiai'r dŵr llwyd yn dawel y tu ôl i ni yn erbyn y ceiau, wrth i'r dydd araf dywyllu. Y tu mewn, galwai selogion lleol ar eu sgawt Sadyrnol, yn hen ac ifanc ac yn ddynion a merched o bob lliw a llun, rhai â thrwynau academaidd ac eraill â rhai fel gwerin datws mewn llun gan Van Dijk. Yn ein safle mewn hanner cylch o dan y ffenest, roeddem mewn lle perffaith i wylio'r parêd o amrywiaeth y ddynoliaeth. Dôi gweinyddes aton ni bob hyn a hyn â llond hambwrdd o wydrau chwarter litr o'r cwrw melyn, ysgafn. Roedden ni'n hollol, hollol hapus.

Ond yna newidiodd y parêd. Nid allan o baentiadau neu gartwnau y dôi'r wynebau nawr – ond o'r Llew Du, Tal-y-bont! Un ar ôl y llall, ymddangosai wynebau oedd yn rhyfeddol o debyg i ryw gymeriad lleol: Alan Prydderch, Dai Bont-goch, Gerallt, John Bala. Beth oedd yn digwydd? Doedden ni ddim wedi meddwi, nac wedi cymryd cyffuriau, ond yn amlwg, roedd dimensiynau lle ac amser yn dechrau toddi i'w gilydd ...

Aeth y lleill yn ôl i'r gwesty ond, yn anghall fel arfer, es i ymlaen at far yn nes i lawr y gamlas a chael cwmni tair merch a fu'n gwerthu llysiau organig yn y farchnad. Ar ryw bwynt yn y sgwrs, gofynnon nhw (wrth sôn am y Cymry): "What about sex, then?" Dywedais mai eu lle nhw oedd ein dysgu ni am y pwnc yna. Atebodd un ohonynt: allwch chi ddim dysgu neb am ryw; naill ai mae e 'da chi, neu dyw e ddim. Ond chwarae â fi oedden nhw. Dywedodd yr un dal a thywyll ei bod hi'n cael dyn pan fyddai'n teimlo fel hynny, a'i waredu wedyn – os oedd hi'n gallu cael un o gwbwl! Ar ôl y chwerthin, soniodd y drydedd am ei damcaniaeth am linellau cyfochrog. Mewn perthynas rywiol, os bydd dim ond un o'r onglau mas o 90 gradd, bydd y llinellau'n bwrw yn erbyn ei gilydd ar ryw bwynt yn nes ymlaen mewn bywyd.

Ces i awr hyfryd yn eu cwmni, ond ro'n i wedi penderfynu

gorffen y noson â phrofiad cerddorol. Gan ddilyn fy arweinlyfr, cerddais filltir dda cyn ffeindio bar yn llawn pobl ifainc hardd yn canu hen alawon Amsterdamaidd i gyfeiliant acordion electronig. Gallen i fod mewn clwb nos trendi – codai atriwm gwydrog uwchben y bar – ond yr hen ganeuon oedd yn mynd â hi wrth i'r bobl ifainc basio'r meic diwifr o law i law. Yn hollol hapus, swingiais fy ngwydryn bach o Amstel i'r alawon oedd yn moli'r ddinas fwyaf deallus yn y byd – Amsterdam.

1998

Ebrill 1998 MARW FY MAM

Fy mam yn wael – dyna'r gwir – ac yn ofni marw. Teipiodd i mewn i'w chyfrifiadur Amstrad ei bod hi'n wan iawn a'i bod hi'n 'synnu ei bod hi mor llwfr' – mae'n siŵr wrth gofio dewrder aelodau o'r teulu a wynebodd brofiadau ofnadwy yn ystod y rhyfel, a'i mam ei hun wrth gwrs a ddioddefodd farwolaeth erchyll yn Ravensbrück.

Nid y syniad ohoni'n marw sy'n fy mhoeni – wedi'r cyfan mae hi'n 87 oed – ond yr artaith feddyliol, i rywun hollol effro a deallus, o orfod wynebu'r peth, a hithau mewn gwendid. Ond, yn rhyfedd iawn, ar draws hyn i gyd, mae pob math o lawenydd uchel. Lefi'n rhoi cynnig ar dŷ, cyfarfod busnes da gyda'r meibion yn Corners a'r cwmni'n ennill cytundebau newydd, Elena'n disgwyl ers pymtheg wythnos, a chlywed 'mod i wedi ennill ysgoloriaeth i sgrifennu nofel arall ...

Ond nes bydd Oma* yn well, mae'r cyfan yn wag. Rwy'n ffonio'n ddyddiol ynglŷn â hi. Mae ei choesau wedi chwyddo'n ddifrifol ac roedd hi'n eu cuddio nhw pan alwodd Linda [gwraig Heini]. Mae Enid yn fy atgoffa am yr alwad ffôn ges i hanner nos nos Sul pan ges i'r fath stŵr gan fy mam am feiddio ffonio'r meddyg (rwy'n cyfadde 'mod i'n ei dilyn yn hyn o beth ac heb gymryd pilsen erioed). Ond y fath sarhad oedd yr awgrym ar ei hannibyniaeth, ayb! Wel, 'dyw hi ddim yn annibynnol iawn nawr.

Galwodd ambiwlans bore 'ma i fynd â hi i Ysbyty Treforys. Yno, bywiogodd yn rhyfeddol. Dywedodd wrth Heini ei bod yn iawn iddo fynd i America – doedd hi ddim yn bwriadu marw eto. Yna cafodd hwyl ar ateb cwestiynau twp y ffurflenni derbyn. Beth oedd ei chrefydd? "Rwy'n Iddewes o ran tras ond ces i fy nghodi yn yr Eglwys Lutheraidd. Rwy'n aelod mewn capel Bedyddwyr Cymraeg ond mae'n well 'da fi'r Undodiaid. Ond falle mai Bwdydd ydw i mewn gwirionedd – heblaw adeg Nadolig, pan rwy'n bendant yn Lutheraidd Almaenaidd!"

Galwai ei hunan yn berson crefyddol heb grefydd. Treuliodd ei bywyd yn ymddiddori yng nghrefydd a duwiau'r Aifft. Un o'r pethau olaf a wnaeth oedd cynllunio Tŷ'r Byw a Thŷ'r Meirw ar ddau lawr yr amgueddfa Eifftaidd yn y brifysgol. Nawr, mae hi ei hun ar daith o'r naill lawr i'r llall. Yna, pan ddaeth galwad brys o'r ysbyty pnawn 'ma, roedden ni'n gwybod bod y daith ar fin dod i ben. Ac fe ddaeth, yn sydyn, trwy drugaredd.

Nawr, rwy wedi sylweddoli am y tro cyntaf erioed fy mod i a Heini'n bod fel prawf ei bod hi'n bod, petai hi ddim yn bod. Ac wrth gwrs dyw hi ddim yn bod, bellach. Dyna syniad rhyfedd, na ches i erioed o'r blaen.

*'Oma' (yr Almaeneg am fam-gu) oedd yr enw teuluol arni ar ôl iddi gael ei hŵyr cyntaf.

Ebrill 1998 YR YMGYMERWR LLON

Profiad gwych, gwallgo, hyfryd, dagreuol pnawn 'ma. Mynd at yr ymgymerwr, John Edwards o Dreforys, ynglŷn â threfniadau angladd fy mam. Aeth at ei *baby grand* o Leipzig a chware 'Lili Marlene', 'Deutschland Über Alles' (!), y 'Marsellaise', cwpwl o emynau, un o ganeuon Bois y Blacbord, cân o ryw sioe o'r West End, ac anthem Hitleraidd – cableddus o anaddas – roedd e wedi'i phigo lan ar ei deithiau yn y pedwardegau. Ro'n i bron â llefen. Wedyn llefais ddagrau llawn yn yr Orffwysfa, lle roedd arch fy mam – dagrau fel afon. Roedd hi wastad wrth ei bodd gyda chaneuon poblogaidd, emosiynol o'r Almaen. Byddai hi hefyd wedi chwerthin am ben y dewis gwarthus.

Soniodd John Edwards am ei helyntion yn ystod ac wedi'r rhyfel yn diffodd bomiau ac yn dysgu Ffrangeg Alsace-Lorraine. Roedd ganddo rywfaint o Eidaleg hefyd – a llofnod Beniamino Gigli! Buasai Oma wedi llwyr werthfawrogi ei athrylith wallgo, agos-atoch, ochr-Treforys-o'r-dre. Bythgofiadwy, emosiynol, rhyddhaol, trosgynnol hyd yn oed – a fi, fe, ac Oma yn un ar gymylau yn rhywle ymhell uwchben y byd!

Nawr mae'r angladd drosodd, ei habsenoldeb yw'r peth sy'n dod yn ôl ac yn ôl. Rwy wedi colli fy ffrind gorau, yr un oedd yn fy neall yn well na neb. Wnes i erioed freuddwydio y buasai ei marwolaeth yn fy mwrw cymaint oddi ar fy echel. Nawr, rhaid ei hwynebu – a hyd yn oed, rywsut, ei chroesawu – a'i throi yn rhywbeth adeiladol, cadarnhaol. Dywedai fy mam yn aml nad oes dim drwg heb dda, na dim da heb ryw ddrwg. Roedd hi'n berson adeiladol (fel y dywedodd Heini ddoe) oedd yn ymhyfrydu ym mhopeth adeiladol roedden ni'n dau yn ei gyflawni. Dyna'r gred Iddewig, sy'n groes i'r un Efengylaidd: achubir dyn nid gan beth mae e'n ei gredu, ond gan beth mae'n ei greu.

Ebrill 1998 ARIAN YW POPETH

Mynd i Gaer ar fusnes a tharo mewn i dafarn yn Rhuthun ar fy ffordd yn ôl, a chael peint gyda boi o Fwcle, tua'r pymtheg ar hugain oed.

Dywedodd, wrth bwyso ar y bar: "Os ydi pobol yn deud wrthat ti nad arian ydi popeth, maen nhw'n siarad shit. *Money is everything, money is life.* A dwi'n gwybod am be dwi'n sôn:

ro'n i ar y dôl am ddwy flynedd. Os ti'n cael arian, ti'n cael bywyd, ti'n cael shags, ti'n cael popeth. Os nad wyt ti wedi gorfod byw heb arian, ti'n gwybod dim amdani."

"Ydych chi mewn swydd nawr?"

"Ydw, dwi'n ennill £3.50 yr awr yn rhofio cemegau i mewn i *vats* i wneud *aftershave*. Gin i ferched sydd isio fy shagio, ond y ferch ti isio'i shagio wastad ydi'r un sy'n shagio rhywun arall. Dwi'n shagio un ferch unwaith bob tair wythnos, ond mae gin hi gariad. Mae hi isio fi am y shags yn unig, a mynd 'nôl at ei chariad wedyn. Gin i ffrindiau yn Bwcle, a merched yno dwi isio'u shagio, ond alla i mo'u shagio nhw achos sgin i ddim pres i fynd allan efo nhw."

Do'n i ddim yn siŵr beth i'w ddweud. Ydi'r boi yma wir yn cwyno ar ei fyd?

"Ti'n meddwl 'mod i'n lwcus," meddai gan ddarllen fy meddwl, "ond ti sy'n lwcus, achos gin ti bres. Achos gin ti bres, gin ti ddewis. Elli di shagio pwy ti isio. Alla i ddim ... Gin ti wraig? Ti ben dy hun heno? Pam na sa ti'n ffeindio rhywun i'w shagio? Be di'r broblem?"

Gorffennais fy mheint, yn methu ateb ei ddadleuon. Rhaid 'mod i'n edrych yn gyfoethog. Ond roedd e'n iawn, wrth gwrs. Dim ond un peth sy'n cyfri, sef rhyddid – a daw rhyddid o arian. Oherwydd arian, rwy'n gallu ffoi; mae e'n methu. Achos 'mod i'n gallu ffoi, mae hyd yn oed shagio'n bosib. Am nad yw e'n gallu ffoi, iddo fe, dim ond shagio sy'n bosib.

Mai 1998 CYFRES Y CYNULLIAD

Lansio *Cyfres y Cynulliad* yn y Llew Gwyn, deg pamffledyn sy'n cynrychioli ein cyfraniad ni fel gwasg tuag at sefydlu'r Cynulliad y flwyddyn nesa. Daeth nifer o'r awduron draw i Dal-y-bont gan gynnwys Phil Williams, Cynog Dafis, Alun Ffred, Heini, a Simon Brooks, golygydd y gyfres. Maen nhw'n bamffledi siarp, gwybodus, heriol, sy'n trafod popeth o gynllunio ieithyddol i'r economi, o ddiwylliant poblogaidd i gwestiynau sylfaenol fel sofraniaeth: ydi dirprwyo grym yn golygu ildio grym o'r canol?

Wnes i ddim mwynhau'r noson. Roedd gormod ar fy mhlât ac ro'n i'n ymwybodol o'r golled ariannol o gyhoeddi'r gyfres. Gwrthododd y Cyngor Llyfrau roi'r un ddimai o nawdd i ni. Mae'r holl waith comisiynu, golygu, hyrwyddo, a chreu blychau arddangos wedi costio bom, ac onid dyma enghraifft dda o gyhoeddi a ddylai gael nawdd: cyhoeddi sy'n golledus ond yn cyflawni swyddogaeth sifig? Ond na, meddai'r Cyngor Llyfrau, nid llyfrau ydyn nhw, ond 'pamffledi' yn ôl diffiniad Confensiwn Genefa (!) – er bod y cyfan gyda'i gilydd yn dod i dros 300 tudalen o drafodaeth ar bynciau o bwys i ddyfodol Cymru.

Llafur cariad yw'r gwaith i Simon ac i'r awduron hefyd, chwarae teg iddyn nhw. Ry'n ni i gyd yn y gêm er mwyn Cymru. Gobeithio y bydd rhywrai yn rhywle yn sylwi, ac yn darllen, ac yn trafod.

Mai 1998 BARCELONA

Tro arall i Barcelona. Y tro 'ma ro'n i'n benderfynol o ffeindio 'bar Cymraeg' Ian O'Hanni. Ro'n i wedi gweld y fwydlen Gymraeg a luniodd Ian (oedd yn arfer byw yn Nhal-y-bont) ac mae e hefyd wedi cyhoeddi geiriadur Cymraeg/Catalaneg ar y we. Wedi colli fy ffordd am dros awr yn strydoedd canoloesol y Barri Gòtic, ffeindiais y Taberna El Tapes o'r diwedd – a'i nabod oddi wrth y Jac yr Undeb yn y ffenest!

Daeth Ian ei hun i 'nghroesawu ac ymunodd rhai o'i ffrindiau â ni yn y man, gan gynnwys Llio Gwent o Abertawe, un Americanwr amlieithog oedd yn ddarlithydd yn y brifysgol, un gŵr busnes o Sais mewn siwt wen a siwmper polo, a Peter, golygydd llawrydd *ex*-Rhydychen, fel y byddai'n fy atgoffa'n gyson. Eglurodd Ian mai yma y byddai criw *Sgorio*'n dod i fwynhau sesiynau gwlyb wythnosol wrth gasglu eu tapiau o gêmau pêl-droed o'r Camp Nou.

Roedd Peter yn ennill ei damaid trwy ddysgu Saesneg i fyfyrwyr, er heb ddim Sbaeneg ei hun – gwyrth nad wyf erioed wedi gallu'i deall. Yn y man roedd Peter yn rhoi cyngor llenyddol i ferch nobl a chnawdol pan alwodd hi â chyfraniad i'r *Barcelona Review*. Roedd hi wedi gadael ei gŵr/chariad mas ar y stryd ac roedd e'n chwifio'i freichiau ati trwy'r ffenest tra roedd hi a Peter yn trafod ei gwaith mewn *tête-à-tête* hamddenol a chariadus wrth y bar. Eglurodd hi wrthyf mai cylchgrawn llenyddol dwyieithog 'cutting edge' oedd y *Barcelona Review*, yn cael ei gyhoeddi ar y we, ac yn derbyn 'several hundred hits'.

Aeth hi'n noson hir a hwyr. Gorffennodd Peter a fi y noson yn y Pipa Club ar sgwâr y Plaça Reial, hen glwb smygu oddi ar y Ramblas, â llun o Sherlock Holmes a'i bib a'i gap hela uwchben y drws. Gwasgodd Peter y gloch mewn ffordd arbennig i sicrhau mynediad. Roedd y *jazz*, yn anffodus, newydd orffen, ond roedd nifer o gymeriadau *ex-pat* yn llanw'r bar gan gynnwys un fenyw flonegog o waed cymysg â gwefusau mawr blysiog yn gwisgo gwisg denim lac, a dau gyfryngi main mewn sbectols tywyll a dillad du bitsh – a thrôns du, hefyd, ro'n i'n dychmygu.

Dros Glenfiddich ar iâ, eglurodd Peter ei fod hefyd yn fardd ac wedi cyhoeddi rhai cerddi mewn cylchgrawn bychan a gyhoeddwyd yn Hampstead. Dywedodd mai ei safon ar gyfer sgrifennu oedd: 'It must relate a truth with integrity and ability'. Roedd yn amlwg yn garwr mawr o'r iaith Saesneg ond yn poeni dim am y ffordd roedd y *Sun* a'r cyfryngau Americanaidd yn diraddio'r iaith. Rhaid i iaith adnewyddu'i hun o hyd, meddai. Oni chyflwynodd Shakespeare dros fil o eiriau newydd i'r iaith Saesneg, a beth am holl eiriau'r Normaniaid?

Tra o'n i'n teimlo'n eiddigeddus o rywun oedd yn siarad iaith nad oedd dylanwadau estron yn gwneud dim ond ei chryfhau, ro'n i'n cydymdeimlo â'i ddyheadau llenyddol ef a'i ffrindiau. Ychydig oedden nhw wedi'i gyhoeddi, ac ro'n i'n gweld ein bod ni yng Nghymru yn lwcus o allu gwneud hynny'n gymharol rwydd. Gadawon ni'r clwb tua phedwar o'r gloch y bore, a gan egluro fod Barcelona'n ddinas beryglus, bu Peter mor foneddigaidd â'm hebrwng 'nôl i'r gwesty lle ro'n i'n aros.

Crwydro yn ardal y Generalitat, senedd Catalwnia, ar ben ucha'r Barri Gòtic a ffeindio bwyty yr Ateneu Gastronomic, lle braf, golau â waliau o oren pastel a cholofnau clasurol. Cymerais y cyfle i astudio'r aelodau seneddol a'r gweision sifil a'u menywod, oedd i gyd mewn dillad golau *smart casual*, gyda'r pwyslais ar y *smart*. Sylwais fod y bwydlenni a phopeth am y lle yn ddwyieithog: Calataneg/Sbaeneg.

Eglurodd Ian i fi yn nes ymlaen fod y dwyieithrwydd yma'n hollol ddiangen gan fod pawb yn deall Catalaneg. Mae'n ffordd gyfrwys o gryfhau'r Sbaeneg, ac yn bolisi bwriadol gan y llywodraeth ganol. Meddyliais yn syth am effaith niweidiol 'dwyieithrwydd cyfartal' yng Nghymru, sy'n tanseilio'r angen i ddeall a dysgu'r Gymraeg, ac yn cyflwyno'r Saesneg i weithgareddau Cymraeg yn dipyn amlach na'r Gymraeg i'r Saesneg.

Roedd pethau wedi gwaethygu, meddai Ian, ers i'r adain dde ennill grym yn Madrid – er mai ciwed go bwdr oedd y Sosialwyr hefyd. Ar wahân i hyrwyddo dwyieithrwydd diangen, roedden nhw wrthi'n 'safoni' fersiynau lleol o'r Gatalaneg (e.e. ar yr Ynysoedd Balearaidd) er mwyn rhwystro mabwysiadu un iaith safonol dros y wlad i gyd. Hefyd roedd deddfau iaith a basiwyd ynghynt (e.e. yn gorchymyn bod o leiaf 25% o gerddoriaeth ar y radio yn Gatalwnaidd, ac o leiaf 25% o gyrsiau prifysgol) nawr yn cael eu gweithredu'n wangalon a di-gosb.

Soniodd wedyn am ymweliadau Dafydd Wigley â'r wlad – ar wahoddiad Undeb Myfyrwyr Catalwnia, nid y senedd. Gwnaeth araith wych a gafodd dipyn o sylw yn y papurau, yn ogystal â chartŵn. A daeth Dafydd Êl draw hefyd, a'u perswadio i ddangos rhai rhaglenni teledu o Gymru ar un o'u sianelau.

"Yr Alban yw ffefryn y gwleidyddion yma," eglurodd Ian. "Maen nhw'n edrych ar Gymru braidd fel ry'n ni'n edrych ar Lydaw. Maen nhw'n lico chwisgi'r Alban; yn fwy na hynny, mae'r Alban iddyn nhw yn ddrych o Gatalwnia ei hun: yn wlad hyderus, flaengar mewn technoleg, diwydiant a chelfyddyd, ac yn feistri ar drin arian, ac â'r un ethos gwaith."

Gorffennodd y noson – fy un olaf yn Barcelona – yn berffaith wrth imi fynd gyda Llio Gwent i glwb *jazz* Harlem yng nghanol y Barri Gòtic. Mae clwb *jazz* fel steddfod: mewn unrhyw un, gallwch fod mewn unrhyw un y buoch chi ynddi erioed. Daeth y noson i ben yn rhy fuan a chofiais am rybuddion Peter wrth hebrwng Llio i'w fflat ym mherfeddion yr ardal ganoloesol. Wrth ffarwelio sylwais ar y balconi lan uwchben y drws: roedd 'na Ddraig Goch fawr yn hongian i lawr oddi arno, yn arwydd balch o'r ynys fach o Gymreictod sydd yma yng nghanol Barcelona.

Mehefin 1998 GIRONA

Cyrraedd Girona, y ddinas Gatalanaidd go iawn – a theimlo'n dwpsyn llwyr heb yr iaith. Ac yn flinedig: do'n i heb gysgu winc gan i fi wneud y camsyniad o letya gyferbyn â'r eglwys gadeiriol, y mae ei blydi cloc yn taro bob chwarter awr o'r dydd a'r nos. Ildiais i'r eglwys yn y bore a mynd i weld y tapestri godidog o Greadigaeth y Byd. Mae'n dangos saith niwrnod y Creu, a golygfeydd allan o'r chwedlau Cristnogol, gyda Christ yn y canol yn dal Beibl.

Wrth ei edmygu, sylweddolais mai brwydr am feddyliau pobl yw hanes y byd. Y dasg hollbwysig yw creu map sy'n dangos lleoliad dyn mewn patrwm mwy; mae pawb angen cosmoleg. Fel cenedlaetholwyr Cymreig, ry'n ni'n ymladd yr un frwydr â'r Eglwys Gatholig ond heb y cyfoeth a'r artistiaid a'r cerddorion oedd ganddyn nhw at eu gwasanaeth. Dywedodd Harri Webb unwaith mai cenedlaetholdeb yw ein crefydd ni. Yn ein tapestri ni, Cymru sydd yng nghanol y darlun, nid Crist. Ein problem ni yw ein bod ni'n gwybod bod cenedlaetholdeb yn gred eang sy'n gallu egluro popeth, ond ein bod ni'n methu argyhoeddi pobl eraill o hynny.

Yn yr hen ddyddiau, roedd yn bosib sôn am 'fyw dros Gymru'. Roedd Cymru'n ddigon o nod i'n bywydau. Ond nawr ry'n ni'n chwilio am fapiau eraill, a rhesymau eraill i gyfiawnhau be fasen ni'n ei wneud beth bynnag.

Fy nhad yn pregethu am y tro olaf yng Nghapel Gomer, ein capel teuluol yn Abertawe. Roedd e'n ddigon gwych hefyd, o ystyried ei fod yn 87 oed.

Roedd 'da fe ei steil ei hun, wrth ychwanegu ambell i droednodyn i'w ddarllen o'r ysgrythur, ond roedd hiwmor Y Rhondda hefyd yn ymwthio rhwng y sylwadau miniog, lled academaidd. Pregeth gynnes, ond â rhyw sgeptigiaeth iach oedd yn gyson â'r gred sy'n ei gynnal, ac sy'n tarddu o'i wreiddiau yn y Rhondda.

Mynd ag e wedyn am ginio o ddwyawr dda ym mwyty Pierre Victoire gerllaw. Chwaraeai cordiau hiraethus acordion Parisaidd yn y cefndir. Roedden ni'n dau, rwy'n gwybod, yn meddwl am fy mam, a fu farw dim ond ers deufis ac oedd mor hoff o alawon sentimental fel hyn. Fel fy nhad, roedd ganddi hoffter o fyw, diddordeb yn y byd, ac ynni a brwdfrydedd. Er gwaetha'u gwahaniaethau, roedd gan y ddau ohonyn nhw'r peth a ddisgrifiodd Pennar, flynyddoedd yn ôl, fel prif nodwedd fy mam, a'r pennaf o'r rhinweddau: eiddgarwch.

Perygl – dyddiaduron! Mae 'Nhad wedi darganfod rhai fy mam ar gyfer y blynyddoedd 1936–8 pan oedd hi'n byw yn Llundain ac yn ferch ifanc sengl, fywiog, yn ei hugeiniau. Roedden ni'n gwybod ei bod hi'n troi ymhlith y Left Book Club ar gyrion criw Bloomsbury. Yn ei dyddiadur mae hi'n enwi saith neu wyth o gariadon gan gynnwys 'Bambino', 'Nikolaus', y tywysog Rwsiaidd y dyweddïodd ag e, 'Karl Heinz', cyd-weithiwr yn yr Amgueddfa Brydeinig, 'Stanley', cariad hanner Eidalaidd a hanner Iddewig, a 'Ronald', dyn priod a ddywedodd wrthi fod mwy o angerdd yn ei fys bach na holl gorff ei wraig!

Cafodd fy nhad sioc aruthrol wrth ddarllen am y rhain, a neidio i gasgliadau'n syth. Dywedodd na fuasai wedi ei phriodi, petai e'n gwybod am y cariadon yma. Ond roedd 'na lyfr nodiadau gwahanol iawn yn yr un blwch, un a ysgrifennodd yn ei dyddiau olaf lle mae hi'n dweud *Nein* i briodas a chaethiwed y ferch a'i phlant, a *Nein* i rai agweddau ar gelfyddyd yng Nghymru (lle mae'n anghytuno â'i hen ffrind, Pennar Davies).

Cofiais i fy mam ddisgrifio'i hun unwaith fel 'Freidenker', un â'r hawl i gwestiynu popeth, ond pathetig iawn yw'r frawddeg olaf: *Im Schatten Todes, lass sie in Ruhe:* yng nghysgod marwolaeth, gad i'r rhain fod – y syniadau gwrthryfelgar, gwrthsefydliadol yr oedd hi wedi medru eu harddel yn ystod ei chyfnod yn Llundain, ond nid mor rhwydd wedyn.

Hydref 1998 KRAKOW

Hedfan i Krakow. Chwaraewyd yr anthem Bwylaidd wrth i'r awyren ddisgyn i'r maes awyr, gan agtoffa pawb ein bod yn glanio mewn gwlad rydd a balch yng nghanol Ewrop oedd wedi taflu'r Rwsiaid allan ddim ond deng mlynedd yn ôl. Cael fy mhlesio eto wedi glanio, wrth sylwi ar y nifer anghyffredin o glybiau *jazz* oedd yng nghanol y ddinas. Yn amlwg, dyma ddinas waraidd a diwylliedig.

Es yn gyntaf i glwb y myfyrwyr oddi ar sgwâr y farchnad. Miwsig da iawn yna a band ifanc yn chwarae tu ôl i gantores ifanc reit wych mewn gwisg isel, goch. Roedd bachan tua'r hanner cant, â mop o wallt du, yn pwyso'n erbyn un o'r colofnau yn smygu sigarét, a gofynnais iddo pwy oedd hi.

"Agata," atebodd. "Mae'n astudio *jazz* yn y brifysgol. Mae ei thad yn *jazz master.*"

"Pam fod *jazz* mor boblogaidd yma yn Krakow?"

"Ry'n ni'n genedl gerddorol – rhaid i chi fod yn gerddor da i chwarae *jazz* – ond roedd hefyd yn ffordd o godi dau fys at y Rwsiaid."

"Ga i godi potel o gwrw i chi?"

"Na, gymra i lasied o *krupnik*, y fodca melys Pwylaidd. Llawer gwell i chi na chwrw oer."

Trefnon ni i gwrdd nos Fercher yn y Pod Anoliami (Dan yr Angylion), bwyty drutaf Krakow. Roedd yn lle tywyll, traddodiadol â hen dapestrïau yn hongian ar y waliau.

Eisteddai Wieslaw gyferbyn â fi mewn hen siwt ddu, crys gwyn ffrilog â chrys-T fflamgoch odano.

"Coch yw lliw gwaed, lliw bywyd," eglurodd. "Life, I love it!"

Codais y gwydryn gwin coch: "I fywyd!"

"Rwy'n teimlo'n gynnes heno. Rwy wedi edrych 'mlaen at bryd yn y Pod Aniolami ers deunaw mis. Rwy'n gwybod mai gwella wnaiff fy mywyd o hyn ymlaen. Bues i am sbel yn America yn gwerthu systemau sain. Roedd yr arian yn dda ond ces i lond bol ar y *pager* oedd yn blipian arna i bob blydi munud. Nawr mae gen i raglen ar Radio Jazz Krakow. Mae'r tâl yn gnau mwnci ond gwell gen i fod yn dlawd yn Krakow nag yn gyfoethog yn y *fucking* States."

Dôi'r gweinydd draw bob hyn a hyn i lanw ein gwydrau gwin, gan blygu dros y bwrdd, ei law yn cyrlio tu ôl i'w gefn. Pwysleisiodd Wieslaw mor bwysig oedd mwynhau hoe rhwng cyrsiau bwyd, ac wedi'r cwrs cyntaf arweiniodd fi lan i'r ysmygfa Rufeinig ar y llawr cyntaf. Yno roedd dynion pwerus yr olwg a'u gwragedd swmpus yn ymlacio ac ysmygu o gwmpas llyn artiffisial o ddŵr gwyrddlas, yr oedd cerflun o Fenws yn codi ohono.

Wedi eistedd wrth y llyn, cymerodd Wieslaw becyn gwyn, sgleiniog o'i boced a thynnu sigarét drud ohono, un ac iddi ymyl aur. "Aur yw lliw traddodiadol Krakow," dywedodd. "Ond gwell gen i beidio symgu o gwbl na smygu sigarét wael. Ac mae smygu'n dda i chi, wrth gwrs. Mae *stress* yn lladd mwy nag y mae sigarennau. Y drwg ydi'r labeli hyll yna sy'n dweud eich bod chi'n mynd i farw mewn ffordd ddiflas. Rhyw ddydd bydda i'n cynhyrchu rhai fy hun, yn dweud pethau fel 'Mae Smygu'n Llesol', 'Ymlaciwch er Mwyn eich Iechyd', 'Anadlwch ac Arafwch'. Gwell marw'n ddiflas na byw'n ddiflas."

Aeth ymlaen: "Weloch chi Antonio ar y ffordd i mewn? Fe yw'r perchennog. Dwi'n ei nabod ers blynyddoedd. Mae e'n Quality Man, sef dyn llwyddiannus nad yw arian yn bwysig iddo. Dyna gyfrinach llwyddiant, wrth gwrs: peidio gwneud y peth er mwyn arian. Dyw Antonio ddim yn gweithio ei hun – allai e ddim berwi wy heb dudalen o gyfarwyddiadau – ond mae'n deall y peth pwysicaf: sut i hurio pobl. A fe bia Harris Bar, y clwb *jazz*."

"Awn ni draw 'na wedyn?"

"Wrth gwrs. A faint mae hynny'n gostio? 20 *zloty*? Pris baw. Does neb yn gwneud arian allan o *jazz*, mae pawb yn gwybod hynny. Ond nid dyna pam brynodd Antonio'r clwb: mae'n caru'r miwsig.

"Bues i'n gweithio i Quality Man arall, hefyd: Gustav, Almaenwr, *great guy*. Bues i'n gweithio gydag e yn Fienna am saith mlynedd. Roedden ni'n trin gerddi'r miliwnyddion, Iddewon bron i gyd. Ro'n i'n cadw'r busnes i fynd tra oedd e'n mynd i Abyssinia i chwilio am *weed*. Ro'n i'n tapio *codes* y miliwnyddesau i mewn ac yn cael fy nhalu dim ond i siarad â nhw. Bydden ni'n eistedd dan y coed, yn rhan hyfrytaf yr ardd, o gwmpas bwrdd â'r llestri tsieina gorau, dim ond yn siarad am fywyd. Ond cofiwch chi, pan oedden ni'n garddio, roedden ni'n garddio'n uffernol o dda ..."

Daeth yr amser i dalu. A'm cerdyn credyd yn llosgi yn fy llaw, edrychais ar y bil. £120. Craffai Wieslaw arna i'n feirniadol wrth i fi dapio'r rhif pin. "Ond y tip! Ry'ch chi wedi anghofio'r tip! Wedi pryd mor fendigedig, mae Antonio siŵr o fod yn haeddu tip!"

Yn gwingo, ychwanegais 50 *zloty* at y swm.

Aethon ni ymlaen i Harris Bar, ar sgwâr y farchnad. Roedd yn weddol lawn, a band wrthi ar ganol eu set. Goleuodd wyneb Wieslaw pan sylwodd ar y gitarydd blaen, bachan du bitsh o'r enw Mustafa. Tynnodd Wieslaw ei siaced a'i grys gwyn ac eistedd yn ôl yn ei grys-T coch. Dywedodd: "Cymera i *tequila* gyda lemwn a halen y tro 'ma, un mawr."

"Ond eich tro chi yw e nawr!"

Chwifiodd ei fraich yn ddirmygus. "Pff, arian! Ydi e'n bwysig? Rwy wedi talu am bryd i Antonio cyn hyn. Ry'ch chi'n Quality Man eich hun. A *hey*! – drychwch ar Mustafa!" – oedd nawr yn chwarae riff mentrus. "That man play crazy stuff!" Yna cododd ar ei draed, a gweiddi: "Mustafa, go man, go – you real crazy, man!"

Fflachiodd Mustafa ei ddannedd gwynion yn ôl ato. "You crazy too, Wieslaw!"

Des i'n ôl o'r bar â'r *tequila* roedd Wieslaw wedi'i archebu. Cymerodd sip araf o'r hylif melyn a thanio sigarét – un arall o'r rhai hirion yna gydag ymyl aur. Yna eisteddodd yn ôl, a chodi'r gwydryn i fyny, a dweud: "To life! I love it!"

Hydref 1998 DAWNS MARWOLAETH

Lladd amser mewn caffe ar sgwâr y farchnad yn Krakow a phori yn *Krakow in Your Pocket*. Ystyried mynd i gabaret yn seler neuadd y ddinas, yna sylwi ar hysbyseb am Opera'r Masg Du. Meddai'r broliant: 'Mae'r byd hwn yn un o *decadence* mewn arferion, moesau ac athroniaeth. Mae ar y ffordd i ddistryw. Ag egotistiaeth mor rhemp, a ffydd pobl mor arwynebol, mae trychineb yn siŵr o ddilyn. Pan mae ffynhonnell ffydd yn sychu, mae credoau eithafol yn blodeuo, ond arwydd ydynt o wareiddiad hysb ... Dyw gwerthoedd ffug ddim yn creu traddodiad: rhaid iddyn nhw farw, i roi lle i rai newydd a mwy dilys ... Ai dyma, felly, ddawns marwolaeth? Dawns cyfnos gwareiddiad arbennig, cyflwr y mae'r ddynoliaeth yn ffeindio'i hun ynddo bob hyn a hyn ...'

Trawodd fi'n sydyn: dyw hyn yn ddim mwy na'r gwir. Ry'n ni'n byw ar ddiwedd cyfnod o wareiddiad. Ry'n ni'n gwybod hynny yn ein hesgyrn, wrth gwrs, ond mae'n anodd byw gyda'r sylweddoliad: does 'da ni ddim dewis ond cyfaddawdu'n feddyliol â'r rwtsh sydd o'n cwmpas. Ond ddylen ni ddim. Fel mae'r darn yn dweud, byddai'n well i ni baratoi'n feddyliol ar gyfer dechreuad newydd, a dyfeisio traddodiadau newydd, a phlannu hadau gwareiddiad newydd.

1999

Cwrdd â fy hen ffrind coleg Gareth Gregory mewn cyfarfod yn swyddfa Menter a Busnes yn y Parc Gwyddoniaeth, Aberystwyth. Bu Gareth, un o fy ffrindiau agosaf ym Mangor, yn gweithio am rai blynyddoedd i'r Bwrdd Croeso cyn symud i redeg y Pwll Mawr ym Mlaenafon, ac wedyn sefydlu Newidiem, cwmni cynghori busnes yng Nghaerdydd. Fel fi fe benderfynodd ddilyn llwybr anacademaidd gan dorri ei gŵys ei hun.

Cawsom fwgyn tawel y tu fas yn ystod toriad yng nghyfarfod Menter a Busnes, lle buom yn trafod cynllun newydd, pan-Geltaidd ym maes 'twristiaeth ddiwylliannol'. Wrth dynnu ar ei sigarét, dywedodd Gareth: "Ti'n gwybod, rwy'n teimlo fel lleidr pan rwy'n smygu."

"Pam ti'n dweud hynny?"

"Ni yw'r genhedlaeth anlwcus. Doedd ein rhieni uchelgeisiol ddim am i ni smygu, na, nawr, ein plant gwleidyddol gywir. Ry'n ni wedi'n dal rhwng dwy genhedlaeth barchus sy'n ein gorfodi i gydymffurfio ... Deg neu bymtheg mlynedd sy 'da ni ar ôl i fwynhau bywyd. Y cwestiwn nawr yw sut i gipio ein blynyddoedd olaf ar y ddaear oddi wrth y gormeswyr oddi uchod ac isod, fel y cawn ni ryw bleser cyn ein cludo i gartre'r hen bobol."

Mae Gareth wastad yn jocan am y 'cartre hen bobol', ond mae'r jôc yn mynd yn wannach bob tro. Newidiais y pwnc: "Felly beth yw dy farn am y prosiect yma?"

"Mae'n debyg i'r rhan fwyaf o brosiectau sector gyhoeddus."

"Be ti'n feddwl?"

"Cam un: brwdfrydedd cyffredinol. Cawson ni hynny bore 'ma. Cam dau: amheuon. Tri: llanast. Pedwar: chwilio am rywun i'w feio. Pump: beio'r dieuog, a'r cam olaf: gwobrwyo'r euog."

Chwarddais. "Ond rwyt ti'n gwneud gwaith i Menter a Busnes?"

"Ydw, a sai'n eu beio nhw am hynny."

"Glywest ti'r ddamcaniaeth am Menter a Busnes, bod llai o fusnesau Cymraeg wedi dechrau ers iddyn nhw gael eu sefydlu na chynt?"

"Wrth gwrs, mae eu holl hysbysebu yn pwysleisio diffyg menter y Cymry Cymraeg ..."

"*Honedig* ... "

Ond cyn i ni allu dilyn y trywydd diddorol yna, pasiodd dyn mewn siwt heibio i ni, ar ei ffordd yn ôl i'r cyfarfod. "Dach chi'n dŵad yn ôl i mewn, hogia?"

"Mewn munud," atebodd Gareth, "ar ôl i fi orffen y mwgyn 'ma."

Mawrth 1999 UPLANDER

Cwrdd â Gog yn nhafarn yr Uplands, Abertawe. Digwyddais ddweud 'mod i wedi fy magu yn yr Uplands ers pan o'n i'n bump oed, mewn fflat yn Eaton Crescent.

"Ti'n Uplander, felly," meddai Gog.

"Uplander?"

"Ti'n Uplander, ond dwi ddim. Dwi'n byw yma, ond ces i fy magu yn Llundain."

Disgynnodd y geiniog. I fan hyn rwy'n perthyn, y *bedsit-land* bywiog o dai aml-lawr a 'leafy groves and crescents' yn ôl y *Rough Guide*. Ardal Dylan Thomas a pharciau Cwmdoncin a Brynmill, lle roedden ni'n mynd o hyd gyda 'Nhad. Rhan o Abertawe, ryw filltir o'r canol, nad yw'n ddinesig na swbwrbaidd, ac sy'n cartrefu cymysgedd o bobl broffesiynol a chyffredin, a masnachwyr a myfyrwyr, a bohemiaid canol-oed sy'n mynd i gìgs hwyr y Chattery i glywed *teenage angst for the middle aged*.

Yn sydyn, yn falch o fy nghefndir Seisnigaidd, dywedais wrth Gog: "Wrth gwrs, pleidleisiodd yr Uplands dros y Cynulliad. Tua dwy flynedd yn ôl fe welais i bentwr o bapurau ar y bar yn y Mozarts: deiseb dros gael Cynulliad i Gymru. Pleidleisiodd Abertawe dros y Cynulliad, a Chaerdydd yn erbyn."

"Ond Dwyrain Abertawe wnaeth y gwahaniaeth, dwi'n ama."

"Falle, ond yma dylsai'r Cynulliad fod, nid Caerdydd ..."

Wrth orffen fy mheint o Guinness, dywedais: "Bob Griffiths o'n i pan o'n i'n Uplander. Ddylsen i ddim fod wedi newid 'yn enw i Robat Gruffudd. A dweud y gwir, sa i erioed wedi hoffi'r blydi enw."

"Dy rownd di rŵan, Bob. Dwi'n yfad y Guinness oer ..."

Ebrill 1999 Y SOSIALWYR RHYFLGAR

Mae Tony Blair nawr wedi bomio gorsaf deledu yr RTS (y gorfforaeth ddarlledu genedlaethol) yn Belgrade ac wedi lladd 16 o newyddiadurwyr a merched mecyp â thaflegrau £1m yn enw Democratiaeth. Cafodd rhai eu lladd yn syth, eraill eu dal yn adfeilion yr adeilad. *So it goes,* medd Tony Blair: mae'r newyddiadurwyr yma yn rhan o beiriant propaganda'r Gelyn, ac felly'n darged cyfreithlon. Ond os felly, onid oes gan y Serbiaid yr hawl i chwythu lan y merched mecyp a'r dynion camera yn Broadcasting House yn Llundain, ac yn Llandâf o ran hynny?

Mae gwleidyddion fel Tony Blair yn arbenigo, wrth gwrs, mewn lladd o hirbell. Does dim perygl iddyn nhw na'u teuluoedd, na'u cynghorwyr siwtiog. Nododd un sylwebydd craff: "Mae rhai yn galw Bill Clinton, Tony Blair, Joschka Fischer a'r Seňor Solana 'y genhedlaeth newydd o wleidyddion sy'n hanu o ochr flaengar y sbectrwm gwleidyddol'. Roedd pobl yn anghywir i gellwair at dröedigaeth y dynion hyn, a fu unwaith mor elyniaethus i bŵer yr Unol Daleithiau. Mae'r gwir yn llawer iawn gwaeth. Mae'r rhyfel hwn yn cynrychioli'r ymgyflawniad llwyraf o'u dyheadau rhygwladol."

Nodyn: mae llyfr Tim Hartley, *Kicking Off in North Korea*, yn sôn am gêm o wyddbwyll rhwng dau newyddiadurwr na orffennwyd oherwydd y bomio.

Ebrill 1999 KARLSHAMN

Mae fy ffantasi wylltaf wedi dod yn wir! Rwy'n perthyn trwy waed i gantores *jazz* ddu!

Cwrddes i â Maria yn Karshamn, yn Sweden, ym mharti pen blwydd 80 oed fy ewythr Günther. Mae hi'n ferch i

Pyster, sy'n gnither gyntaf i fi. Roedd Maria'n drawiadol o brydferth, ag wyneb perffaith gymesur a chroen esmwyth, olewyddaidd. Mae hi'n gantores broffesiynol ac eisoes wedi rhyddhau rhai CDs. Dechreuon ni sgyrsio am *jazz* cyn cael ein dal gan weddill y teulu, oedd yn llanw'u platiau bwyd o gwmpas y llyn creigiog sydd yng nghanol y Gourmet Grön, un o gadwyn o fwytai llysieuol llwyddiannus a sefydlodd Polle, brawd Pyster.

Canlyniad gwyrthiol yw Maria i noson ddiofal dreuliodd Pyster gyda dyn du pan oedd hi yn y brifysgol. Mae braidd yn anodd credu hyn, gan fod Pyster erbyn hyn yn athrawes Steiner braidd yn llym a dihiwmor. Os caiff hi afael ar blentyn o chwech oed i bedair ar ddeg, dywedodd y byddai'n ffyddiog o allu ei fowldio i'w hewyllys. Roedd y fath agwedd yn fy arswydo. Mae ei chwaer, Christina, hefyd yn athrawes Steiner yn ne'r Almaen; y ddwy dan ddylanwad eu tad, Günther, sy'n 'anthroposoffydd'.

Hefyd yn y parti roedd Eva Monika, cnither a ffrind mawr fy mam, menyw urddasol a dymunol a diwylliedig sy'n byw – ac yn mwynhau byw – ar ei phen ei hun yn München. Mae hi wedi gorfod dysgu llawer am flaenoriaethau bywyd wedi'r drasiedi erchyll a ddigwyddodd iddi yn y tridegau. Fe laddodd ei mam ei hun (chwaer ein mam-gu ni) cyn y rhyfel er mwyn achub ei phlant a gyrfa filwrol ei gŵr fel cadfridog Natsïaidd, ond ar yr un diwrnod – cyn darganfod ei chorff – roedd ei thad wedi sgrifennu llythyr yn cynnig ymddiswyddo o'r fyddin. Ond

Eva Monika

cododd wedyn i uchelfannau'r fyddin cyn marw, ar ddiwedd y rhyfel, mewn carchar yn Mississippi.

Aethon ni am dro hyfryd ddiwedd y pnawn wedyn rhwng y creigiau a'r cerrig ar lan y môr yn Karshamn gan hel atgofion melys am fy mam, er gwaetha fy Almaeneg herciog. Am fy mam roedd fy nhad a fi'n meddwl hefyd, y bore wedyn, mewn eglwys fawr, ysblennydd, oedd yn wyn ac aur i gyd. Roedd hi'n Sul y Pasg, ac wrth i'r côr ganu a'r organ daro cordiau gorfoleddus, roedden ni'n ymwybodol o'r neges fod bywyd yn adnewyddu'i hun wedi pob marwolaeth.

Mai 1999 ROYAL OVERSEAS LEAGUE

Mynd i Lundain i glwb y Royal Overseas League yn St James gyda Richard Booth i lansio ei hunangofiant, *My Kingdom of Books*. Methu credu 'mod i wedi glanio mewn sefydliad mor imperialaidd. Roedd mapiau mawr o'r Ymerodraeth Brydeinig yn hongian yn goch uwchben y grisiau, ynghyd ag arfbeisiau a baneri catrawdol, a phaentiadau o'r tiriogaethau a fu dan bawen y Sais ym mhob cwr o'r byd. Ond ro'n i'n methu peidio â theimlo rhyw edmygedd cudd o – beth yn hollol? Ysblander traddodiad? O Seisnigrwydd pur? Ond wrth esgyn i'r llawr uchaf, cael rhyddhad o weld lluniau ysgafnach, modern, yn cynnwys rhai o ferched lled noeth mewn bicinis gan un Charles Williams.

Roedd llu o dwatiaid dosbarth-uwch yn mynd a dod yma, yn ogystal ag ambell dramorwr tywyll, i gyd yn derbyn gwasanaeth gwasaidd y gweinwyr yn eu dillad pengwin. Cyn y lansiad, bues i'n mwynhau glasied gydag Ian Lowe, artist o'r Gelli, ond yn y cyfamser cafodd ei gar ei glampio @ £85 gan iddo redeg dros y terfyn parcio o 20 munud. Daeth llond stafell i'r lansiad o amrywiol grach a phobl ecsentrig ond cwrtais a gwaraidd. Llwyddais i balfalu trwy fy araith Saesneg, er gwaetha'r teimlad cyfartal o hoffter a chasineb at y lle, oedd yn fy nrysu ar y pryd, ac yn dal i wneud.

Mai 1999 JAN MORRIS

Cael fy ysbrydoli gan araith Jan Morris yng Ngŵyl y Gelli: deallus, ffraeth, at y pwynt, eironig, digwilydd o genedlaethol, ac ysbrydol yn ei phwyslais ar 'merriment' fel nod a dull y Wladwriaeth Sofran Gymreig. Yn llwyddo i ddweud popeth heb amlhau geiriau, ond gyda chyffyrddiad ysgafn, anarchaidd, gwrth-awdurdodol. Pwysleisiodd yr angen am bobl ecsentrig, greadigol, rydd yn y Gymru newydd, ac fe wirfoddolodd ei hun i'r swydd o Lywydd y Weriniaeth.

Cyn hynny ro'n i wedi bod yn gwrando ar ddwy nofelyddes drendi o Islington yn trafod nhw eu hunain (sef testun eu nofelau) yn glyfar iawn am awr neu ddwy. Roedd mwy o wir ddeallusrwydd mewn un frawddeg gan Jan Morris. Byddai'r Weriniaeth Gymreig, yn hytrach nag annog ymddisgleirio a chystadlu personol, yn ein rhyddhau i fod yn ni ein hunain yn ein holl wendidau a thalentau. Mae'r antur genedlaethol yn gymaint mwy diddorol nag unrhyw antur bersonol – eto'n cynnig posibiliadau personol tipyn mwy diddorol nag *affaires* y nofelyddesau o ogledd Llundain.

Neges Jan Morris oedd fod bod yn Gymro yn ddigon, ac yn fraint. Roedd hefyd, meddai, yn agored i bawb – ac yn fater o ewyllys.

Awst 1999 VILNIUS

Cyrraedd Vilnius, prifddinas Lithwania, a dwlu ar y lle. Mae'n fy atgoffa'n gryf o Concordia, y wlad fach ddychmygol, Rwritanaidd yn ffilm Peter Ustinov, *Romanoff and Juliet*. Mae senedd y wlad, adeiladau'r gwasanaeth sifil, y tŷ opera cenedlaethol, a nifer o fwytai crand i gyd yn sefyll mewn un rhes ar y brif stryd, lle cerddai gwleidyddion, artistiaid, gweision sifil a merched drud yn cario bagiau lledr. Byddai Leopold Kohr wedi cymeradwyo.

Mentro i mewn i far drws nesa i'r tŷ opera, ac yno'n eistedd ar stôl uchel roedd dyn smart tua'r hanner cant mewn siwt ddu a chrys gwyn â choler uchel yn swilio glasied mawr o win coch. A'r ddau ohonom ar ein pennau ein hunain, codais sgwrs 'dag e a deall ei fod yn arweinydd cerddorfaol ac yn wir yn arwain cerddorfa'r tŷ opera yn ystod yr wythnos. Ei enw oedd Verhelst Servaas, ond rhaid mai dyma'r diawl mwyaf hunandybus i fi gwrdd ag e erioed. Dywedodd ei fod yn un o ddwsin o arweinwyr cerddorfaol gorau'r byd, yn medru wyth neu naw o ieithoedd, yn gyn-athletwr proffesiynol, ac yn gallu cyfansoddi offeren o fewn wythnos o gael yr archeb. Ond ei falchder mwyaf oedd ei fod yn Fflemiad, fel Beethoven.

"Camsyniad cyffredin," dywedodd, "yw tybio mai Almaenwr oedd Beethoven. Fflemiad oedd e a dyna pam *van*, nid *von*, Beethoven yw e. Trwy wythiennau Fflemaidd ei fam y llifodd ei athrylith gerddorol."

Cynigiodd arddangos ei ddawn fel pianydd mewn gwesty cyfagos yn gynnar y noson wedyn, ond ddaeth e ddim. Heb synnu, crwydrais draw tua'r hen dre gyda'i hadeiladau braf, clasurol. Ar y ffordd, digwyddais daro ar gerflun digon salw o Franz Zappa oedd yn dipyn o arwr yn y gwledydd bychain: roedd Váaclav Havel yn ffan mawr. Er yn gerddor hynod greadigol a gwrth-sefydliad, roedd yn feirniadol o'r 'chwyldro rhywiol', gan ddweud y byddai'n chwalu mwy o fywydau na rhyfel byd, wrth i luoedd dibrofiad daflu'u hunain ar ei gilydd. Doedd 'da fe fawr i'w ddweud chwaith wrth gyffuriau: fe driodd e ganabis ddeg o weithiau, a methu mwynhau unwaith!

Crwydrais i lawr ymhellach i gyfeiriad yr hen dre a tharo ar fwyty Eidalaidd mewn hen adeilad baróc. Yno roedd pedwarawd yn chwarae *jazz* ysgafn, Lladinaidd mewn cwrt deiliog yn llawn byrddau o bobl ifainc hapus. Setlais mewn cornel dawel â glasied o Pinot Grigio. O'r diwedd dyma Vilnius oedd wrth fy modd – ond yna cofiais am y cydweithrediad rhwng y Lithwaniaid â Hitler yn y rhyfel diwetha, a arweiniodd at lofruddio bron y cyfan o boblogaeth Iddewig Vilnius. A ddylen i ystyried hynny nawr? Penderfynais ddilyn egwyddor Leopold Kohr a Llyfr y Pregethwr: bod yna amser i bob peth.

Medi 1999 RIGA

Teithio o Vilnius i Riga mewn trên afiach, drewllyd yn llawn
hen wragedd dan flancedi yn rhechu a fflemio a bwyta crisps
tamp wrth chwarae â bysedd eu traed. Roedden nhw wedi
teithio o Piraeus yng ngwlad Groeg, erbyn deall. Roedd y trên
yn fyglyd a chlawstroffobaidd ond hefyd yn uffernol o araf
ac arhosodd ddwywaith wrth y ffin ar gyfer archwiliad am
fewnfudwyr anghyfreithlon, unwaith gan filwyr Lithwania
ac wedyn gan filwyr Latfia. Roedd y ddwy set o filwyr mewn
gwisgoedd newydd, gloyw, botymog fel o *operetta* gan Franz
Lehar, ac ro'n i'n hoffi hynny.

Roedd Riga ei hun yn wahanol iawn i Vilnius, yn fwy
prysur a chosmopolitanaidd. Fel ei henw, 'Paris y Dwyrain',
roedd yma strydoedd llydain ac adeiladau hardd *art nouveau*
ac afon lydan, ddiog yn llifo trwy ei chanol. Ond stelciai
Rwsiaid boliog mewn crysau gwynion a throwsusau llawnion
ar gorneli'r strydoedd gyda'u ffonau symudol, yn cadw llygad
ar gasinos a bariau tywyll, tanddaearol.

Y bore wedyn, ro'n i am gadw fy addewid i ymweld â
Peteris. Ro'n i wedi cwrdd ag e – cyhoeddwr profiadol tua'r

trigain oed – yn Ffair Lyfrau Prâg. Wedi cerdded dros un o'r pontydd hirion sy'n croesi afon Daugava, des i at ardal agored o adeiladau urddasol, troad-y-ganrif lle roedd cwmni Peteris a'i 35 o staff. Yn ei siwt barchus a sbectol a chyfflincs aur, croesawodd fi i'w swyddfeydd deiliog. Ond dysgais yn gyflym nad mêl i gyd oedd cyhoeddi yn yr iaith Latfieg.

Y dosbarth canol, eglurodd Peteris, yw asgwrn cefn y diwydiant cyhoeddi, yma fel ym mhob gwlad. Ond mae'r dosbarth canol Latfiaidd a Rwsiaidd yn diodde fel ei gilydd yn sgil y chwalfa economaidd yn Rwsia a chwymp y banciau. Ond tra mae'r Rwsiaid – sef traean poblogaeth y wlad – yn troi fwyfwy at y Saesneg, caiff y Latfiaid eu temtio gan y gorlif o lyfrau Rwsiaidd sy'n dod draw mewn lorris o Fosco i'w gwerthu'n rhad mewn stondinau yn y metro ac ar lan yr afon. Hefyd roedd gwendid y cyhoeddwyr Rwsiaidd – oedd bellach wedi'u canoli ym Mosco a St Petersburg – yn effeithio ar ei gwmni e, gan nad oedden nhw'n gallu fforddio prynu hawliau llyfrau Latfieg.

Yn anochel, treuliai Peteris y rhan fwyaf o'i amser yn crafu am grantiau. Allai e ddim fforddio talu mwy na £100 yr wythnos i'w staff, na chodi mwy na £1 neu £1.50 y llyfr: fyddai neb yn eu prynu. O leia, meddai, roedd argraffu lleol yn rhad, os yn arw ei safon. Ac roedd e'n cwyno bod yr awdurdodau'n gohirio'i bensiwn o hyd, a'i orfodi i ddal ati i weithio.

Wrth imi adael, eglurodd ei fod wedi trefnu pryd i ni gyda Rwsiad ifanc. Gyrrodd ni mewn hen fan Skoda wen yn ôl dros y bont tuag at ganol y ddinas. Ar y ffordd i mewn, pwyntiodd at adeilad hardd, wythonglog, mewn gerddi braf, â *chandeliers* yn hongian o'i nenfwd – gwesty crand efallai. "Fan'na roedd yr hen Amgueddfa Celf a Diwylliant, a fi oedd y pennaeth. Ro'n i'n gyrru Merc ac roedd 'da fi ysgrifenyddesau personol a do'n i byth yn cymryd coffi heb *cognac*. Dyddiau da ..."

Ro'n i'n dyfalu i fywyd bras Peteris ddod i ben yn sgil y preifateiddio a ddigwyddodd gydag annibyniaeth yn 1991, ac mai dyna hefyd y rheswm am ei bensiwn ansicr. Ond doedd y noson ddim yn llwyddiant. Ychydig iawn ddywedodd Sergei.

Falle fod ei Saesneg yn brin. Ond pam ei wahodd? Oedden nhw'n ffrindiau arbennig o glòs, neu a oedd Peteris am wneud pwynt ynglŷn â'r Rwsiaid yn y wlad?

Y bore wedyn es i am dro diog ar lan glannau afon Daugava, lle roedd torfeydd yn ymgasglu. Deallais fod cyfarfod gwleidyddol/roc ar fin dechrau, i nodi 60 mlwyddiant cytundeb Molotov Ribbentrop rhwng y Rwsiaid a'r Natsïaid ar ddechrau'r rhyfel dwetha – pennod ddu yn hanes Rwsia a'r blaid Gomiwnyddol, ac achos embaras tan heddiw. Roedd y caneuon roc yn Saesneg a daeth yn amlwg bod yma gariad at NATO a'r Undeb Ewropeaidd, ac edrych ymlaen at y refferendwm sydd i ddod. Ond codwyd fy nghalon gan un placard 'EU = $ = USSR', oedd ychydig yn fwy realistig.

Gyda'r nos es i i glwb *jazz*/theatr o'r enw Hamlet lle roedd criw ifanc mewn gwisg filwrol Latfiaidd yn blastio *jazz* bebop caled mewn stafell ddu â lampau melyn. Codais sgwrs ag Eidalwr ifanc o Bologna, a rhoi'r byd yn ei le yn ei gwmni. Roedd yn dipyn mwy o hwyl na'r noson cynt, a sylweddolais mor lwcus o'n i i fod yn gyhoeddwr yng Nghymru ac nid yn Latfia.

O.N. Ym mis Tachwedd 2000, derbyniais lythyr byr gan ferch ddieithr. Dywedodd: 'Drwg gennyf orfod dweud wrthych fod Peteris wedi marw'n sydyn o waedlif ar yr ymennydd. Ry'n ni i gyd mewn sioc ofnadwy ond rwy'n gwybod y buasech chi am glywed y newyddion gan iddo fwynhau eich ymweliad gyda ni yn Riga.' Druan ag e, meddyliais: chafodd e mo'i bensiwn wedi'r cyfan. Ond o gofio'n ôl, roedd yr arwyddion yna: bachan abl ond dwys yn byw a gweithio 'yn erbyn y ffactore', yn trio cynnal ei wasg gyhoeddi Latfieg mewn gwlad oedd, er gwaethaf annibyniaeth, yn dal i frwydro yn erbyn grym y Rwsiaid.

Hydref 1999 HYWEL TEIFI

Lansio *Llyfr y Ganrif*, y compendiwm hanesyddol deniadol a olygwyd gan Gwyn Jenkins drws nesa, ac sy'n garreg filltir i ni fel gwasg. Daeth tyrfa dda i'r Drwm yn y Llyfrgell Genedlaethol i wrando ar areithiau hwyliog Gwyn ac Andrew Green, y Llyfrgellydd, a Hywel Teifi. Roedd ar ei fwyaf deifiol a doniol, gan alw'r llyfrgellwyr parchus yn 'wancyrs', eto'n byrlymu cawodydd o ffeithiau difyr, annisgwyl. Mae ei berfformiadau eofn yn wersi ynddynt eu hunain mewn hyder a diffyg taeogrwydd – y nodweddion mae Hywel yn gweld mor ddiffygiol yng Nghymry'r ddwy ganrif diwethaf.

Cwrddodd Heini, fy mrawd, ag e unwaith yng ngwesty'r Hilton, Llansamlet, ar ôl bod yn annerch rhai o aelodau'r Academi ar Gwenallt. "Bwlshites i wrthyn nhw," dywedodd Hywel. "Bues i'n siarad am hanner awr cyfan ddim ond am gysylltiadau Gwenallt â'r Allt-wen. A dyna 'niffiniad i o Uffern: gorfod gwrando ar 'yn hunan yn bwlshito i dragwyddoldeb."

Soniodd Heini am ddigwyddiad arall, pan oedd y ddau'n cydweithio yn yr Adran Gymraeg yng Ngholeg Abertawe. Roedd golwg fwy diflas nag arfer ar Hywel un bore yn ei swyddfa, a gofynnodd Heini beth oedd yn bod. Dywedodd ei fod e, fel pennaeth adran, newydd dderbyn pecyn mawr o ffurflenni gan awdurdodau'r coleg. Yn lle bod darlithwyr yn marcio'r myfyrwyr, nawr roedd disgwyl i'r myfyrwyr farcio'r darlithwyr gan roi lliw – e.e. oren neu las neu felyn – iddyn nhw, yn ôl safon eu perfformiad yn y dosbarth. Y fath 'bolycs', meddai Hywel.

"Ac oes *raid* i ni wneud hyn?" gofynnodd Heini.

"Debyg iawn," meddai Hywel, a sgubo'r pecyn cyfan i mewn i'r fasged o dan y ddesg.

Rhagfyr 1999 LWC YR AIL GENHEDLAETH

Mae'n amser Nadolig; cael hoe o'r diwedd. Bu'n flwyddyn brysur, bu'n ddegawd prysur, ond nid dibroblem. Ond mae popeth yn dod i siâp, o ran peiriannau, staff, gwaith ac mae gwasg bedwar lliw ar y ffordd. Fyddwn ni byth eto'n argraffu gwaith lliw ar beiriannau un lliw, sydd mor llafurus. Mae'r staff newydd yn setlo i mewn yn dda – Ceri'n dylunio, Rhiain yn marchnata, Teleri'n gweinyddu – ac mae dau o'r meibion – Garmon a Lefi – yn gweithio'n amser llawn i'r cwmni nawr. Roedd Elena, gwraig Einion, yn gweithio i ni fel golygydd am ddwy flynedd nes iddi ddisgwyl plentyn.

Cael sgwrsys braf yn ddiweddar gydag Elwyn Ioan, yr arlunydd, ein haelod staff cynharaf. Mae e nawr yn gweithio ar ei liwt ei hun a wastad yn fy atgoffa o'r hen amserau, a'r hen

Llun o'r hen ddyddiau diofal: Elwyn Ioan wrth ei dŷ haf

safonau, a'r hen hwyl, ac yn dod â fi at fy nghoed pan rwy'n mwydro 'mhen am fusnes, ac yn cymryd pethau ormod o ddifri. Soniodd am y pnawniau Gwener yna pan o'n i'n dod â chasgen o gwrw cartref i'r gwaith i annog y staff rhan amser ymlaen gyda'u gwaith yn y rhwymfa. Ro'n i'n methu credu'r peth, a phrin yn gallu'i gofio.

Er i fy mam farw y llynedd – a wna i fyth beidio hiraethu amdani – mae bywyd yn dal yn *zuckersüss* – yn felys fel siwgr – fel y dysgodd hi ni i'w fwynhau. Sut bues i mor lwcus? Eto, rwy'n teimlo bod rhywbeth annheg am y lwc yma. Heini a fi sydd wedi cael y manteision o'r erlid teuluol, o ffoi ein mam o'r Almaen i Gymru. Hi gafodd y dioddefaint, y gwaith o gerfio bywyd newydd iddi hi ei hun yn y Rhondda ac yn Abertawe, o ddysgu iaith a diwylliant dieithr. Y cyfan wnaethon ni oedd etifeddu'r bendithion i gyd, yn ddiwylliannol, yn enynnol. Yr ail genhedlaeth yw'r un lwcus. Ni sy'n cyflawni'r addewidion ac yn cael yr hwyl i gyd.

Y Ganrif Newydd

2000

Gorfod mynd i Gaerdydd ar fusnes a tharo draw i'r Bae am ginio gan feddwl cael ychydig o liw cefndir i'm nofel, *Carnifal*. Ro'n i am 'weld' Meirion Middleton, prif gymeriad y nofel – a Llywydd carismataidd Plaid Cymru – yn ei gynefin. Roedd bistro'r Cutting Edge – un hir, trionglog uwchben y dŵr, gyferbyn â'r Cynulliad – yn ymddangos yn fywiog ac es i mewn ac archebu platiad o fwyd bar a gwydraid o win. Ond rai munudau wedi imi setlo wrth y ffenest, pwy ddaeth draw ata i ond Dafydd Elis Thomas ei hun, Llywydd y Cynulliad. Ro'n i'n methu credu hyn. Sut oedd e'n gwybod 'mod i am ei weld e?

Cymerodd lasied o win ei hun, a'm croesawu i'r brifddinas, a dechrau sgyrsio, gyda'r ddawn hynod sydd ganddo. Ry'n ni wedi anghytuno llawer dros y blynyddoedd, ond pan y'n ni'n cwrdd – ac mae eraill yn cael yr un profiad – mae'r holl stwff yna'n cilio i'r cefndir ac yn ymddangos yn ddibwys. Aeth Dafydd ymlaen i sôn am ei genhadaeth o greu gweinyddiaeth i'r Cynulliad ei hun a fyddai'n annibynnol ar lywodraethau'r dydd.

"'Dan ni angan meithrin corff o weision sifil sy'n ffyddlon i'r Cynulliad fel corff deddfu. Fy nod ydi creu strwythur cyfansoddiadol y bydd yn amhosib ei ddad-wneud. Ac mae symboliaeth yn bwysig yn hyn, wrth gwrs. Fi fynnodd ma 'Prif Weinidog' fydda'r cyfieithiad Cymraeg o 'First Minister'. Mae'n rhaid i ni greu'r dyfodol rŵan. Yn awr ma gosod seiliau'r Gymru Rydd ..."

Tra siaradai Dafydd, taflai'r haul resi o gylchoedd meddal ar y wal gyferbyn, lle roedd Aelod Cynulliad yn sgyrsio'n gariadus â'i ysgrifenyddes. Trwy'r ffenest gallwn weld stribyn o ddŵr glas yr harbwr. Safai pyramidiau tywodlyd a chraeniau ar y cei, yn barod i droi'r deunydd crai yn adeiladau llawn pwrpas a gweithgarwch. Roedd Dafydd yn iawn: mae'r dyfodol yn cael ei greu o'n blaenau ni.

Ymesgusododd Dafydd: roedd ganddo ymwelydd tramor i'w groesawu i'r Cynulliad. Diolchais am y sgwrs ac archebu *cappuccino* a thanio sigâr fechan. Nid yn unig ro'n i wedi cwrdd â Meirion Middleton, ro'n i wedi cymryd rhan mewn golygfa yn fy nofel fy hun. Roedd ffaith a ffuglen wedi toddi'n un ac am eiliad lachar sylweddolais nad oedd ots p'un oedd p'un.

Ionawr 2000 LE GALLOIS

Am yr un rheswm, sef ymchwil nofelyddol, roedd yn rhaid swpera yn Le Gallois, y bwyty Ffrengig Gymreig. Hoffi'r lle: golau, cynnes, aml-lwyfannog, â waliau oren a bar glasaidd a'i lond o raciau gwin. Fflyrtio'n ysgafn â'r barferch siriol, Gymraeg, cyn setlo mewn sedd nid rhy amlwg lle gallen i astudio'r *tableau* o bobl hardd, ddinesig, yn gloddesta a mwynhau.

Wrth flasu'r Sauvignon Blanc, sylweddolais beth mor ardderchog yw Cymreictod dinesig – petai'r fath beth yn bod. A Chymreictod pentrefol a chymunedol mor wan, a chefn gwlad ar ei thin ar draws Ewrop, dyma'r unig ddyfodol. Caeais fy llygaid a dychmygu'r math o Gymru fuasai'n bod petai'r lle yma yn hollol fel mae'n ymddangos, yn rhan o gosmos Cymreig a Chymraeg yn cynnwys Cymry hyderus mewn swyddi grymus, a Chaerdydd yn fersiwn Cymreig o Bilbao neu Gaeredin. Gyda'r di-Gymraeg yn gynwysedig, wrth gwrs: arwydd da oedd mai nhw oedd yn y mwyafrif heno.

Wedi fy swyno gan y lle a fy meddalu gan y gwin, anwybyddais y pethau negyddol: ein niferoedd bach, ein gwendid gwleidyddol, ein diffyg hunan-gred. Mae cymaint o'n plaid ni: iaith a diwylliant, talent, hanes, *joie de vivre*. Pam felly ydw i'n sgrifennu nofel yn dychanu'r Gymru ddinesig? Onid yw adfywiad dinesig yn amod ar gyfer achub gweddill Cymru, trwy all-lifiad – y tro hwn – o dalent ac o hyder i swyddi Cymraeg yn yr ardaloedd Cymraeg?

Mawrth 2000 LLYTHYRAU FFUG

Methu nofio'n iawn heno achos 'mod i'n chwerthin cymaint
am ben llythyr 'Dafydd Evans, Ffwrch y Gaseg' yn *Y Cymro* yn
canmol 'blaengarwch' y papur yn dod mas ar ddydd Sadwrn
yn hytrach na dydd Gwener neu ddydd Iau. Dim ond cymryd y
piss, a'r *Cymro* mor dwp â'i argraffu. Ro'n i'n peswch ac yn tagu
bob hyn a hyn, gan mor ddoniol y llythyr dibwynt.
Mae sgwennu llythyrau ffug i'r wasg yn draddodiad hir ac
anrhydeddus yng Nghymru. Mae Lefi'n eu sgrifennu nhw o
hyd dan wahanol enwau, ac mae gan fy nhad saith ffugenw
at y pwrpas. Rhag iddo gawlio, mae 'da fe gerdyn bach yn
ei ddesg lle mae'n nodi'r gwahanol enwau a chyfeiriadau, y
mathau o inc a theipiadur, ynghyd â'u gwahanol safbwyntiau,
yn amrywio o'r cendlaetholgar strêt i'r gwerinol/sosialaidd
(gyda chyfeiriad yn Llansamlet) i'r llym/Rydychenaidd (gan
ddefnyddio cyfeiriad Stafell Gyffredin All Souls).
Mae un o'r llythyrwyr yn fwriadol dwp o wrth-Gymreig ac ar
un achlysur arbennig, hysbys dim ond i rai, cynhaliodd fy nhad
ddadl ffyrnig ag ef ei hun dros gyfnod o fis ar dudalennau'r
South Wales Evening Post.

Ebrill 2000 HEIDELBERG

Tro i Heidelberg gyda Heini i gwrdd â rhai o'n cefndryd i
drafod cynhyrchu cofnod teuluol – llyfryn efallai, mewn
argraffiad preifat – o gyfnod cythryblus y rhyfel. Bu farw ein
hewythr Günther o Sweden y llynedd ond aeth Heini draw ato
mewn pryd i gasglu ei drysorfa o ddogfennau teuluol. Roedd
Günther yn gwybod am ddoniau Heini ac yn amlwg wedi
penderfynu rhoi'r cyfrifoldeb iddo fe, yn hytrach na'i gefndryd
Almaenaidd a Swedaidd.
Roedden ni'n lletya ym mhentre Neckarhausen y tu fas
i Heidelberg, lle mae ein cnither Ute, sy'n seiciatrydd, yn
byw gyda'i gŵr, Detlev, sydd hefyd yn seiciatrydd. Buom yn
mwynhau'r bore yn y palas crisial o bwll nofio, y pnawn ym
mhentre tylwyth teg Ladenburg yn cael *Kaffee & Kuchen* yn
yr haul crasboeth, a'r nos yn crwydro hen dafarnau myfyrwyr

Heidelberg. Y bore wedyn cyrhaeddodd Paul Ulrich, cefnder arall i ni o Bielefeld, a Christina, cnither i ni o Sweden a'i gŵr, Michael, 'llawfeddyg' sy'n gweithio ar y corff 'etherig' ond roedd yn amlwg yn gwneud arian da, a barnu oddi wrth ei Audi A6 newydd sbon.

Cawson ein cludo yn yr Audi arian gyda'r nos i'r Wolfschloss (Castell y Blaidd) ar gyrion Heidelberg, gwesty hynafol lle byddai Richard Wagner yn mwynhau ambell beint. Roedd Christina'n ddoniol, yn taflu ymadroddion twp, Saesneg i mewn i'r sgwrs fel "I am not amused". Soniodd am ddyddiau olaf ei mam, Edith, yn Sweden, ar ei gwely angau achos cancr, yn cael siampên a siocled bob bore i frecwast, *massage* i ginio, a *gâteau* Fforest Ddu i de.

Y bore olaf buom yn trafod y prosiect yn yr haul yng ngardd Ute. Fel seiciatrydd, roedd hi'n awyddus i gofnodi nid yn gymaint y digwyddiadau eu hunain, ond eu heffeithiau ar feddyliau pobl. Yn ffodus roedd gan eraill syniadau mwy ymarferol a phenderfynwyd yn y diwedd y dylai pob un gynhyrchu ei ddogfen ei hun, a chwrdd eto. Ond wrth adael Heidelberg, ro'n i eisoes yn gwybod, os na fyddai Heini'n gwneud y job, na fyddai neb arall.

Medi 2000 Y SYRCAS GENEDLAETHOL

Mynd i erddi'r Plas, Machynlleth, ar gyfer dadorchuddio cofeb gan Ieuan Rees i Owain Glyndŵr. Roedd y mudiad cenedlaethol mas yn ei nerth: Dafydd Wigley a chriw o Bleidwyr selog ochr yn ochr ag aelodau o Gymru Annibynnol a gweddillion yr FWA. Yn un gornel, Cymdeithas Owain Glyndŵr (y criw o haneswyr parchus, canol-oed o'r de-ddwyrain a wnaeth y gwaith caled o archebu a thalu am y gofeb), gyda Llysgenhadaeth Owain Glyndŵr (oedd yn llawn sen o'r gymdeithas barchus honno) yn y gornel arall. Ac yn y canol yn rhywle, ni a'r cylchgrawn *Cambria* yn bachu ar y cyfle i werthu teis a stampiau post.

O dan yr haul braf, dechreuodd y seremoni ag areithiau tanbaid gan John Humphries (cyn-olygydd y *Western Mail*) a Kenneth Griffith, yr actor. Wedi cyfraniad llai cynhyrfus gan aelod o Gymdeithas Owain Glyndŵr, daeth Côr Cochion Caerdydd ymlaen i gloi'r seremoni. Ond doedd hynny ddim yn ddigon i ddirprwyaeth yr FWA, oedd am weld datganiad o genedlaetholdeb mwy digyfaddawd i goffáu arweinydd ein gwrthryfel cenedlaethol diwetha. Daeth tri ohonyn nhw i'r llwyfan ag Iwnion Jac a chan o betrol a socian y naill yn y llall, a sefyll 'nôl, a rhoi matshen i'r faner. Ond wnaeth hi ddim tanio. Na'r ail, na'r trydydd tro.

Yn dawel fach, mae'n rhaid bod hyd yn oed aelodau mwyaf parchus y gynulleidfa yn teimlo embaras nad oedd cynrychiolwyr cenedlaetholdeb milwriaethus cyfoes ddim hyd yn oed yn gallu tanio Jacen, ond dilynodd pawb orymdaith y 'milwyr' o gwmpas y dre. Diolch byth, roedd Twm Morys a chriw o feirdd yn perfformio wedyn yn y Plas, ac roedd hynny'n hwyl – ond tybed beth oedd Owain Glyndŵr yn ei feddwl, os oedd e'n edrych lawr o'r nefoedd ar y cyfan? Oedd e'n troi ar ei gwmwl am y tro olaf?

Hydref 2000 SARAMAGO

Noson mas yn Lisbon gyda Pedro a Joanna, myfyrwyr ymchwil sy'n ffrindiau i Lefi. Mwynhau pryd mewn bwyty bach ar y Chiado a gwydrau oer o win lleol wedyn ym siop lyfrau fawr, fodern José Pinho, oedd yn cynnwys bar yn ogystal â llwyfan berfformio. Ond doedd gan Pedro a Joanna ddim teyrngarwch Portiwgeaidd – 'stwff diangen adain-dde' oedd hynny – gan dreulio tipyn o'r noson yn cwyno am gyflogau isel, prinder swyddi, a diffyg tâl di-waith.

Penderfynais ymweld â Lisbon hŷn a mwy rhamantus y nosweithiau wedyn yng nghwmni *Blwyddyn Marwolaeth Ricardo Reis*, nofel José Saramago. Mae'n disgrifio bariau'r Chiado a'r Baixa fel roedden nhw yn 1936, ac mae'r llyfr yn llawn cariad at Bortiwgal a chasineb at ryfelgarwch yr Almaenwyr a'r gwledydd mawrion, a dyw e ddim yn orhoff o'r Sbaenwyr, chwaith. Maen nhw'n gyffredinol haerllug ac yn ymddwyn tuag at y Portiwgeaid mewn ffordd debyg iawn i 'r Saeson atom ni'r Cymry.

Ond ro'n i'n cael gwaith dygymod ag arddull y boi. Mae'r

brawddegau'n rhy hir, does dim atalnodi, ond eto mae'n eich graddol swyno a'ch meddiannu. Mae e'n gosod ei hun fel cymeriad yn y nofel, bachan ychydig yn ddiamynedd a rhagfarnllyd – sy'n creu bwlch diddorol rhyngddo ef a'r 'awdur'. Mae arbrofion Saramago ag arddull yn rhan o frwydr barhaus pob awdur da 'yn erbyn' iaith. Mae'n teimlo fod iaith yn ymyrryd o hyd, yn rhwystro'i fynegiant, ac mae'n dweud mewn un lle mai'r geiriau gorau yw'r rhai sy'n mynegi dim!

Byddai fy mam weithiau'n sôn weithiau am berygl geiriau, y pethau bach styfnig, hunanbwysig yna sy'n mynnu cael eu ffordd eu hunain gan ddargyfeirio'r meddwl ar hyd llwybrau parod. Roedd hi'n amheus o unrhyw un oedd yn siarad neu sgwennu'n rhy rwydd. Mae geiriau, mor aml, yn sgleinio mynegiant ond yn camgyfeirio'r meddyliau gwreiddiol yn hytrach na'u cyfleu. Mae Saramago'n gwneud y gwrthwyneb: yn cydio'n dynn mewn ystyr, a phlygu geiriau i'w ffitio.

'The purpose of words is to disguise thoughts', meddai un dywediad Saesneg, ac mae un Tsieineeg gan Lao Tse sy'n dweud: 'Nid yw geiriau gwir yn brydferth, nid yw geiriau prydferth yn wir."

Hydref 2000 TANGOFIO

Treulio'r bore yn yfed *cappuccinos* a smygu sigarilos yn yr haul ar balmant llydan yr Avenida De Liberdade, Lisbon. Dechrau llithro oddi wrth fy stad feddyliol orchmynnol arferol, a meddwl am Avenidau a phromenadau eraill, a thraethau glas a phnawniau hirion, a llethrau mwynion a *jazz* diog mewn dinasoedd newydd, ac rwy'n sylweddoli mor bwysig yw tangofio ac mor hawdd yw anghofio tanbrofiadau. Mae atgofion arwynebol yn ymchwalu a diflannu, ond mae tangofion yn graddol gysylltu ac ymdoddi'n gylchoedd araf a ry'ch chi'n sylweddoli mai cylch yw bywyd wedi'r cyfan, lle ry'ch chi'n dychwelyd yn reddfol i'r un pwyntiau yn hytrach na symud ymlaen ar ras i Dduw a ŵyr ble.

Pan rwy'n sylweddoli hyn – fel nawr, er enghraifft – rwy'n methu credu sut 'mod i'n gallu anghofio tangofio o gwbl.

Mae mor syml, ond yn anodd hefyd. Mae cofio normal, dan amgylchiadau da, yn gallu llithro i mewn i hyfrydwch dwfn tangofio, ond fel arfer mae rhywbeth twp, 'pwysicach' yn codi ei ben o hyd, ac yn ein caethiwo eto fyth mewn manylion amherthnasol.

Tachwedd 2000
BOB DELYN

Bob Delyn yn y Cŵps neithiwr. Cerddorol wych, ysbrydol, achubol. Digyfaddawd, gwallgo, Cymreig a mwy gwreiddiol a gwefreiddiol na'r cerddorion yna sydd â'u 'llygaid ar bellafoedd y ddaear'. Taflenni Cymru Annibynnol ar y byrddau – a Chymru Annibynnol yn y miwsig a'r perfformiad. Het o ddyn, bwrw'r gwraidd, taro'r nerf Gymreig; heriol, doniol, chwyldroadol gyda Che Guevara o ddrymiwr. 'Waliau' oedd un o'i ganeuon, y gair tabŵ.

Ond rhaid wrth waliau i gynhyrchu stwff mor wreiddiol â hyn, a wal sydd angen rownd Cymru.

Tachwedd 2000 *O'R CANOL I LAWR*

Cyhoeddi *O'r Canol i Lawr*, nofel gan Ems.* Codi copi o'r rhwymfa, a meddwl: pam nad *O'r Canol i Fyny?* Dyna'r norm heddiw: egluro'r uwch yn nhermau'r is, yn hytrach na fel arall. Nid nofel Ems yw'r broblem – mae'n ddigon difyr – ond mae'n codi'r cwestiwn: ydyn ni yn Y Lolfa, yn ein hawydd i fod yn boblogaidd, yn cyfrannu, heb sylweddoli hynny, at y twpo lawr sy'n digwydd ym mhobman: sef nid llai na gerwino gwareiddiad, *'the coarsening of civilization'?*

Cymerir yn ganiataol y dyddiau hyn mai blys – 'o'r canol i lawr' – yw'r cymhelliad sylfaenol, y peth sy'n gyrru pobl, a bod diffyg blys a thrachwant yn arwydd o wendid a henaint.

Mae hyn yn safbwynt hynod naïf. Mewn gwirionedd, arwydd o ddiffyg blys yw'r orfodaeth i deimlo blys. Mae pobl sydd â blys wastad yn ymladd i gadw eu hysfaoedd dan reolaeth. Ond i bobl hesb, mae gweddillion blys yn cynnig prawf olaf, desbret iddyn nhw eu bod yn dal ar dir y byw.

* Emyr Huws Jones, y cyfansoddwr poblogaidd.

Tachwedd 2000 PARCHUSRWYDD

Mynd i ddarlith yn y Llyfrgell Gen heno, dan nawdd y Cyngor Llyfrau, a methu deall pam fod angen i'r cyfan fod mor sych. O ble daeth y fath barchusrwydd? Ai ffactor o'r Sector Gyfforddus yw e, yn codi o angen cyrff cyhoeddus i blesio'u cyflogwyr yn y llywodraeth? Neu o gapelyddiaeth, o Fethodistiaeth yn arbennig – o gapel arbennig yn Aberystwyth, hyd yn oed? Neu ai Academia sydd ar fai? Oes yna ryw Don Academaidd Cymraeg sydd yn edrych dros ysgwydd y siaradwyr trwy'r amser? Neu ydi'r eglurhad yn symlach: ai math o daeogrwydd yw'r parchusrwydd yma?

Ategwyd hyn gan athro coleg sy'n cadeirio un o bwyllgorau'r Cyngor Llyfrau ac a ddywedodd bod pwyllgor o Saeson wedi bod yn galw am 'safon' mewn llyfrau Cymraeg. Mae'r gair yna wastad yn gwneud i oleuadau fflachio yn fy mhen – ond dyma ni eto yn edrych tuag at Loegr. Mae'r traffig syniadol wastad yn symud o'r dde i'r chwith yn ddaearyddol, fel mae Hywel Teifi'n pwysleisio o hyd. Pam na allwn ni ddychmygu pwyllgor o Gymry yn rhoi barn ar 'safon' llyfrau'r blydi Saeson?

2001

Ionawr 2001 UWCHBARTI CALAN

Mynd i barti Calan dosbarth canol-uwch Cymraeg. Yfed gwydryn o sangria trwy welltyn streipiog cyn symud at y byrddau tapas – a methu peidio rhyfeddu at safon byw'r dosbarth uwch Cymraeg. Teledu sinemataidd, raciau gwin, ffridj y gallech chi gerdded mewn iddo (a byw ynddo am rai dyddiau petaech chi'n ffoadur), system sain yn chwarae Catatonia, lluniau olew o Ben Llŷn ar y waliau, a ceir Almaenaidd yn y garej – â phlatiau personol.

Dadleuodd Gareth Miles mai brwydr dosbarth mewn gwirionedd oedd brwydr yr iaith, brwydr i sicrhau swyddi a statws i'r Cymry Cymraeg. Aeth dros fil i lysoedd a dau gant i garchar rhwng y chwedegau a'r nawdegau. Roedd yn frwydr lwyddiannus a chrëwyd cannoedd o swyddi da – yng Nghaerdydd yn bennaf – yn sgil ennill statws cyfreithiol i'r iaith a sefydlu sianelau teledu a radio, a'r Cynulliad erbyn hyn.

Ond pam yr *holl* gyfoeth? Oes angen pia cynifer o bethau? A sut daeth hi i hyn? Ai gwreiddiau gwerinol y bobl hyn yw'r rheswm, y cof teuluol am dlodi cymharol, os ewch chi'n ôl ryw ddwy genhedlaeth? Neu ai fi sydd ar fai am fethu mwynhau cyfoeth – na llwyddiant, hyd yn oed – yn iawn, oherwydd cof teuluol o fath gwahanol? Yn rhywle yng nghefn fy meddwl mae'r holl Iddewon clyfar, llwyddiannus yna oedd â busnesau blaengar ym Merlin yn y tridegau, a gollodd y cyfan dros nos. Dyna ddigwyddodd i fy nhad-cu, am iddo briodi Iddewes. Collodd ei fusnes, ei wraig, ac yna'i galon.

Cymerais ail sangria, a rhoddodd rhywun y Beach Boys ymlaen, ac ro'n i'n teimlo'n well ac fe ddechreuais ar y gwin coch ac yn wir roedd yn barti digon da.

Mai 2001 MARTIN ECKLEY

Marw Martin Eckley. Felly dyna'r cyntaf o'm ffrindiau coleg wedi mynd. Bachan cynnes, difyr, craff a diwyd. Bydden ni'n aml yn rhoi'r byd yn ei le yn hwyr y nos dros fygiau mawr o goffi yn ei stafell gornel yn Neuadd Reichel. Roedd Martin yn hŷn na ni o flwyddyn neu ddwy, ond dyna ni, finis: ein *innings* ni drosodd, i bob pwrpas. Ai dyna'r cyfan oedd e? Ymlafniwyd ar ambell brosiect, cafwyd rhai llwyddiannau tymhorol ac ambell fethiant, codwyd teuluoedd, cynhaliwyd aduniadau (anamlach gyda'r blynyddoedd), yfwyd ambell beint, athronyddwyd yn arwynebol … *so that's it*, ife?

Hwyl, felly, Martin. Roedd yn braf dy nabod, yn braf iawn. Ond pwy fydd nesa? Oes gwahaniaeth? Mae'n cyfraniad pitw ni heibio, am ei werth, a Dail Marwolaeth eisoes yn disgyn o'r coed.

Gorffennaf 2001 MYNYTHO

Cyfarfod sefydlu Cymuned yn Neuadd Mynytho, yr adeilad sy'n symbol o'r diwylliant gwledig, Cymraeg sydd dan fygythiad. Wedi dyddiau o drefnu manwl, roedd yn ddiddorol gwylio'r dydd yn datblygu ei rythm ei hun. Allen ni ddim fod wedi sgriptio'r cyfarfod yn well gan na allen ni rag-weld angerdd ac amseru perffaith y cyfraniadau o'r llawr. Roedd fel petai Cyfarwyddwr cudd yn rheoli'r cyfan o'r tu ôl i'r llenni.

Wrth i bobl ddod i mewn, roedd cân Geraint Jarman 'Dal dy Dir' yn chwarae ar y system sain a baner fawr ddu â'r un geiriau ar y llwyfan. Dechreuodd y neuadd lanw, a gorlanw: bu'n rhaid i nifer dda sefyll y tu fas. Cadwai Simon Brooks – pensaer y cyfan – lygad barcud ar y gweithrediadau gan fartsio lan a lawr gyda'i fobeil, yn ffigwr du, dinesig a dieithr ymhlith y dyrfa frith. Dechreuodd yr areithiau o'r llwyfan ac ymlaciodd Simon o'r diwedd, yn hapus â'u negeseuon 'hard line'. Wedyn daeth y cyfraniadau o'r llawr, rhai clir a grymus ac o'r galon; yna munud o dawelwch Zenaidd cyn i bawb godi i ganu 'Hen Wlad fy Nhadau' gydag angerdd anghyffredin.

Wedi blynydd-oedd o'i anwybyddu gan y pleidiau a'r mudiadau, cafodd Cymreictod naturiol gyfle, o'r diwedd, i fynegi'i hun. Roedd y cyfarfod yn gatharsis torfol. Roedd pobl mor ddiolchgar bod rhywun o'r diwedd wedi dweud y gwir am eu sefyllfa. Soniodd sawl un am y teimlad o fod â'u cefnau yn erbyn y wal yn eu cymuned eu hunain, o gael eu cau i mewn gan estroniaid, o chwilio'n ofer am gyngor a chysur. Doedden ni ddim yn haeddu eu diolchgarwch na'r cyfrifoldeb roedden nhw wedi'i roi ar ein hysgwyddau: nid llai nag achub y cymunedau Cymraeg rhag difodiant.

Gorffennaf 2001 HENAINT

Galw gyda fy hen ffrind Bill Edwards yn Ysbyty Bronglais. Doedd e ddim yn edrych yn rhy dda a do'n i ddim yn siŵr beth i'w ddweud wrtho. A ddylen i esgus fod popeth yn normal wrth Bill, sy'n foi craff a deallus? Bu'n sgrifennu colofnau golygyddol i'r *Western Mail* cyn symud i Lundain i ddilyn gyrfa frenhinol, yn gyntaf yn Clarence House yn gwasanaethu'r Prins ac wedyn i Balas St James fel ysgrifennydd personol i gerflunydd y Cwîn ei hun.

Bill agorodd y sgwrs trwy sôn am y gwahaniaeth rhwng agwedd gwareiddiadau'r dwyrain a'r gorllewin at henaint. Yn y gorllewin, dirywiad yw henaint yn dilyn uchafbwynt ieuenctid yn yr ugeiniau. Wedi i ieuenctid ddod i ben, treulia pobl weddill eu bywydau – sef y rhan fwyaf ohono – yn esgus bod yn ifanc, fel arfer yn dra aflwyddiannus. Yn y dwyrain, ar y llaw arall, wedi ansicrwydd ac anaeddfedrwydd ieuenctid, henaint yw'r uchafbwynt mewn doethineb a hapusrwydd a pharch.

Ond doedd dim golwg rhy hapus ar Bill. Faint o'i henaint sydd 'da fe ar ôl? Ac mae'n sylweddoli hynny, dyna'r broblem. Dylsen i fod wedi bod yn fwy joli. Fasen i ddim wedi twyllo Bill, mae'n wir – ond dylsen i fod wedi trio.

Gorffennaf 2001 SESIWN FAWR

I Sesiwn Fawr Dolgellau gydag Enid a Franziska Ross-deutscher, merch hyfryd o Jena yn Nwyrain yr Almaen sy'n gweithio i ni dros yr haf. Y sgwâr yn llawn o hogia a genod ni, llawer yn ymarfer eu hen hawl i biso a chwydu'n gyhoeddus.

Beth oedd Franziska'n feddwl, Duw a ŵyr. Ond cwrdd â sawl hen gydnabod, sawl merch bert. Mynd draw i glywed Einion yn chwarae'r sacs ym mand Twm Morys – roedd wrth ei fodd; wedyn aeth Enid a fi am ddiod i dafarn y Cross Keys. Yno, yn y bar, daeth Saesnes bowld lan ati, a hwrjo cyffuriau arni'n ddigwilydd ac agored – am bris, wrth gwrs. Ro'n i'n methu credu beth welais i.

'Nôl wedyn i'r sgwâr a rhannu 4-pac o Fosters gyda Simon. Roedd e'n hapus â'r ffordd yr oedd pethau'n mynd ym mudiad Cymuned, wedi llwyddiant cyfarfod Mynytho. Soniais am y profiad diflas yn y Cross Keys. "Be ti'n ddisgwyl?" meddai. "Gynnon ni fewnlifiad, 'sti."

"O leia mae'r pwnc yn cael ei drafod nawr, diolch i ti ac i Cymuned."

"Mynytho oedd y rali iaith fwyaf ers yr wythdegau," meddai Simon gan gymryd swig o'r Fosters. "Ni'n *mass movement* nawr. Y cam nesaf: reiat yn Ninbych!"

Cymerais lwnc fy hun o'r lager. Roedd y sgwâr yn llawn Cymry ifainc yn mwynhau eu hunain yn ddigwilydd. Teimlais don o hyder cynnes: maen nhw yma o hyd, trigolion y trefi a'r pentrefi Cymraeg, ac mae mudiad yn bod o'r diwedd i'w hamddiffyn.

Awst 2001 PHILIP JONES GRIFFITHS

Steddfod dda yn Ninbych. Mwynhau dwy noson o uchelwylio ac êlio: Stomp yn Neuadd y Dre, a Løvgreen neithiwr yn y Tarw. Yn y prynhawn, cael blas arbennig ar sgwrs yn y babell Gelf a Chrefft gan y ffotograffydd byd-enwog Philip Jones Griffiths. Dangosodd ddelweddau trawiadol a dynnodd o bentrefwyr tlawd, duon, hanner noeth yn tyrru o gwmpas set deledu gymunedol yn rhywle yn Affrica, ac aeth i ymosod yn ddidrugaredd ar imperialaeth economaidd a diwylliannol yr Amerig. Dywedodd: "Yn y pen draw, fe fyddwn yn prynu'r un pethau, yn dilyn yr un arferion, yn siarad yr un iaith – ac yn meddwl yr un meddyliau."

Roedd yn gyffrous cael cip ar yr argyhoeddiadau dyfnion

a daniodd y delweddau bythgofiadwy o'r rhyfel yn Vietnam, fel y wraig oedd yn dal ei llaw denau, ddu yn erbyn ei phen, a lapiwyd yn llwyr mewn cadachau gwyn, â label yn hongian ohono. Dywedodd: pa hawl oedd 'da ni, orllewinwyr, i orfodi ein crefydd anhapus ni ar frodorion Affrica. Galwodd Gristnogaeth yn 'gwlt marwolaeth', ac wrth gwrs, ym mhob capel ac eglwys ar draws y byd, mae Cristnogion yn addoli delw o rywun sy'n cael ei arteithio i farwolaeth.

Hon oedd y steddfod gyntaf i Gymuned, a chawson ni lansiad da i lyfr Simon Glyn, sef casgliad o'r llythyrau a dderbyniodd ynglŷn â'r mewnlifiad. Roedd Simon Brooks unwaith eto'n wych wrth drin y wasg: mae'r papurau a'r cyfryngau nawr yn llawn sylw i'r mewnlifiad Seisnig. Ond galwodd *rabbi* dwl o Lambed ni'n 'Natsïaid' ar dudalen flaen y *Daily Post*. Yn gall iawn, penderfynodd Simon ei anwybyddu.

Yn anffodus, mae 'na ginc difrifol mewn rhai Iddewon Cymreig. Dy'n nhw ddim yn deall mai dau beth hollol groes i'w gilydd yw ein cenedlaetholdeb ni a 'chenedlaetholdeb' llofruddiol Hitler. Ond mae cenedlaetholdeb yr Iddewon yn iawn bob tro. Wedi'r Holocost, allan nhw wneud dim o'i le.

Awst 2001 ANARCHO-FRENHINIAETH

Mynd â Franziska Rossdeutscher draw i weld ymerodraeth Richard Booth yn y Gelli. Derbyniodd y Brenin ni'n rasol a'n tywys o gwmpas ei gastell a'i diroedd, a'n gwahodd wedyn i'w *State Room* gyda'i golygfa braf dros y dref a bryniau'r gororau. Yno dangosodd rai o symbolau ei frenhiniaeth – ei goron aur, ei orsedd, a'i 'Patriotic Machine', sef peiriant mae'n rhaid i bob dinesydd blygu glin iddo cyn mwynhau sylw'r Brenin. Pan ddigwydd hynny, mae'r peiriant yn taro cordiau dwys, emosiynol Anthem Genedlaethol y Gelli.

"You see, we are an independent kingfom," eglurodd Richard, "and people sometimes ask me: what would Hay do about defence? My reply is the same as Screaming Lord Sutch: I'd creosote it twice a year!"

Yn falch o gael cynulleidfa, parablodd Richard yn ffri

Richard Booth, Brenin y Gelli

gan neidio o bwnc i bwnc fel glöyn byw. Cyn i ni ymadael, rhoddodd gopïau i ni o gyfres o 'glasuron poced', gyda chloriau lliwgar, sgleiniog, oedd yn cynnwys gwaith awduron gorau'r byd. Eglurodd mai *remainders* oedden nhw, yn cynnig ffordd ddelfrydol o gyrraedd at hanfodion meddyliau meistri'r canrifoedd, heb orfod eu darllen. Cydiodd yn un ohonyn nhw, a dweud: "The second-hand book is for the mind; the new book, the ego. The market for the new book is national; for the second-hand book, international."

Mentraf drio crynhoi rhai o safbwyntiau Richard:

1. Trychineb absoliwt yw'r drefn gyfalafol fel dull o fyw, fel hefyd yr egwyddor o 'fasnach rydd' sy'n creu hafoc amgylcheddol a dyngarol ar draws y blaned. O dras teuluol milwrol, mae Richard yn gwrthod y drefn gyfalafol a'r drefn fiwrocrataidd fel ei gilydd, sydd ill dwy yn dinistrio'r lleol. Ei gasbeth yw archfarchnadoedd, sy'n lladd y cynhyrchydd lleol,

y crefftwr lleol, y gymdeithas leol, a diwylliant lleol, ac yn sugno arian allan o'r fro.

2. Does dim pwynt cymryd dim o ddifri – ffars (un act) yw bywyd a'r byd. Yn unol â'th amgylchiadau a'th gyfnod mewn bywyd, mwynha dy hun a chrea ystafelloedd eang ym mha rai y gelli draethu dy syniadau wrth dy ddeiliaid. Yn fwy na dim, cyfathreba, paldarua, bydd yn garedig wrth bobl, gan mor wan ac ansicr ydynt ar y cyfan, ac mor analluog i gynnal sgwrs o gwbl, erbyn hyn.

3. Mae pob dyn call yn anarchydd wrth reddf ac yn amheus o lywodraeth, yn arbennig un uchelgeisiol. Mae Anarcho-frenhiniaeth yn cyplysu'r ysbryd iach, anarchaidd â ffigwr deniadol a deallus sy'n llywodraethu trwy esiampl a grym symbolaidd. Ni all fyth fod yn llai effeithiol na 'democratiaeth', sef gormes y mwyafrif: system amrwd sy'n dibynnu ar roi marc ar bapur mewn cwt tywyll bob pum mlynedd. Mae gan sosialaeth adain chwith eithafol hefyd ei hatyniad, ond mae'n rhagdybio system ganoledig sy'n rhwym o arwain at ormes un blaid (sef plaid y proletariaid) – sydd braidd yn rhy debyg i ormes y mwyafrif.

O.N. Barn Leopold Kohr fuasai (a) bod maint gwlad yn fesur gwell o'i llwyddiant na'i system lywodraethol a (b) nad yw'r un system yn gynhenid well na'r llall. Dylai gwlad fabwysiadu trefn addas i'w hamgylchiadau. E.e., yn union wedi ennill hunan-lywodraeth, dylai gwlad fabwysiadu system lled gomiwynyddol er mwyn cryfhau ei diwydiant a'i hisadeiledd, ond trefniadau mwy agored wedyn, wrth iddi ddatblygu.

Hydref 2001 TRIESTE

Hedfan i Trieste gyda chopi o lyfr Jan Morris, *Trieste and the Meaning of Nowhere*. Darllen y llyfr dros sawl paned estynedig o goffi ac ambell sigarilo yn y Caffe Marco ar lannau'r Canale Grande; wedyn mynd am ddeuddeg milltir o dro ar y creigiau calch uwchben y môr. Gorffen y llyfr mewn bar tywyll, tanddaearol ac anfon cerdyn at yr awdur yn ei llongyfarch ar sgwennu llyfr mor ddifyr a gwreiddiol.

Rwy'n hoff iawn o'i molawd i'r dosbarth bwrj, sef y bobl a fyddai'n llanw neuaddau coffi hardd Trieste yn y cyfnod Awstria-Hwngaraidd, ac oedd yn gefn i'r theatrau a'r siopau llyfrau a'r tai cyhoeddi. Roedden nhw'n cyfrannu at ddiwylliant y ddinas allan o elw eu busnesau llwyddiannus. Fe ddyfeisiodd Francesco Illy, er enghraifft, beiriant i rostio'r coffi a werthai wedyn i'w holl ffrindiau. Iddewon oedd llawer ohonyn nhw ac mae Jan Morris yn ffafriol iawn i oddefgarwch deallus y bobl waraidd hyn, sydd, lle bynnag maen nhw, yn ddinasyddion, meddai hi, o Bedwerydd Byd uwchlaw ffiniau cenedlaethol – sef y 'Nowhere' yn y teitl.

Rhagfyr 2001 LAWR I'R CYNULLIAD

Gyrru i lawr i'r Cynulliad yng Nghaerdydd i bwyllgor yng nghoridorau pŵer. Sai'n mwynhau pwyllgorau ond roedd yn bwysig cefnogi'r Cyngor Llyfrau. Ry'n ni'n anghytuno weithiau ond maen nhw'n deall cyhoeddi'n dda ac roedd angen sicrhau eu bod nhw'n cael eu hariannu gan y Cynulliad ac nid trwy Fwrdd yr Iaith Gymraeg.

Cael fy ffrisgo'n drylwyr iawn wrth borth y Cynulliad ond roedd rhywbeth doniol am hynny: pa fath o derfysgwr naïf fuasai'n gweld gwerth mewn ymosod ar y Cynulliad Cymreig? Mae'n rhaid bod yr ymosodiadau diweddar ar y tyrau yn Efrog Newydd wedi rhoi teimlad newydd o bwysigrwydd i swyddogion y lle. Cael paned rhy fawr o goffi rhy gryf cyn mynd trwodd i'r stafell bwyllgora lle roedd tua phymtheg o bobl yn eistedd o gwmpas bwrdd mawr, gyda Delyth Evans, y gweinidog Llafur dros Ddiwylliant, yn cadeirio.

Roedd hi'n siarp, yn cadw pawb at y pwynt, ond yn gofalu cynnwys pawb hefyd. Do'n i ddim yn synnu iddi fod yn gynghorydd i Gordon Brown a sgrifennu areithiau i John Smith. Mae'n amlwg yn 'ddeallus' ond mae angen mwy na hynny. Mae 'na stori am gynghorydd i Tony Blair yn tynnu ei sylw at fachan arbennig o ddisglair oedd yn dod lan o Rydychen, y dylai'r Blaid Lafur ei fachu. "Yeah," meddai Tony Blair, "I can see he's intelligent, but has he got judgement?" Pwynt da, ond un i'w wneud gan unrhyw un heblaw Tony Blair.

Sai'n hoffi'r gair 'deallusrwydd', sydd mor amrwd. Onid oes saith math ohono? Mae'r gair Cymraeg 'crebwyll' yn well, gyda'i awgrym o'r gallu i amgyffred pwnc neu sefyllfa. Ta beth, roedd e gan Delyth Evans, a gytunodd yn syth i'r dull newydd o ariannu'r Cyngor Llyfrau.

2002

Ionawr 2002 DWEUD Y GWIR

Wedi penderfynu rhoi cynnig arall ar adduned blwyddyn newydd o ddweud y gwir. Triais hyn unwaith o'r blaen, ond methu, heb i fi sylwi. Pam fod adduned mor syml, mor anodd?

Roedd fy mam wastad yn dweud y gwir. Gallai fod yn uffernol o ddi-dact ac ro'n i'n aml yn teimlo embaras wrth iddi gyfarch rhywun â chwestiwn plaen iawn am ei fywyd personol, neu fater delicet colegol. Os byddai rhywun yn ei diflasu, byddai'n cau ei llygaid, er yn dal i sefyll ar ei thraed. Ond roedd ganddi barch mawr at ffeithiau a gallai fod yn reit ddirmygus o rywun oedd yn gwneud gosodiad ysgubol – fel ro'n i weithiau – heb y ffeithiau i'w gefnogi.

Yn amlwg, mae dweud y gwir i gyd ym mhob sefyllfa yn dwp a dinistriol. Rhaid defnyddio synnwyr cyffredin, a pheidio brifo pobl yn ddiangen. Nid gonestrwydd dall sydd eisiau, ond mabwysiadu dweud y gwir fel *default mode*. Fel arfer, dweud beth sy'n gyfleus – sef bod yn barod i ddweud celwydd – ydyn ni. Ond beth petawn i'n mabwysiadu dweud y gwir fel polisi normal, gan anadlu i mewn a chyfri i dri bob tro rwy'n ffeindio fy hun ar fin dweud celwydd neu hanner gwir, cyfleus?

Oni fyddai bywyd, wedyn, yn sydyn yn ddiddorol, a phob dydd yn antur newydd. Ac wedi'r cyfan, beth yw'r 'Gwir' ond y ffeithiau am unrhyw sefyllfa, sef beth ddigwyddodd. Beth yw'r broblem, felly, yn hollol?

Mai 2002 BLAENORIAETHU

Mwynhau tro a phryd gyda'r athrylith creadigol, y cerflunydd John Meirion Morris. Trafod y damweiniol mewn bywyd a gyrfa. Does 'da fe ddim amser, meddai, i wylio'r teledu na gwrando ar y radio, na darllen llyfrau hyd yn oed. Mae ei wraig yn marcio rhannau o'r papur newydd y mae hi'n credu y byddai'n fuddiol iddo'u darllen. Mae'n treulio'r prynhawniau yn mynd ar ei feic, a cherdded y bryniau o gwmpas Llanuwchllyn. Soniodd am y llamau mentrus a gymerodd yn ei yrfa, a'r cyfleoedd a wrthododd, ac am ei ddiddordeb mewn crefydd a chrefyddau er ei fod yn anffyddiwr ei hun.

Ro'n i'n llawn edmygedd. I gyflawni unrhyw beth, rhaid blaenoriaethu. Mae Marian Delyth yn un arall sy'n blaenoriaethu ei gwaith ffotograffaidd ei hun ar draul gwaith masnachol. I fod yn anhunanol, rhaid bod yn hunanol. A meddyliais: be ddiawl ydw i'n ei neud y dyddiau hyn yn potsian â gwleidyddiaeth, nid fy nhalent mwyaf, o bell ffordd? Sut yn y byd des i i'r pwynt o fod yn gwahodd golygyddes nobl y *Cambrian News* mas am bryd o fwyd, er mwyn ei hargyhoeddi o gywirdeb safbwynt Cymuned ynglŷn â chynllunio yng Ngheredigion?

Mae'n bryd i fi benderfynu ar y blaenoriaethau yn fy mywyd fy hun, a beth yw lle gwaith creadigol yn y cyfan. Y cwestiwn cas yw: ydi e'n bosib i unrhyw un gyflawni rhywbeth o werth os yw'n rhoi ei waith creadigol yn yr ail safle yn ei fywyd?

Mai 2002 RALI CYMUNED

Rali Cymuned ym Mhwllheli. Arwynebol lwyddiannus, ond yr areithiau'n wan. Cyfeiriadau aml at ddiwedd iaith, ac at 'leiafrifoedd ethnig' (onid cenedl lawn ydyn ni?), a dim sôn am bolisïau. Beth yn hollol yw pwrpas cynnal rali o'r math yma? Mae'n wir bod y mewnlifiad yn gneuen galed iawn i'w chracio ond mae 'na bethau ymarferol mae modd eu gwneud yn y meysydd cynllunio, tai cymdeithasol, a chryfhau'r economi leol – ond doedd dim sôn am bethau fel hyn.

Er gwaetha'r haul, ces i'r teimlad, am rai munudau, o fod

mewn oerwynt: o fod yn sefyll ar benrhyn ola'r iaith. Roedd fel yr eiliad cathartig yna mewn ffilm Bwylaidd weles i unwaith: o griw o ddelfrydwyr yn sylweddoli ei bod wedi canu arnyn nhw, mai dim ond y frwydr ei hun oedd yn bod, wedi'r cyfan. Beth allwn ni fod yn sicr ohono, ar wahân i'n brwydr ni?

Cael sgyrsiau difyr wedyn â hen ffrindiau, a pheint neu ddau o Guinness yn y Mitre gyda Robyn Parri – un o'r ychydig rai sydd, fel Simon Brooks, yn gallu defnyddio'i ben i feddwl. Ymlaen wedyn am bryd braf yn y Granvilles, Cricieth. Er gwaetha'r enw diflas, cael gwasanaeth serchog gan y merched ifainc hyfryd, Cymraeg – a gweld bod yna obaith, wedi'r cyfan.

Mehefin 2002 ALEX DUDL

I Hannover. Treulio pnawn cyfan yn y Georxx – *brasserie* gwaraidd, dinesig. Methu symud o'r lle am oriau. Yn groesawgar ond yn parchu annibyniaeth y cwsmer, roedd yn cynnwys pob rhinwedd ac yn ateb pob angen: bwyd da a rhad, cwrw iachus lleol, papurau'r dydd, celf ar y waliau. Roedd yna wragedd tŷ yn ymlacio ar ôl siopa, dynion hŷn yn darllen a sgyrsio, ambell bâr cariadus. Efallai'r math o le sy'n haws ei ffeindio mewn dinas lai. Dywedodd rhywun y dylech chi wastad ymweld yn gyntaf â'r ail ddinas mewn gwlad; mae'n cynnwys y rhan fwyaf o rinweddau'r brifddinas, ond heb y brys, y twristiaeth, y cardotwyr, y crap.

Symud o'r diwedd a throi am y Staatstheater lle roedd Alex Dudl – cantores dal, urddasol, yn ei du i gyd – yn llafarganu caneuon cabaretaidd dychanol, deallusol, gwrth-ddynion ar lwyfan tywyll: jyst hi a'r pianydd dan belydr o olau gwyn. Ro'n i wrth fy modd a phrynais ei CD, *Nummer Nein* (sef Dyn Rhif Naw), a chael ei llofnod, a'i llongyfarch. Atebodd: "Diolch i chi am eich geiriau caredig, ond ry'ch chi'n gwybod, erbyn hyn, beth rwy'n feddwl am ddynion." Diolch yn fawr, a meddyliais wedyn, wrth adael: beth petai dyn – tal, golygus, mewn siwt ddu – wedi bod yn canu caneuon gwrth-ferched trwy'r nos? Ac yn gwerthu CDs o'r enw 'Merch Rhif Deg'?

Byddai ffeministiaid wedi ei larpio'n fyw.

Steddfod brysur a braf yn Nhyddewi. Lwcus i ni gael carafán mewn maes preifat, gwledig. Mwynhau'r llonyddwch ar y bore Sul, ond methu peidio meddwl am Eirug Wyn. Dyw e ddim yn dda o gwbl – y cancr ddiawl yn ei drechu. Druan ag e. Wedi marwolaeth ei chwaer o'r un clefyd, mae ei fywyd – *bu* ei fywyd? –yn un sialens fawr i'r gelyn yma: ei fusnesau, ei nofelau, ei gerddi, ei wleidydda.

Cofio mynd am y tro cyntaf i weld ei gwmni yn Cibyn a rhyfeddu at ei drysorfa o beiriannau a meicrobrosesau ar gyfer cynhyrchu crysau-T, cardiau cyfarch, balŵns, trôns, bathodynnau 'Beirniad' a phowdwr rhech. Cynhyrchodd watshys Cymraeg a pheiriannau condoms Cymraeg, a phrynodd gwmnïau cardiau a sefydlodd gwmnïau cyhoeddi, a golygu *Lol* hefyd. Ac roedd yn fardd – fe sgrifennodd holl gyfrolau Derec Tomos – a stompfeistr a dynwaredwr Elvis ac yn yrrwr Jags coch. Os bydd Eirug farw, bydd y tawelwch fel ar ôl tanchwa niwclear.

Cerddais yn y pnawn dros y clogwyni uwchben Abercastell. Edrych wedyn lan yr arfordir at y penrhynnau pell yn ymwthio i'r môr, oedd yn pefrio'n dawel yn yr haul, a chael fy llorio gan y prydferthwch diamser. Yr un môr, yr un creigiau a welodd y saint ganrifoedd yn ôl, ac adeiladwyr y cromlechi. Sut gallen i fod wedi treulio bron i drigain mlynedd ar y ddaear, heb

Eirug Wyn – y dynwaredwr Elvis

ddod i arfordir Sir Benfro i brofi dimensiwn arall, sy'n rhoi gofidiau busnes a bywyd yn eu lle?

Gan dyngu llw i ddod 'nôl yma'n aml, cerddais i Drefin ac am beint i'r Ship; wedyn, yn ôl at y creigiau heibio Cromlech Samson, ac yna i draethell Abercastell, a gorwedd a hanner cysgu ar y tywod. Yno, ar fy nghefn, llifodd yr atgofion yn ôl am draeth Llangrannog, sydd ymhellach i fyny'r arfordir, a'r gwersyll, a'r troeon hudol i Ynys Lochtyn, a thragwyddoldeb ieuenctid, sydd yn dragwyddoldeb arall, eto.

Rhagfyr 2002 BRIAN MORGAN EDWARDS

Clywed bod Brian Morgan Edwards wedi marw; felly chaiff ei hunangofiant fyth mo'i gyhoeddi.

Ffoniodd e fi'n annisgwyl tua dwy flynedd yn ôl, yn sôn am ei brofiadau. Roedd yn arfer gwerthu cyfrifiaduron cynnar IBM i fusnesau, ond wedi cyfnod yn Llundain penderfynodd setlo'n ôl yng Nghymru ac yn Afon-wen gyda'i wraig, Rona, a defnyddio'i arian a'i brofiad busnes i helpu sefydlu Sain a Chymdeithas Tai Gwynedd. Trodd o fod yn Dori Rhonc yn genedlaetholwr Cymreig – a drefnodd daith enwog Plaid Cymru i Libya yn 1976 i gwrdd â'r Cyrnol Gaddafi.

Yn sgil rhyw sylw ffrit wnes i am gyflwr y Gymru gyfoes, ces rybudd gan Brian i beidio tanbrisio gwendid y genedl yn y chwedegau, na gwendid Plaid Cymru. Cyrhaeddodd i wlad dawel ac ufudd a Phrydeinig ei hagweddau. Soniodd am rai o'r pethau ry'n ni'n eu cymryd yn ganiataol heddiw: yr iaith ar arwyddion, teledu Cymraeg, cwmnïau Cymraeg, y seddau seneddol, a'r Cynulliad ei hun erbyn hyn. O'i safbwynt ef yn dod i Gymru, dim ond cynnydd a welodd. Pwrpas ei hunangofiant fyddai codi calon y Cymry, a thynnu sylw at y cyfan a gyflawnwyd.

Roedd siarad â Brian yn donic llwyr, ond wnes i erioed gwrdd ag e. Piti na chaiff ei frwdfrydedd heintus mo'i drosglwyddo i brint. Efalle nad oedd ganddo syniad digon uchel ohono'i hun i sgrifennu hunangofiant – neu falle'i fod e'n mwynhau bywyd ormod.

2003

Mwy a mwy o fy amser yn mynd i'r Coleg Cymraeg, ein henw ni ar y Coleg Diwinyddol. Mae'r Presbyteriaid yn debyg o'i roi ar y farchnad am £400,000. Rwyf eisoes wedi cofrestru'r enw *colegcymraeg.com*.

Wythnos yn ôl, cafodd Gwilym ab Ioan a fi ein tywys o gwmpas yr adeilad gan yr Athro John Tudno Williams a'r Cofrestrydd, Bryn Roberts. Rhoddodd Bryn lwyth o wybodaeth a chyngor i ni, ac mae hyd yn oed wedi cynnig parhau i weithio'n ddi-dâl tra bo ni'n gosod y fenter ar ei thraed. Mae'n deall popeth am ochr weinyddol y coleg, yn ogystal â pheirianneg yr adeilad, y systemau gwresogi, y gegin, a'r gofynion cynnal a chadw.

Ro'n i'n rhyfeddu'n fawr at y celf, y cerfluniau, y llyfrgelloedd, y swyddfeydd a'r stafell gyffredin braf sy'n edrych dros y môr. Roedd yna lwyth o luniau mawr olew mewn fframiau aur, yn bortreadau dramatig o'n harweinwyr ganrif neu ddwy yn ôl. Nhw – y gweinidogion – oedd tywysogion eu dydd, y bois mwyaf galluog a charismataidd yn ein cymdeithas. Roedd yna gerfluniau hefyd ohonyn nhw, rhai trymion, pwerus. Gallwn ddychmygu'r cyfan yn ffurfio oriel ddramatig yn rhywle fel München. Ond pam lai yma yn Aberystwyth, falle mewn bwyty celfyddydol, neu oriel yn y coleg?

Mae'r posibiliadau mor gyffrous. Yn ogystal â chadw'r stafelloedd lletya, sy'n dod ag incwm da trwy'r flwyddyn, byddai lle i swyddfeydd Cymuned, a mudiadau a chwmnïau eraill. Gallai dyfu'n ganolfan busnes Cymraeg – a byddai digon o le i holl swyddfeydd papur dyddiol Cymraeg. Mae gan Ned Thomas, cadeirydd cwmni Dyddiol Cyf., ddiddordeb mawr. Bydd Egin – cwmni Guto Bebb a Gwilym Euros – yn dod draw yn y man i archwilio'r adeilad a gwneud cynllun busnes i ni.

Ond onid oes 'da fi ddigon ar fy mhlât? A sut mae'r ochr

ariannol yn mynd i weithio? Faint fydd *Y Byd** yn gallu cyfrannu, a phryd? Yn bwysicach: pwy fydd yn rhedeg y fenter? Mae Gwilym ab Ioan a fi i fod yn bartneriaid, a chawson ni bryd braf yn Harry's neithiwr. Yn ystod y sgwrs, dywedodd Gwilym yn joclyd: "Ti'n gwybod beth yw 'mholisi i mewn busnes? Wastad defnyddio arian pobl eraill."
  Dyna ro'n i'n ofni.

*Enw'r papur yr oedd cwmni Dyddiol Cyf yn bwriadu ei gyhoeddi; ymhen pum mlynedd byddai Plaid Cymru yn torri ei haddewid i sefydlu papur dyddiol Cymraeg.

Nodyn: cafodd yr adeilad ei werthu am £1m yn nes ymlaen yn y flwyddyn i gwmni buddsoddi o'r Swistir; nawr lleoliad canolfan fusnes Cambria.

Ionawr 2003 WITTGENSTEIN

Enid a fi'n mynd i swper 'da Cynog a Llinos neithiwr, yfed a sgyrsio tan un y bore. Buom yn trafod hunangofiant Cynog, *Mab y Pregethwr*, a syndrom Mab y Mans, a dylanwad yr ethos anghydffurfiol ar fywyd Cymru. Yn sgil hynny, dywedodd Cynog beth doniol iawn. Roedd yr athronydd Ludwig Wittgenstein, ar un o'i ymweliadau â Chymru, wedi bod yn trafod ei syniadau athronyddol yn hwyr i'r nos gyda chriw o athronwyr o brifysgol Abertawe a oedd yn drwm dan ei ddylanwad. Meddai, wrth gloi'r drafodaeth: "Wel, dyna ni, gyfeillion. Alla i ddim â honni 'mod i'n gwybod beth yw pwrpas bywyd, ond rwy'n hollol siŵr o un peth: nad cael amser da yw e!"

Chwefror 2003 DATHLU'R CHWEDEGAU

Parti pen blwydd 60 oed Enid a fi yn y Llew Du. Methu credu ein bod ni mor hen. Pawb yn gwisgo'n chwedegol: Fal drws nesa yn gwisgo bathodyn mawr CND, eraill mewn gwisgoedd *polka dot* a sbectols Buddy Holly a siwmperi lliwiau'r enfys. Roedd Cynog yno hefyd, yn twistio i fiwsig y band, sef Lefi ar y gitâr fas, Einion ar y sacs, Dafydd Saer ar y gitâr flaen, Rhydwen ar y dryms a Dafydd Gwynfor, Y Blew, hefyd yn ymuno ar y gitâr fas.
  Ro'n i'n falch iawn bod Dafydd wedi dod. Rwyf nawr yn

golygu ei ddyddiadur o'r chwedegau, *Y Blew a Buddugoliaeth Gwynfor*. Mae'n trafod ffasiwn a rhyw a chrefydd a gwleidyddiaeth yn yr un gwynt, a gwahanol fathau o *winkle-pickers* nesaf at ddadleuon dros ac yn erbyn bodolaeth Duw. Fel'na roedd hi yn y chwedegau pan oedd syniadau'n bwysig a meddyliau'n agored a phopeth yn bosibl. Yn anffodus, does dim byd chwedegol am gyrraedd y chwedegau, ac mae'r byd yn llawnach nag erioed o arfau niwclear.

Mehefin 2003 LJUBLJANA

Dal bws o Trieste yn yr Eidal i Ljubljana, prifddinas Slofenia. Wedi poethder llychyd Trieste, roedd yn braf gweld bryniau gwyrddion, mwynion Slofenia yn llifo'n araf heibio i ffenestri'r bws. O'r diwedd ro'n i yn y wlad fach rydd ro'n i wedi clywed cymaint amdani, sydd i fod mor debyg i Gymru o ran maint a thirwedd, ond sy'n ffinio â phedair gwlad – Awstria, yr Eidal, Croatia a Hwngari – yn wahanol iawn i ni, sydd ag un ffin hir, anlwcus â Lloegr.

Yn gynnar yn y nos, crwydrais yn araf o'r Hotel Park tua'r bont driphlyg yng nghanol y brifddinas. Yna clywed nodau *jazz* ysgafn yn hofran ar yr awyr. Yn reddfol dilynais y synau llawen a tharo ar griw o bobl yn yfed a sgyrsio yn yr haul, y tu fas i siop dlysau o'r enw Tresor. Oedais ar gyrion y dorf. Yna daeth boi ata i â hambwrdd o wydrau siampên. Cymrais un, ac un arall – fel Cymro o'r bryniau wedi taro ar lwc rhyfeddol. Yna daeth boi mawr, tua'r deugain oed, ata i a holi pwy ddiawl o'n i. "I'm from Pays de Galles," atebais yn ansicr. "Ah, then you must be the guest of Petra Gabor. Please do come in."

Yn benysgafn, dilynais y dyn i mewn i'r siop, oedd yn llawn modelau benywaidd gosgeiddig yn arddangos eu cyrff *tanned*, tlysog i'r ffotograffwyr oedd yn fflachio wrth eu traed. Ar y waliau hongiai drychau cyrliog, baróc, yn adlewyrchu'r modelau a'u perlau a'u diemwntau. Disgleiriai cannoedd o fylbiau *halogen* o'r nenfwd isel uwch fy mhen. Ro'n i wedi camu i mewn i freuddwyd ecsotig, erotig.

Yn y man, symudodd y boi mawr i flaen y dorf y tu fas a

siarad braidd yn hir i nodi agor y siop a oedd, erbyn deall,
yn un o gadwyn o ddeugain, yng Nghroatia yn bennaf. Yna
ildiodd y llwyfan i ffliwtydd syfrdanol o bert, a ddenodd fwy o
fflachiau'r ffotograffwyr. Roedd dynion artistaidd yr olwg yno
hefyd, un yn debyg iawn i Iwan Bala, mewn clogyn, trowsus, a
sgidiau picsi o liw afocado, fel petai newydd gamu mas o un o
chwedlau'r brodyr Grimm.

Es i 'nôl allan i'r haul, a phwyso'n hapus ar un o'r byrddau
crwn, yn llatai cudd o Gymru ym mhrifddinas Slofenia rydd.
Hanner caeais fy llygaid. Gallen i fod mewn Cymru arall, fwy
llwyddiannus a hyderus, o'r diwedd yn cyflawni ei haddewid.
Ailgychwynnodd y *jazz*, a dyma bwffe'n cael ei basio o gwmpas.
Bwriais i mewn i'r bwydach gan deimlo'n gartrefol iawn
ymhlith y bobl fywiog a'r merched hardd. Roedd y ffliwtydd
ifanc yn sgyrsio â dau foi, ac yn yr egwyl, llongyfarchais hi ar
ei chwarae – a threulio'r ddwyawr nesa'n siarad â hi am bopeth
dan haul.

Er o dras cymysg Croataidd, Serbaidd a Slofenaidd, roedd
hi'n Slofenwraig i'r carn, ac wedi dod lan yma heddiw o
academi gerdd yn Fienna. Roedd ei thad yn gweithio fel
economegydd i gwmni mawr ond yn gwneud ei orau glas i
gadw'r meddiant yn lleol. Dywedodd Eva Škrinjaric – dyna'i
henw – i lot o lygredd ddigwydd yn 1991, yn sgil chwalu'r hen
Iwgoslafia gomiwnyddol, ac i sawl bargen amheus gael ei tharo
rhwng hen ffrindiau mewn stafelloedd myglyd, wrth i eiddo
cyhoeddus droi dros nos yn breifat – hen stori, oedd yn fy
atgoffa o helbulon Peteris yn Latfia.

Aeth dau frawd iddi draw i America yn llawn gobeithion
a delfrydau, ond dod 'nôl wedi'u dadrithio. Pleidleisiodd
Slofenia'n drwm o blaid ymuno ag Ewrop, ond dywedodd
Eva fod llawer am gadw'r cysylltiad â'r hen Iwgoslafia. Mae'r
atyniad i'r de yn parhau, fel roedd yn amlwg yn ymerodraeth
cwmni Tresor. Yna siaradodd am fiwsig, ac am ei hathrawes
newydd, oedd yn ei 'dad-ddysgu' o'i hen arferion, ac yn rhoi'r
hyder iddi chwarae yn ei ffordd ei hun. Roedd hi wrth ei bodd,
meddai, yn chwarae'n ddigyfeiliant, fel heno.

Dan ddylanwad yr holl siampên, dywedais: "Ydi hyn fel gwlad, pan mae'n torri'n rhydd? Rhaid dad-ddysgu arferion gwael yr hen drefn, y drefn gomiwnyddol ..."

"A chofleidio cyfalafiaeth?"

"Na – ond ffeindio ffordd newydd, Slofenaidd o wneud pethau ..."

"Tipyn haws dweud na gwneud."

Tra o'n i'n malu awyr, daeth y ddau foi golygus oedd gyda hi lan atom gyda'u gwydrau gwin. Bu trafodaeth rhyngddynt, ac meddai Eva, gan bwyntio at y *camper van* VW oedd wedi'i pharcio gerllaw: "Ni'n mynd 'nôl i Fienna heno."

"Ond mae hynny'n ddau gant a hanner o filltiroedd. Ydi'ch ffrindiau'n ffit i yrru?"

"Byddan nhw'n sobor erbyn i ni gyrraedd."

"Ond pam gyrru, os oes 'da chi *camper van*?"

"'Da ni ddarlithoedd bore fory. Dy'n ni ddim ar wyliau."

A ches i gipolwg ar beth yw ystyr ffinio â phedair gwlad.

Mehefin 2003 CAFÉ PETIT DE PARIS

Codi'n hwyr a chael cyfle o'r diwedd i weld Ljubljana. Rhaid mai hon yw prifddinas harddaf gwledydd bychain Ewrop gyda'i hafon lydan, y colonadau clasurol ar ei glannau, a'r bryniau sy'n codi tu ôl. Yn y pnawn, mentro i mewn i arddangosfa graffig *25 Biennale* adran gelf y brifysgol ond cael fy siomi: roedd y stwff yn siwdaidd, dynwaredol, postfodern, heb ddim ffresni na gwreiddioldeb. Dringo wedyn yn y gwres mawr i erddi'r Tivoli a dilyn cyngor *Lonely Planet* a ffeindio bwyty 'gwir' Slofenaidd. Roedd y bwyd yn iawn, ond ro'n i'n casáu pob eiliad o'r miwsig Alpaidd uchel, aneglur, oedd yn blastio trwy'r system sain. Ar y gorau, rwy'n casáu sŵn gorfodol dros bryd o fwyd.

Cerdded wedyn i'r gaer uwchben y ddinas ond roedd y llwybrau wedi eu sarnu gan faneri mawr hyll coch a glas Red Bull Energy Drink a Coca Cola. Roedd ras moto-beics ymlaen, a chriwiau mewn siacedi lledr du yn yfed y diodydd afiach mewn mannau gwylio. Cerddais i lawr yn gyflym. Roedd un

o'r baneri wedi'i gosod ar draws ffenest eglwys wrth droed y
gaer. Fel o'n i'n pasio, roedd hen wraig yn tynnu'r faner lawr, a'i
phlygu'n ei hanner. Roedd yn symbol o'r hen yn ymladd yn ofer
yn erbyn y newydd, cyfalafol, powld ym mywyd y cenhedloedd
hyn. Dyfarais beidio dweud wrthi am beidio plygu'r diawl, a'i
thaflu i'r ffos.

Wrth ddynesu eto at yr afon, cododd fy nghalon wrth weld
criw o fyfyrwyr – mae 20,000 ohonyn nhw yn Ljubljana – yn
darllen barddoniaeth o lwyfan parod ar y stryd. Do'n i ddim
yn deall gair, ond roedd rhywbeth braf o Gymreig amdano. O'r
diwedd, llwyddais i ffeindio *jazz* byw yn y Café Petit de Paris
ar un o'r sgwariau uwchlaw'r afon. Ond wrth ymlacio wrth un
o'r byrddau, ro'n i'n methu'n lân ag anghofio'r newyddion ges
i gan Heini yn y bore am farw Phil Williams mewn hwrdy yng
Nghaerdydd, a'r *Welsh Mirror* yn glafoerio. Y moch, yn rhoi
dim parch i'r marw, yn gwasgu pob owns o gylchrediad i'w
rhecsyn aflan allan o wendid diniwed. Gwrandewais ar y *jazz*
gan wybod y buasai Phil, fel chwaraewr sacs ei hun, wrth ei
fodd yma. Bachan abl, gwyddonydd disglair, cenedlaetholwr da
a charwr bywyd.

Awst 2003 GWEN WATKINS

Mynd i weld Gwen Watkins, gweddw'r bardd Vernon Watkins,
yn ei thŷ yn Ystumllwynarth ar lan Bae Abertawe. Disgwyl
gweld hen wraig fethiannus, 81 oed, ond roedd hi'n un o'r
bobl fwyaf difyr a miniog ei meddwl a gwrddais erioed. Wrth
drafod ei llyfr am Dylan Thomas, *Portrait of a Friend*, daeth yn
glir ei bod yn ddigon realistig ynglŷn â Dylan a'i gŵr, oedd yn
cymryd eu hunain gymaint o ddifri fel beirdd. Er nad yn amau
ei ddawn eiriol, gwelai wendidau Dylan Thomas yn bersonol ac
fel bardd, a'i bersonoliaeth ddibynnol a gwan.

Soniodd am bwysigrwydd eglurder mewn mynegiant – nid
rhinwedd mwyaf Dylan Thomas y bardd – a dweud ei bod yn
cytuno â G. K. Chesterton, a ddywedodd y dylai dyn neu wraig
o unrhyw allu fedru cyflwyno dadl ar gefn cerdyn post. Heb
os, roedd y ddawn yna gan Gwen: bu'n gweithio yn Bletchley

Park yn ystod y rhyfel yn datrys codau'r Natsïaid. Soniais am stori a glywais gan fy nhad am Dylan Thomas. Gofynnodd newyddiadurwr iddo pam fod rhai o'i gerddi mor dywyll. Chwythodd ar ei sigarét, cyn ateb: "Well, the way I look at it is – why make it easy for the buggers?"

Aeth Gwen ymlaen i hel atgofion am fywyd artistig byrlymus Abertawe cyn y rhyfel a grŵp bohemaidd y 'Kardomah' a fyddai'n cwrdd mewn caffe ger swyddfeydd yr *Evening Post* – criw oedd yn cynnwys cerddorion, beirdd ac artistiaid talentog. Gwelai Abertawe heddiw fel lle llwm yn ddiwylliannol. Wedi trefnu'r lluniau ar gyfer y llyfr, ffarweliais â hi a cherdded yn ysgafndroed ar lan y bae. Roedd hi wedi fy llonni a'm hysbrydoli gyda'i meddwl chwim ac annibynnol, ac wedi rhoi cipolwg i fi ar Abertawe brafiach na'r un sydd ohoni heddiw.

Medi 2003 BURG HORNBERG

Hedfan i Stuttgart ar gyfer pen blwydd Ute, fy nghnither o Heidelberg, yn drigain oed. Mwynhau noson o win a miwsig Schwabaidd dan gynfasau'r pentre gwin a godwyd yn un o'r sgwariau. Roedd pawb yn syndod o gyfeillgar ym mhrifddinas gyfoethog y Merc. Mynd i'r orsaf drenau y bore wedyn a methu credu 'mod i'n gallu dal trên yn uniongyrchol o ddinas Stuttgart i orsaf fach Neckarzimmern ar lan afon Neckar, sydd yn union o dan Burg Hornberg, y castell o'r 11eg ganrif lle roedd y parti i'w gynnal nos Sadwrn.

Dringo lan o'r orsaf fach i'r castell ac aros wrth y tyrau i edmygu'r afon a'r pentrefi bychain ar ei glannau. Yn y castell yma, yn ôl Goethe, y dywedodd y marchog Götz von Berlichingen wrth ryw uchelwr i 'lyfu ei din' (*'er kann mich im Arsche lecken'*). Cael sgyrsiau dymunol cyn y cinio gyda'r teulu a gyda Heini. Yn y cinio ei hun, bues i mor lwcus ag eistedd rhwng Peter Hohensee, ail gefnder i ni o Heidelberg sy'n impresario cerddorol (yn cyhoeddi CDs a threfnu cyngherddau *jazz* ar draws yr Almaen), a Hans, bachan braf sy'n feddyg teulu ac yn ŵr i Kaethe, cnither arall i ni.

Wrth i'r gwin lifo, soniodd Hans am ei waith fel meddyg yn

Burg Hornberg ar afon Neckar

ninas Lübeck yng ngogledd yr Almaen. Dôi cleifion ato â phob math o gŵynion. Ond roedd llawer ohonyn nhw, yn ei farn e, wedi eu seilio ar ddisgwyliadau afresymol. Mae'r cylchgronau a'r cyfryngau'n cyflyru pawb i ddisgwyl 'hapusrwydd' llwyr: priodas hir a hapus, iechyd perffaith, swydd ddylanwadol, bywyd rhywiol pwerus a dau neu dri o blant prydferth a thalentog. Ei dasg e fel meddyg oedd gwella'i gleifion nid o'u hanhwylderau ond o'u disgwyliadau gan ddangos bod amryw ohonyn nhw'n groes i'w gilydd, ta beth.

Dywedodd mai dim ond pum neu chwe ffactor sy'n gyfrifol am lwyddiant/hapusrwydd mewn bywyd, y rhan fwyaf y tu hwnt i reolaeth yr unigolyn. Er enghraifft: ble cawsoch eich magu, ac iechyd a deallusrwydd, sy'n dibynnu'n fawr ar etifeddeg. Yna, rhieni da, cariadus, ac yn bedwerydd, pwy mae rhywun yn ei briodi.

Cyfaddefodd Hans fod 'na elfen o ddewis personol yn dod i mewn i hyn, ond llai nag mae pobl yn ei feddwl. Eglurodd: tua hanner munud mae'n gymryd i rywun benderfynu ydi e'n ffansïo rhywun mewn parti – a thua hanner awr i sefydlu pa un o'r ddau yw'r partner fydd yn gwneud y penderfyniadau (gan mai un sy'n rheoli bob tro). Yn ei farn ef, buasai *matchmaker* yn dod â chanlyniadau gwell. Y camsyniad cyffredin yw chwilio am 'Mr Iawn' yn lle bodloni ar rywun digon da.

Wrth i ni balu i mewn i'r cyrsiau yn yr ystafell ganoloesol, dywedodd Hans mai ni, y rhai a aned yn ystod neu'n fuan wedi'r rhyfel diwethaf, oedd, fwy na thebyg, y genhedlaeth fwyaf breintiedig yn hanes y byd. Chafodd yr un genhedlaeth arall safon mor uchel o addysg, cyfnod mor hir heb ryfel, a'r fath hawddfyd economaidd. Edrychais ar yr wynebau bywiog, llewyrchus, deallus o gwmpas y bwrdd: sut gallen i anghytuno?

Cododd Christina, cnither i Ute ac i ni, i wneud araith braidd yn ddiflas a gorfoesol, efallai dan ddylanwad syniadau Rudolf Steiner. Sylwais fod Klaus, gŵr tal a golygus fy nghnither arall Barbara, sy'n byw ar lan Llyn Konztanz, yn gwneud ei farn yn amlwg wrth lithro'n araf i lawr y drws yr oedd e'n pwyso yn ei erbyn gyda phib yn un llaw a glasied o chwisgi yn y llall. Ces i frandi fy hun wedyn yn yr awyr iach gyda Michael, gŵr Christina, sydd hefyd yn feddyg, ond un 'etherig'.

Buon ni'n pwyso ar wal y *Schloss* gyda'r diodydd poethion, ac afon Neckar yn nadreddu odanom tua'r de. Daeth yn amlwg fod Michael yn fachan mwy sylweddol nag o'n i wedi tybio.

"Roedd Götz," dywedodd, "yn iawn i ddweud wrth yr arglwydd yna i fynd i grafu ac i ddatgan ei annibyniaeth a'i deyrngarwch lleol. Dyna ddylsen ni fod wedi'i wneud â Hitler, wrth gwrs. Fe laddodd y syniad o gariad at yr Almaen fel gwlad, ond heddiw ry'n ni'n araf ailddarganfod ein gwreiddiau lleol ac yn chwilio am hunaniaethau newydd."

Dywedais: "Ro'n i'n sylwi fod y tŷ opera yn Stuttgart yn chwarae gweithiau gan gerddorion o Baden-Württemberg a hyd yn oed yn defnyddio'r dafodiaith Schwabaidd. A dweud y gwir, ces i wydraid neu ddau o win Schwabaidd y Weindorf neithiwr."

"Yn Schwabia rydyn ni, wrth gwrs. Fel y gwyddoch chi, dim ond yn 1871 y daeth yr Almaen i fod, fel un wlad."

Wrth flasu'r brandi, mentrais ddweud: "Ydyn ni'n dau mor wahanol? Fel ry'ch chi'n ailddarganfod eich hen hunaniaeth Schwabaidd, felly ry'n ni yng Nghymru â'n hunaniaeth Gymreig."

"Ry'n ni ar yr un ochr, felly – *zum Wohl!*" meddai gan godi ei wydryn.

Hydref 2003 DYWEDDÏO

Lefi a Gwen wedi dyweddïo; dathlu yn Gannets nos Sadwrn.
Dros swper, dywedodd Lefi fod y *Western Mail* wedi ei
wahardd rhag crybwyll melinau gwynt Dafydd Huws [ym
Mynyddgorddu, uwchlaw Tal-y-bont] byth eto yn ei golofn. Yn
amlwg roedd e wedi codi'r ffôn ar y golygydd ei hun. A gwnaeth
Dafydd yr un peth ag Enid, rai misoedd yn ôl, pan oedd hi'n
golygu rhifyn o *Papur Pawb,* ac wedi rhoi yr un gofod i'r
dadleuon o blaid ac yn erbyn melinau gwynt. Od iawn i gyd.

Ta beth am hynny, mynd i Abertawe y penwythnos wedyn
i weld fy nhad – nawr yn ei nawdegau – a chyhoeddi'r
newyddion da am Lefi a Gwen, ond wnaeth e ddim ymateb fel
o'n i'n disgwyl.

"Does neb yn *dyweddïo* yn ein teulu ni," meddai'n ddirmygus.
"Mae'n syniad hollol Seisnig. Nonsens yw'r cyfan."

Wrth gwrs, chafodd e ddim amser i wneud hynny ei hunan.
Fe briododd â'm mam mewn swyddfa ym Mhontypridd tua
chwe mis ar ôl ei chyfarfod, a Hitler newydd ymosod ar Wlad
Pwyl a thanio'r Ail Ryfel Byd. Oni bai am hynny, buasai fy mam
wedi gorfod dewis rhwng bod yn un o'r 'gelyn' ym Mhrydain
Fawr, neu'n Iddewes yn Almaen Hitler.

Hydref 2003 GOBAITH I'R BYD

Pethe'n symud ymlaen yn dda gyda'r *Byd*. Cael cyfarfod
defnyddiol iawn ddoe gyda Ned yn argraffdy'r *South Wales
Argus* ar gyrion Casnewydd. Roedd Leighton Jones, y rheolwr
gwaith, yn llawn diddordeb yn y syniad o sefydlu papur
dyddiol Cymraeg. Fel yr oedd e'n ein tywys o gwmpas y ffatri,
sylwais fod *ringtone* ei ffôn yn canu 'Hen Wlad fy Nhadau':
arwydd da.

Roedd e a Ned eisoes wedi trafod prisiau, oedd yn rhad iawn
o'i gymharu ag argraffu litho. Roedd amseru'r argraffu yn iawn,
hefyd: rhwng 11:30 a 12:00 bob nos. Dim ond hanner awr oedd
ei angen i argraffu 10,000 copi o bapur lliw llawn, 32 tudalen,
maint tabloid. Byddai felly'n bosibl cyrraedd y cyfanwerthwyr
yn y de, y canolbarth a'r gogledd erbyn tua phedwar y bore.

Byddai hynny'n rhoi digon o amser i ddosbarthu'r papur, yn llythrennol, o Fynwy i Fôn.

Roedden ni eisoes wedi cwrdd â chyfarwyddwyr cwmni argraffu arall, North Wales Newspapers, mewn bwyty yn y Bala. Nhw bia'r *Cymro* ac roedden nhw'n barod i roi'r teitl i ni fel rhan o'r fargen, ond o fwy o ddiddordeb i ni oedd y ffaith eu bod nhw'n adeiladu argraffdy newydd sbon y tu fas i Landudno ac roedden nhw'n awyddus iawn i ni weld safon y gwaith cyn dewis cwmni.

Ar ben y gwaith o gael trefn ar yr argraffu a'r dosbarthu, mae Ned hefyd wedi setlo'r ochr gyfrifiadurol. Mae wedi cael gafael ar gwmni yn Iwerddon sy'n gallu cyflenwi meddalwedd a fydd yn trosglwyddo cynnwys y papur i wefan ddwyieithog, a storio'r cynnwys ar ffurf databas chwiliadwy yn iaith XML, ar gyfer y newyddiadurwyr. Bu Ned yn gweithio ar staff hŷn y *Times*, ac mae'n deall y stwff yma i gyd; mae e hyd yn oed yn tanysgrifio i *Byte*.

Ar ôl heddiw, does 'da fi ddim amheuaeth nad yw cynhyrchu papur dyddiol Cymraeg yn hollol ymarferol.

Rhagfyr 2003 LLAIS CEREDIGION

Mynd am swper gyda Simon, Gwilym ab Ioan, Jen Llywelyn, Graham Edwards ac Emyr Hywel i fwyty Corners, Aberystwyth. Roedd pawb mewn hwyliau da, a Gwilym ar ei fwyaf ffraeth ac eiconoclastig. Roedd llwyddiant yn yr awyr. Tua mis yn ôl, cyflwynon ni ddeiseb o 8,500 o enwau i Gyngor Ceredigion yn hawlio refferendwm i gael maer i'r sir. Bydd hyn yn digwydd fis Mai nesa. Ond ro'n i'n synhwyro bod yna resymau cudd dros y cyffro yn y bwyty.

Gan arllwys gwin i'm gwydryn, dywedodd Gwilym ab Ioan: "Cystel i ti wybod nawr na wedyn, Robat: ni'n tynnu mas o Gant Ceredigion."

"Beth? Ond newydd ddechrau mae'r ymgyrch! Pymtheg o enwau sy 'da ni!"

Roedden ni wedi dechrau ymgyrch Cant Ceredigion ym mis Mawrth. Y syniad oedd cael cant o bobl i atal 5% o'u treth cyngor fel protest yn erbyn perfformiad adran gynllunio Cyngor Ceredigion a'u Cynllun Datblygu Unedol. Roedd hon yn ymgyrch barchus ac amhleidiol, ac fe gynhalion ni gyfarfodydd yng ngwesty'r Belle Vue a chlwb staff y Brifysgol ym Mrynamlwg, gan ddenu cefnogaeth rhai academwyr oedd y tu fas i'r cylch arferol, cenedlaetholgar – a sylw da yn y wasg leol.

"A phwy," gofynnais, "yw'r 'ni' yma?"

"Llais y Cardi," atebodd Gwilym yn galonnog. "Plaid wleidyddol newydd. Ac fel plaid gyfansoddiadol, ti'n dyall nad oes 'da ni hawl i gymryd rhan mewn ymgyrchoedd anghyfreithlon. Gallai swyddogion y Cyngor droi rownd a gwrthod yr hawl i ni sefyll."

Gwenais wrth weld yr ochr newydd, ufudd yma i gymeriad Gwilym – a gweld naw mis o waith Jen a Graham a fi yn diflannu i lawr y sinc.

"Ti ddim yn gweld y pwynt?" aeth Gwilym ymlaen. "Os enillwn ni'r refferendwm yn y gwanwyn, fydd dim angen yr ymgyrch. Byddwn ni mewn sefyllfa gref yn yr etholiad am faer ac os aiff Emyr i mewn, y peth cynta wnaiff e fydd sgrapio'r Cynllun Datblygu Unedol. Rhaid i ni feddwl 'mlân, a pharatoi ar gyfer grym … ry'n ni ishws wedi dosbarthu'r portffolios addysg, economi, a chynllunio."

Yn amlwg roedd y dyfodol eisoes wedi datgelu'i hun mewn lliw llawn a Surround Sound i Gwilym. "Ydych chi wedi meddwl hyn drwodd?" gofynnais. "Os byddwch chi'n sefyll yn erbyn Plaid Cymru, dyna rwygo'r bleidlais genedlaetholgar a rhoi hewl agored i'r annibynwyr a'r Rhyddfrydwyr. Gallai fynd yn flêr iawn mas 'na."

"Paid â phoeni, Robat bach, smo ni'n dwp. Byddwn ni'n dewis ein seddi'n ofalus. Ond mae Plaid Cymru'n gofyn amdani, wyt ti'n cytuno? Wnaethon nhw ddim cefnogi'r ymgyrch i gael maer, do fe nawr?"

"Ti'n iawn. Fe weles i nhw'n dosbarthu taflenni yn erbyn, yn Nhal-y-bont."

Ro'n i eisoes wedi trafod y pwnc gyda rhai Pleidwyr amlwg. Cyfaddefodd Cynog dros swper nad oedd 'da fe ddim byd mawr yn erbyn yr egwyddor o gael maer: wedi'r cyfan, dyw'r drefn bresennol dan Dai Lloyd Evans ddim yn batrwm o ddemocratiaeth Athenaidd. Roedd gan Simon Thomas ac Elin Jones feddwl agored hefyd, ond eraill, fel Penri James ac Ellen ap Gwynn, yn wyllt yn erbyn. Ces i alwad ffôn hir a diffrwyth ag Ellen un bore, ond tasen i'n gwybod bod Gwilym a'i griw ar fin sefydlu plaid newydd, fasen i ddim wedi gwastraffu fy anadl.

Gadewais Gannets yn gynnar, wrth i'r gwirionedd wawrio arna i: mae'r rhain, ag un ergyd, wedi lladd nid yn unig ein hymgyrch fach ni yn erbyn gorddatblygu yng Ngheredigion, ond hefyd unrhyw siawns o gydweithio rhwng cenedlaetholwyr yn y sir.

2004

Ionawr 2004 HAPUS YNG NGHAERNARFON

Noson yng Nghaernarfon a chael cip ar fywyd arall posibl – un anwleidyddol. Am beth ydw i'n chwilio trwy'r amser? Mae'r Gymru rwy'n brwydro amdani eisoes yn bod!

Crwydro o'r Delyn i'r Maes ac i Cofi Roc am fwyd (cyffredin), ac yna ymlaen i'r Morgan Lloyd, lle mae cymeriadau tu hwnt i'w dyddiad gwerthu yn 'dawnsio' i hen fiwsig roc a rôl. O un i un syrthiodd fy hen hangyps glatsh i'r llawr: yr holl wleidyddiaeth sy'n crebachu bywyd dyn, yr holl ddadlau dros bethau a ddylai fod, y protestio, yr ymgyrchu, y cyfarfodydd, y datganiadau yn gofyn am rywbeth neu'n condemnio rhywbeth, y llythyrau blin i'r wasg.

Mwynhau peint braf, olaf gyda Glyn Tomos yn y Bachgen Du, lle ro'n i'n aros. Y bore wedyn, mynd am dro diog dros Bont yr Aber a lan yr arfordir yna'n araf yn ôl tua Chaernarfon a'r castell, a meddwl: mae angen dweud wrth y gwleidyddion – jyst rhowch cadw Caernarfon ar ben eich maniffestos. Cadwch e'n syml. Anghofiwch am y gweddill. Tra bydd llefydd fel Caernarfon byw, bydd yr iaith fyw.

Llifodd penillion y gerdd 'Hapus yng Nghaernarfon' i 'mhen wrth yrru'n ôl. Am ryw reswm, mae syniadau am gerddi yn llifo'n rhwydd y dyddiau hyn. Un arall ddaeth i fi'n ddiweddar yw 'A Gymri di Gymru?', a allai fod yn deitl i gasgliad, tybed?

Ebrill 2004 DONOSTIA

Hedfan i Bilbao, a tharo ar brotest fawr yn un o'i phrif sgwariau. Gorfod ffeindio rhywun â digon o Saesneg i egluro i fi beth oedd yn digwydd: protest yn erbyn dal carcharorion Basgaidd yn Sbaen, pwnc llosg yn y wlad. Methu mwynhau'r diwrnod yn y Guggenheim, y deml ymhonnus o wydr a metel i gelfyddyd fodern. Dal bws drannoeth i Donostia a chael llety ddi-ffenest mewn hostel ar bwys yr eglwys gadeiriol. Bwrw bar neu ddau yn y nos yng nghwmni criw o fac-pacwyr ifainc o Loegr oedd yn mynnu yfed lager Seisnig trwy'r nos. Cwrdd â Begotxu y noson wedyn mewn bwyty pysgod traddodiadol: merch fywiog, chweieithog a fu'n gweithio i Ned yn Mercator, ac a egI urodd i fi sut i gyrraedd swyddfeydd *Berria*, y papur dyddiol Basgeg.

Wedi taith trên o hanner awr, cyrraedd stad ddiwydiannol ar gyfer cwmnïau Basgeg eu hiaith. Dangosodd Pedro, un o'r cyfarwyddwyr, fi o gwmpas prif swyddfa'r papur. Ces i sioc o weld tua 80 o bobl ifainc yn gweithio tu ôl i resi o Afalau Ap newydd sbon, yn gwneud gwaith dylunio neu sgrifennu neu olygu neu waith ariannol i'r papur dyddiol neu i un o'u papurau wythnosol. Roedd mwy yn gweithio mewn stafelloedd yn y cefn i is-gwmnïau dosbarthu a hysbysebu.

"Mae gan bob un o'r staff gyfranddaliadau yn y cwmni," eglurodd Pedro. "Ry'n ni'n gwmni cydweithredol, a does gan neb hawl i berchen mwy na 10% o'r ecwiti."

"Ydych chi'n gwneud elw?"

"Wrth gwrs, ond does 'da fi ddim syniad faint. Ry'n ni'n gweithio yma am ein bod ni'n credu yn y fenter. Fe sefydlon ni'r papur â'n harian ein hunain. Erbyn hyn ry'n ni'n derbyn grant o un miliwn ewro'r flwyddyn gan y llywodraeth, ond fe godon ni 4.5 miliwn ewro ein hunain trwy rwydwaith o bwyllgorau lleol mewn trefi a phentrefi trwy'r wlad."

"Ry'ch chi'n codi cywilydd arnon ni yng Nghymru," dywedais wrth sylweddoli nad ariannol neu wleidyddol yw ein gwendid mwyaf ni, ond meddyliol. Y gwahaniaeth mawr rhyngon nhw a ni yw eu bod nhw'n credu yn eu hachos. Roedd Begotxu wedi dweud wrtha i ynghynt bod 'da nhw reol o beidio benthyca llyfrau Basgeg i'w gilydd er mwyn cefnogi'r diwydiant cyhoeddi. Anodd dychmygu hynny yng Nghymru, lle mae 'na gyfoethogion sydd prin yn prynu llyfr Cymraeg o gwbl.

Yn ôl yn Donostia, roedd yn rhaid ymchwilio i'r rhwydwaith o fariau bychain yn y canol. Roedd rhai yn amlwg genedlaetholgar ac yn dangos lluniau o bobl ifainc oedd mewn carchardai yn Sbaen. Teimlais yn anghysurus wrth weld mor normal a llawen oedd yr wynebau ifainc, braf: nid ffanaticiaid blin a barfog oedd y rhain. Mor lwcus y'n ni yng Nghymru, nad oes galw arnon ni i aberthu'n bersonol nac yn ariannol hyd yn oed dros yr achos. Ond a fyddwn ni'n talu'r pris, ryw ddydd?

Mai 2004 FFAIR LYFRAU PRÂG

I Ffair Lyfrau Prag. Sgwrsio â Jan Morris ar yr awyren o Fanceinion: cael y lwc o eistedd nesa ati. Dywedodd iddi gael ei rhwydo i siarad ar banel ar y stondin Brydeinig pnawn dydd Gwener, gyda Ned Thomas yn cadeirio. Roedd yn gas ganddi banelau o'r fath a doedd hi ddim yn deall cwestiynau Ned fel arfer, felly roedd hi wedi penderfynu ei bryfocio trwy adrodd rhai hanesion amherthnasol ond ffafriol i'r Ymerodraeth Brydeinig. Ro'n i eisoes yn gwybod am ei hedmygedd o'r Admiral John Fisher, a'i arwyddair milwrol, "Think in oceans, sink at sight."

Mwynhau cyngerdd clasurol yn neuadd y Klementium, a bwydach a gwin wedyn yn y Llyfrgell Genedlaethol ar draul yr Americanwyr. I'r ffair ei hun y bore wedyn a gorfod diodde araith haerllug o imperialaidd yn agoriad y stondin Brydeinig. Mae'r bygars yn dal i fyw yn y ganrif cyn diwetha! Crwydro'r

stondinau a chwrdd â fy hen ffrind Huw Lawrence, yr awdur.
Mynd gydag e gyda'r nos i 'gaffe llenyddol' yr ochr arall i'r
afon gan wrando ar feirdd a barddonesau Tsiec yn darllen
cerddi mewn Tsieceg yn gyntaf a Saesneg wedyn – oedd yn
gymeradwy iawn ond ag effaith sychedig. 'Nôl yng nghanol
y ddinas ffeindion ni far swnllyd yn llawn cefnogwyr hoci
iâ, wedyn seler *jazz* lle roedd 'na fand ffyncaidd da o'r enw
Chicken Soup, a thrydydd bar, Darlings, oedd â phwyslais
gwahanol.

Newid byd drannoeth mewn cinio ffurfiol yn y
Llysgenhadaeth Brydeinig mewn plasty bychan yn ardal
ddeiliog Hradčany o dan gastell Prâg. Roedd pen y Cwîn
ar y platiau i gyd ac yn syllu o ffrâm drom uwchben y stâr.
Cymerais *aperitif* oddi ar un o'r hambyrddau a chael cyfle
i edmygu'r olygfa wanwynol trwy'r ffenestr. Eistedd wedyn
rhwng bachan difyr o'r enw Tony Ward, oedd yn cyhoeddi
slim volumes digidol o farddoniaeth gyda grantiau anferth
gan Gyngor Celfyddydau Lloegr, a swyddog o'r llysgenhadaeth
ei hun, gwraig gwrtais a deallus. Ond nid felly'r Llysgennad,
Sgotes siarp a wnaeth yn glir i bawb ei bod hi'n cefnogi'r rhyfel
yn Irac, sydd wedi dechrau ers dros fis.

Roedd Ned, Jan Morris ac Emyr Humphreys yn eistedd gyda hi
ar y prif fwrdd ac wedi i'r cinio ddechrau, gofynnodd Jan Morris
iddi: tybed a allai hi egluro pwy yn hollol yw'r gelyn, yn y rhyfel
arbennig yma – sylw a arweiniodd at ginio bywiog a swnllyd yn y
rhan yna o'r stafell.

Ar y pnawn ola, cwrdd â Huw wrth y stondin Brydeinig ar
gyfer uchafbwynt eu rhaglen yn yr ŵyl: y panel o ddoethion.
Yno yn y canol roedd Jan Morris, a Ned yn y gadair. Yn
hollol fel proffwydodd hi ar yr awyren, fe anwybyddodd hi
gwestiynau trofaus Ned a lansio i folawd gwleidyddol anghywir
i rai o gadfridogion mwyaf lliwgar a gwaedlyd yr Ymerodraeth
Brydeinig. Rhaid bod hyn wrth fodd ei chyflogwyr, y Cyngor
Prydeinig, ond diflannodd Huw a fi ar frys am noson olaf, drom
yn ninas Prâg.

Enid a fi'n mynd i swper ym Mhlas y Gwynfryn, Taliesin, cartref Basil Thomas, y cenedlaetholwr amldalentog. Dychwelodd i'r ardal ar ôl gweithio am flynyddoedd ym München mewn swydd uchel yn adran batentau'r Gymuned Ewropeaidd. Yn berson hoyw ac artistaidd, hawdd ei ddychmygu yn hau *bon mots* yn uwch-bartïon y ddinas soffistigedig honno, lle bu fy modryb hoff, Eva Monika, hefyd yn byw ac yn mwynhau bywyd.

Cartref i hen bobl oedd Plas y Gwynfryn cyn i Basil ei droi yn *palazzo* chwaethus, Eidalaidd. Tra roedd gweddill yr adeilad mewn lliwiau pastelaidd, roedd yr ystafell giniawa mewn marŵn a'r celfi'n ddu i gyd. Arllwysodd Basil win pymtheg mlwydd oed i ni tra tynnai gafaelgi Cymreig wrth ei goes. Y tro diwetha ro'n i yma, roedd parot gwyn yn eistedd ar ei ysgwydd drwy'r nos. Cawsom ein cyflwyno i'r gwesteion eraill, oedd yn cynnwys John Jenkins, y bomiwr Cymreig, Gwilym ab Ioan, a dwy wraig ddi-Gymraeg. Wrth sipian y gwin buom yn edmygu'r olygfa wledig, heddychlon trwy'r ffenestri Ffrengig. Grŵp bach o genedlaetholwyr oedden ni, ac fel roedd yr haul yn araf fachlud, ro'n i'n methu peidio teimlo ein bod ni mewn ynys fach o oleuni mewn gwlad oedd ei hunan yn machlud.

Yn y llyfrgell wedi'r pryd, cael cyfle i sgwrsio â Basil, Gwilym a John Jenkins. Dywedais wrth Gwilym, yn gliriach nag yn y swper yna yn Gannets, 'mod i'n llwyr anghytuno â'r syniad o greu plaid newydd, Llais Ceredigion, ond roedd e'n benderfynol o herio Dai Lloyd Evans, Cadeirydd y Cyngor, ar ei batshyn ei hun yn Lledrod.* Soniodd Basil wedyn am yr ymateb siomedig i *Cymru ein Gwlad* – cylchgrawn cenedlatholgar yr oedd e wedi ei sefydlu a'i olygu, a ninnau'n argraffu. Wedi dychwelyd o'r Almaen i Gymru, mae'n siŵr iddo ddychmygu gwlad dipyn cryfach na'r un a ffeindiodd.

Ond roedd 'na un mater ro'n i am ei godi gyda John Jenkins, ac yno, rhwng silffoedd y llyfrgell, bachais ar y cyfle. Roedden ni eisoes wedi cyhoeddi ei lythyrau o garchar; nawr pwysais arno i sgrifennu hunangofiant. Ro'n i wedi crybwyll y syniad o'r blaen ond erbyn hyn roedd 'da fi enw rhywun oedd â'r cydymdeimlad a'r gallu i sgrifennu a golygu'r cyfan. Ond roedd John yn gyndyn. Beth oedd y broblem? gofynnais.

"Allwn i ddim sgrifennu am beth ddigwyddodd heb ddatgelu gwybodaeth a fyddai'n ddefnyddiol i'r heddlu, hyd yn oed heddiw."

Ond oni allai sôn am y gweithredoedd oedd eisoes yn gyhoeddus, a'r bobl a gafodd eu carcharu ac yn wir a fu farw yn sgil ymgyrchoedd MAC?

"Gallwn, wir, ond rwy'n amau ai dyna y'ch chi'n ddisgwyl mewn hunangofiant: ailbobi gwybodaeth sydd eisoes ar gael yn y wasg."

Ychwanegodd: "Chafodd neb ei ddal a'i gosbi am gymryd rhan yn yr ymgyrch losgi tai haf. Cafodd rhai eu dal yn y dyddiau cynnar am drio llosgi tŷ neu ddau ond doedden nhw ddim yn rhan o'r ymgyrch ei hun, oedd yn llwyddiannus iawn. Y rheswm am hynny oedd bod yna un Cymro amlwg yn gefn ac yn ymennydd y tu ôl i'r cyfan – ond wiw i fi ddweud mwy, hyd yn oed yma, wrthych chi heno."

Newidiodd y pwnc ac aeth John ymlaen i sôn yn negyddol iawn am y Gymru gyfoes. Roedd yn amlwg yn dal yn chwerw am na lwyddodd ei weithredoedd hunanaberthol i ddeffro'r genedl fel yr oedd wedi gobeithio. Bu yng ngharchar am saith mlynedd am ei ffrwydriadau yn Nhryweryn, Clywedog, a llefydd eraill. Bomiodd swyddfeydd treth incwm, y Swyddfa Gymreig, a'r Deml Heddwch cyn cynhadledd i drefnu'r Arwisgo. A

John Jenkins

lladdwyd dau o aelodau MAC ar fore'r Arwisgo – y rhai cyntaf i roi eu bywydau dros Gymru ers dyddiau Glyndŵr, gallech ddadlau. Roedd 'da fe dipyn o stori i'w hadrodd.

Diolchon ni i Basil am ei groeso gwaraidd, ond wrth yrru'n ôl i Dal-y-bont ro'n i'n methu peidio meddwl am John Jenkins. Oedd e'n iawn i fod mor negyddol? Onid oedd e wedi cyfrannu, gyda Gwynfor Evans at ddeffroad cenedlaethol canol y ganrif ddiwethaf? Neu ydi e'n gweld y Cynulliad ei hun yn fethiant ac yn dwyll – yn siop siarad ddi-rym sy'n ein dargyfeirio oddi wrth frwydrau pwysicaf Cymru?

*Afraid dweud na lwyddodd Gwilym i guro Dai Lloyd Evans yn yr etholiad lleol a ddilynodd.

Mehefin 04 MARW FY NHAD

Fy nhad wedi marw heno yn Ysbyty Treforys. Roedd Heini wedi aros gydag e, efallai'n synhwyro bod y diwedd yn dod. Aeth yn dawel ond roedd ei gorff wedi pallu'n raddol ers tro. Ond rhedodd y ras yn ddewr i'r diwedd. Er ei fod mor hen, mae'n rhyfedd iawn nad yw bellach yn bod, yr un a fu'n fath echel i'n bywydau, heb i ni sylweddoli hynny'n iawn tan nawr.

Cafodd fywyd hir, yn llawn gorchestion fel ysgolhaig, gwleidydd, awdur, cenedlaetholwr, bardd, cynhyrfwr cyffredinol a llythyrwr, a doethor dair gwaith. Rhyfedd dod i'r tŷ heno, i dŷ heb rieni o gwbl. Gyda'r ail farwolaeth y mae'r bydysawd yna'n diflannu. Dim ond olion, rhai darnau o dystiolaeth sydd ar ôl, heb y bywyd a'u cynhyrchodd. Dim ond nawr rwy'n teimlo hiraeth a gwacter, wrth weld y presennol yn troi'n orffennol ac yn ddim ond hanes sych.

Roedd e'n amlieithydd, yn darllen nofelau ysgafn Almaeneg fel adloniant min nos, yn hoffi pori mewn esboniadau a geiriaduron, ac wrth gwrs yn awdurdod ar yr Aifft, heb sôn am lenyddiaeth a'r iaith Gymraeg. Wnaeth Heini a fi ddim gafael ym mhob un *baton*. Wnawn ni ddim mwyach ond fe fyddwn, rwy'n siŵr, yn awyddus i gadw'r hynafiaid yn hapus: nod da ar gyfer bywyd.

Ry'n ni'n cario ein rhieni ynon ni, yn fiolegol, yn syniadol

– ond nid ni ydyn nhw, chwaith. Dywedodd fy nhad beth anfwriadol ddadlennol wrtha i rai dyddiau'n ôl, yn yr ysbyty. Edrychodd arna i a dweud yn sydyn: "Nid Cymro wyt ti. Rwyt ti'n chwarter Iddew, yn ddim ond hanner Cymro. Ond Cymro ydw i." Gwych, yntefe. Roedd e'n gwybod beth oedd e tan y diwedd: Cymro. Ro'n i'n eiddigeddus o'r sicrwydd yna.

Cynhaliwyd yr angladd ddoe yng nghapel y Trinity. Aeth popeth yn hyfryd yno, yn y fynwent, ac wedyn yng ngwesty Morgans. Daeth nifer syndod o fawr i'r gwasanaeth, oedd yn cynnwys anerchiad addas a chraff gan yr Athro Ceri Davies, y clasurwr. Amhosib gofyn am fwy. Buasai 'nhad yn hapus iawn. Ond mae rhywbeth tu hwnt i hapusrwydd mewn angladd: y teimlad dwfn yna o gryfder y mae cymdeithas yn ei roi.

2005

Ionawr 2005 LANSIO'R *BYD*

Lansio prosiect *Y Byd* yng Nghanolfan y Mileniwm, Caerdydd. Noson wych, gyffrous, a llawn addewid: y dyfodol yn cyffwrdd â'r presennol wrth i'r freuddwyd o bapur dyddiol Cymraeg ddechrau ymffurfio yn y byd real. Wedi misoedd o bwyllgora ansicr, mae heno i gyd yn iawn ac yn broffesiynol.

Cyrhaedda uwch-ddosbarth Cymraeg Caerdydd bob yn bâr. Mae merched gosgeiddig cwmni Cambrensis, yn eu gwisgoedd hirddu, yn eu croesawu â gwydraid o Prosecco a'u tywys at y byrddau o *canapés* yn lolfa hirgrwn y Ganolfan. Yn chwarae'n ysgafn yn y cefndir mae'r *lounge music* a archebais yn bersonol gan driawd *jazz* Gary Phillips o Abertawe.

A phawb wedi eu meddalu ac yn yr hwyliau gorau i dderbyn y neges, arweiniwyd y dorf at stafell gyfagos lle cyflwynodd Elin Haf sioe PowerPoint yn amlinellu cynllun busnes y papur, yr amcanion gwerthiant a'r dulliau ariannu. Seiliwyd y ffigyrau cylchrediad ar ymchwil fanwl cwmni Beaufort ledled Cymru. Soniwyd am y wefan ddwyieithog

Dyluniad tudalen flaen *Y Byd* gan Pryderi Gruffydd,
dylunydd yn gweithio i'r *Sunday Times*

a fyddai'n rhoi mynediad i'r papur i bawb yng Nghymru a thu hwnt. Yna siaradodd Guto Harri yn rhy hir ond yn llithrig a diddorol a gonest, gyda Ned yn cloi'r cyfarfod.

Yn falch o fod yn aelod o fwrdd Dyddiol Cyf., y cyhoeddwyr, es i'n ôl i'r lolfa i fwynhau gwydryn gyda fy nithoedd Efa a Nona, Gareth Miles, Geraint Y Blew, a Meic Stephens. Mae wastad yn ddifyr cwrdd â hen gymrodyr dan amgylchiadau newydd. Pa gynllun bynnag sydd ar y gweill, ry'n ni'n deall ein gilydd yn dda: yr un yw'r frwydr. Roedd Meic eisoes wedi cyfrandalu, ac mewn hwyliau ymosodol. Broliodd fod pob un o'i wyrion yn siarad Cymraeg ond roedd diffyg arweiniad Plaid Cymru yn ei boeni, a'r diffyg arweiniad heno. Wedi cyflwyniad mor berffaith, pam na ofynnon ni am arian?

Gallai Meic fod yn iawn. Ddylsai neb fod wedi gadael yr adeilad heb lofnodi addewid i roi arian i'r *Byd*. Beth oedd pwynt cael y merched hardd o gwmni Cambrensis? Ydyn ni wedi gadael i grachach Caerdydd lithro trwy ein dwylo a dianc yn ôl i'w cartrefi castellog â'u waledi'n dal yn llawn? Mae'r posibilrwydd yn rhy ddiflas i'w ystyried: bydd yn rhaid i fi holi Ned.

Dim llyfrau nawr ar ôl yn Cadwgan, ein cartref yn Abertawe.
Felly dim mwy o drafod a dadlau, dim taflu syniadau, dim
ystyr, dim bywyd, dim byd.

Llyfrau oedd calon Cadwgan. Dim byd nawr am adar,
am Arabeg, am Havel, am Hawaii, am batrymau gwau, am
hen hanes, am hen dduwiau, am Kazantzakis, am deithio,
am Rwsieg, am wrachod, am I-Ching yn stafell fy mam. Na
geiriaduron ym mhob iaith. Dim chwilfrydedd, dim diwylliant,
dim albwmau, erthyglau, drafftiau, na lluniau dros y lle, na dim
eiconau bach diddorol, na dim brodwaith. Dim chwyddwydrau,
dim gwellt, dim cerrig ambr. Dim ond ogof wag ar fin ei throi
yn lle i wneud arian allan o fyfyrwyr.

Dim llyfrau fy nhad, chwaith. Aeth y rhai clasurol i lyfrgell
y brifysgol yn Abertawe, a'r pentyrrau olaf o *Byw*, *Efrydiau
Athronyddol*, *Llên Cymru*, a *Diwinyddiaeth* at Richard Booth,
â chalon drom. Be wnawn i â nhw? A *Taliesin* a *Barn* a'r
Traethodydd a *Heddiw*, a'r cylchgrawn ddechreuodd ef ei hun,
Y Fflam. Mae'r fflam wedi diffodd. Dyna oedd ei fyd. Bodolaeth
y rhain oedd ei fywyd: y byd deallusol Cymraeg, sydd mor frau.
Dyna pam mae cael papur fel *Y Byd* mor bwysig: er mwyn
parhau'r drafodaeth, y sgwrs mae pob cenedl yn ei chynnal â hi
ei hun.

Chwalu'r pethau personol sydd anoddaf: y modrwyau, yr
eiconau bychain ar ei ddesg, y ffyn arogldarth. Doedd e ddim
yn smygu – fe daflodd ei bib yn seremonïol dros ddec llong ym
mhorthladd Copenhagen pan oedd yn ei dridegau. Ond rwy'n
siŵr ei fod yn arogli'r arogldarth dwyreiniol, ac yn gwisgo'r
modrwyau ac yn gwrando ar ei lyfrgell o dapiau – pan oedd
e'n dal i allu clywed – er mwyn cludo'i ddychymyg i'r Hen Fyd.
Sgrifennodd ei gyfrolau academaidd mwyaf swmpus yn ei
saithdegau a'i wythdegau. Byddwn yn cadw'r rheini, a llythyrau
a dyddiaduron fy mam, yn ei stydi – ei 'Ffrontisterion' – a fydd
yn fflat i'r teulu.

Roedd yn uffernol o oer yn y tŷ. Mae'r adeiladwyr wedi
symud i mewn a does yna ddim trydan na nwy. Wedi gyrru i

lawr ddoe, roedd 'na demtasiwn, gan ei bod hi'n nos Fercher, i oedi a tharo draw i'r clwb *jazz*, ond am unwaith gyrrais yn syth yn ôl. Heddiw mae trwch o eira gwyn dros bob man.

Mawrth 2005 ARS LIBRI

Elmar Seibel o Boston, deliwr mewn llyfrau prin, yn galw yn Nhal-y-bont ddoe, gydag Anthony O'Donohue, Eifftolegydd o Rydychen oedd yn ffrind agos i fy rhieni. Ro'n i wedi symud eu holl lyfrau Eifftolegol a Chlasurol i warws Y Lolfa yn y gobaith o'u gwerthu i'r bachan yma, am £15,000 efallai. Mae e'n rhedeg Ars Libri, gwefan a siop llyfrau prin fwyaf America, ac yn arbenigwr ar gynghori sefydliadau sut i sefydlu llyfrgelloedd academaidd.

Ar wahân i fod yn stratosfferig o ddeallus, roedd yn foi dymunol, â'i draed yn gadarn ar y ddaear. Yn frodor o Koblenz ar y Rhein, mudodd i'r Amerig pan oedd yn ddwy ar bymtheg oed. Yn wahanol i'r Sais O'Donohue, deallai'n syth pam fod y Gymraeg yn bwysig i ni, ac roedd wrth ei fodd pan welodd gopi o *Y Llaw Broffwydol*, cyfrol hardd yr Athro Gareth Alban Davies am Owen Jones, artist a geiriadurwr celf blaenllaw yn ei ddydd a oedd â rhan yng nghynllunio'r Palas Grisial yn Llundain ar gyfer Arddangosfa Fawr 1851.

Wrth edmygu un o'r tudalennau, meddai Elmar: "Pwy fase'n meddwl? Mae'r patrwm yna ar wal un o fwytai Azita, fy ngwraig! Mae ganddi bedwar bwyty Iranaidd yn Boston. Ga i brynu copi iddi, a mynd ag un arall i'w ddangos i ffrind i mi sy'n gyhoeddwr? Buasai yna farchnad fyd-eang i fersiwn Saesneg o'r llyfr yma."

"Cymerwch nhw â chroeso."

Wedi iddo gael cip ar y llyfrau, aethon ni lawr i'r Llew Gwyn am baned a brechdan a thrafod sawl peth gwahanol. Un gofid i Elmar oedd y ffwndamentaliaeth grefyddol yn yr Amerig. Gydag arswyd, dywedodd fod 68% o Americanwyr yn gweddïo ar eu pennau eu hunain bob dydd. Yn y cyfamser roedd yn trio'i orau, gyda'i ffôn symudol, i gael synnwyr mas o'r swyddfa drenau yn Aberystwyth. Pan ddeallodd nad oedd modd dal y cysylltiad i Birmingham a hysbysebwyd, ac na fyddai, wedi'r cyfan, yn gallu cadw at yr apwyntiad pwysig oedd ganddo yn Llundain am saith o'r gloch, dywedodd:

"Rwy'n teithio tipyn o'r byd a welais i ddim gwasanaeth trên mwy diawledig, yr ochr hon i India, na'r un o Aberystwyth."

Pan ddaeth yn amser ffarwelio, doedd yna ddim bargen i'w tharo. Dywedodd nad oedd cyflwr y llyfrau yn ddigon da i'w hailwerthu – yna'n llongyfarch fel cwmni ar ein gwaith dros yr iaith Gymraeg.

Ebrill 2005 ANGLADD GWYNFOR

Angladd Gwynfor. Y genedl mas. Dau lond capel o bobl yn clywed y gwasanaeth, ninnau'n lwcus iawn i gael lle yng nghapel Seion, hen gapel Enid a'i rhieni. Dilyn y pibydd oedd yn arwain yr hers a'r orymdaith, gan ddilyn Gwynfor yn ei farwolaeth fel yn ei fywyd. Yr haul yn gwenu wedyn wrth i bawb ymgomio'n hamddenol ar y stryd, yn ymwybodol o fod yn bresennol mewn digwyddiad mwy nag angladd un dyn.

Bu tipyn o sôn heddiw am heddychiaeth Gwynfor, a'i ryngwladoldeb, ond ei genedlaetholdeb oedd y peth sylfaenol amdano. Dangosodd fod Cymru, yn ôl unrhyw ddiffiniad, yn genedl; mai twyll yw Prydeindod ac nad oes y fath genedl â Phrydain, dim ond Lloegr, ac na allwn ni berthyn i ddwy genedl, gan ddewis Cymru neu Loegr yn ôl y galw. Dyna oedd neges *Diwedd Prydeindod* a'i chwe llyfr i ni fel gwasg.

Ei lyfr olaf oedd y cywaith hardd â Marian Delyth, *Cymru o Hud*. Pan es i â phroflenni'r fersiwn Saesneg i Bencarreg ychydig yn ôl roedd yn drist i'w weld ef a Rhiannon yn gaeth i'w gwelyau, ond roedd y sbarc yn dal yn ei lygaid: y penderfyniad, yr hiwmor, y deallusrwydd a'r drygioni hefyd a'i galluogodd i gyflawni cymaint dros Gymru.

Mai 2005 DAVID HOCKNEY

Un arall o lythyrau anfarwol gwrth-gwrth-smygu David Hockney yn y papur Sul. Er nad yn cyfri fy hun yn smygwr, rwy'n dwlu ar ei lythyrau ac yn eu cadw nhw i gyd gyda'r dyddiaduron yma. Yn ei lythyr diwetha, mae'n condemnio ffanaticiaid iechyd yr Unol Daleithiau, a'u hanallu i fwynhau bywyd. Mae'n canmol dinas fel Paris lle mae pobl yn gallu smygu, yfed a mwynhau eu hunain. Ac mae'n dweud: 'Os bydda i farw fory, o leia bydda i wedi cael amser da.'

Y tro yma mae'n fflamio ysfa gwleidyddion i reoli pob agwedd o'n bywydau, ac i sensro ein pleserau lleiaf a mwyaf diniwed, ac mae'n dweud ein bod ni wedi colli 'a sense of messiness', gan ddyfynnu rhai llinellau gan Robert Herrick:

> A careless shoestring, in whose tie
> I see a wild civility,
> do more bewitch me than when art
> is too precise in every part.

Pwynt ardderchog am yr angen am amherffeithrwydd, a'r rhyddhad rhyfedd a gawn ni o dderbyn hynny, pan ddown ni weithiau, yn ddamweiniol, ar ei draws.

Hydref 2005 PARADWYS

Mynd i ŵyl *jazz* 'Paradwys' yn Pomos, llecyn dramatig o hardd ar benrhyn gorllewinol ynys Cyprus, yn agos i'r ffin â'r gogledd Twrcaidd. Roedd yr haul yn machlud yn ogoneddus pan gyrhaeddais mewn tacsi gyda chwpwl o Almaenwyr ro'n i wedi cwrdd â nhw yn Polis. Gallwn glywed y nodau jazzaidd yn blastio o ardd taferna'r 'Baradwys', ond wedi mynd i mewn sylwais fod y lle'n llawn Saeson, Almaenwyr, *ex-pats*, ac ambell i ffanatig *jazz* croenddu mewn cap *baseball* tu chwith. Lled ddyfarais ddod. Do'n i ddim yn gysurus ymhlith y criw yma o fewnfudwyr ac am y tro cynta erioed, teimlais mai miwsig estron yw *jazz*. Tybed beth oedd y Cypriaid lleol yn ei feddwl o'r miri i gyd?

Ond ro'n i'n anghywir. Roedd 'na fandiau yma o Israel, Armenia, Sbaen a dwyrain Ewrop, rhai ohonyn nhw'n chwarae stwff arbrofol, pell mas, ac eraill yn fwy ethnig. Codais botel o Keo wrth y bar a siarad â Sgotyn oedd yn gallu chwarae miwsig Groegaidd, Twrces o'r enw Anastasia a roddodd soser o bleser Twrcaidd i fi, Sais difyr o'r enw Ken oedd yn dad i bump o ferched – a dau foi o Groatia.

Sylwais ag eiddigedd arnyn nhw'n smygu a chwerthin yn eu hetiau gwellt ar y balconi. Daliai'r haul isel y mwg a'u hystumiau hamddenol a dyma nhw'n galw arna i i ymuno â nhw. Eglurodd y ddau mai peirianwyr oedden nhw, wedi dewis dod i weithio i Gyprus am ei bod mor braf yma. Dim ond am dridiau'r wythnos oedden nhw'n gweithio, gan ennill digon yn y dyddiau yna i fwynhau'r pedwar dydd arall. Ro'n i'n llawn edmygedd ac eiddigedd. Cyfaddefais 'mod i'n hedfan yn ôl ddydd Sul. Gwyddwn, mewn wythnos, na fyddai heno'n ddim ond breuddwyd.

Fel y suddai'r haul i'r môr, roedd llinynnau o fylbiau bach lliw yn graddol oleuo'r bobl oedd yn yfed a mwynhau o dan ganghennau'r coed. Meddyliais: beth yw'r broblem? Pam gadael? Be sydd mor bwysig?

Yn darllen fy meddwl, meddai un o'r Croatiaid: "You can do it, too!"

"What do you mean?"

"It don't have to last just one week a year. Look at us!"

"We've done it, man," meddai'r llall. "Wassa problem?"

"But you must do it now, or you never will."

Roedd e'n iawn. Do'n i ddim yn ifanc, o bell ffordd. Ai dyna fy nghyfle ola i wneud rhywbeth gwallgo, i dorri dros y tresi – i dderbyn mai un bywyd sy 'da fi, i fentro yn fy mywyd personol fel y gwnes i mewn busnes?

Codais i nôl potel arall o Keo. Wrth y bar, trawais eto ar Ken, oedd wedi meddwi braidd ac wedi'i argyhoeddi bod 'na rywbeth sylfaenol *dodgy* am y miwsig honedig 'Armenaidd' yna. Yna daeth y Sgotyn lan ata i, bachan o fy oed i. Aeth ymlaen i ganmol Polis, y dre fach lle roedd e nawr yn byw trwy'r flwyddyn. Doedd e erioed wedi bod mor hapus, meddai. Mae'r bobl yma mor anfaterol a chyfeillgar: o'n i wedi bod yn nhaferna'r Savvas? Dylen i roi cynnig ar Polis am fis neu ddau, a phenderfynu wedyn. Gallen i fyw yn rhad iawn mas o dymor yn llety *Follow The Sun* ...

"Fan'na rwy'n aros," atebais. "Ces i noson yn y Savvas neithiwr, ac ry'ch chi'n iawn. Daeth criw hwyliog iawn o bysgotwyr ifanc mewn tua deg y nos, ac roedd y crac yn dda ..."

Edrychais draw tua'r ddau Groatiad wrth y balcon, oedd yn smygu, chwerthin a mwynhau fel dau filiwnydd. O'n i'n mynd i ailymuno â nhw, i wynebu rhagor o bryfocio? Oedd 'da fi ddadleuon gwell, erbyn hyn, dros wrthod cymryd y cam tyngedfennol? Ro'n i wedi gwneud fy nyletswydd, yn deuluol ac fel arall – gallen i ddadlau. Does 'da fi ddim dyledion. Mae'r busnes yn mynd o nerth i nerth dan ddwylo diogel y meibion. Oes raid rhoi bywyd cyfan i wneud dim ond un peth? Oedd 'da fi ddim hawl i gael blwyddyn neu ddwy olaf oddi ar radar y Genedl?

Rhagfyr 2005 WOODY ALLEN

Mae Woody Allen nawr yn 70 ond mae'n dal i sgrifennu bob bore, pnawn a nos. Mae 'da fe dair ffilm newydd ar y gweill. Pan mae'n codi yn y bore, mae'r syniadau eisoes yn llifo. Ond dyw e byth yn darllen adolygiadau nac yn poeni am feirniadaeth na chanmoliaeth. Pan ddaw ffilm newydd mas, mae'n fwy ymwybodol o'r gwendidau na neb, medde fe – ac yn canolbwyntio ar ei ffilm nesaf.

Mae e wastad, medde fe, mewn cyflwr o 'ddiflastod lefel isel' – ond byth yn ddigon drwg i gymryd cyffuriau. Trasiedi yw bywyd, meddai, gyda werddonau o gomedi weithiau'n blodeuo yn y canol. Dyna broffesiwn gwych, felly, yw un y comedïwr, sy'n creu'r llecynnau yna o olau ac yn peri i ni allu chwerthin am ben ein cyflwr sylfaenol anobeithiol.

Ei obsesiwn presennol yw lle canolog lwc mewn bywyd. Mae pobl yn gyffredinol yn gyndyn i gydnabod hyn, gan roi iddyn nhw eu hunain y clod sy'n ddyledus i lwc. Mae e nawr yn gweithio ar ffilm gyda dau ganlyniad: un lle mae'r boi yn lwcus, ac un arall lle mae'n gorffen yn y gwter. Nid syniad newydd, ond rwy'n gwybod ei fod yn syniad ardderchog achos fi yw'r boi yna – yr un yn y rhan lwcus o'r ffilm.

2006

Ionawr 2006 *RHAG POB BRAD*

Darllen *Rhag Pob Brad*, cofiant Rhys Evans i Gwynfor, dros y Nadolig, a'i fwynhau'n fawr. Mae'n llwyddo i wneud pynciau anodd yn ddealladwy trwy ei arddull newyddiadurol, croesbwysleisiol. Campwaith yn wir, er i Meleri, un o blant Gwynfor, ddweud wrtha i na nabyddodd ei thad yn y llyfr. Mae dyddiaduron ei fab, Dafydd, yn *Y Blew a Buddugoliaeth Gwynfor*, yn dadlennu mwy am y dyn teulu a'i hiwmor. Ond mae Rhys yn wych ar y wleidyddiaeth. Dyma rai o wersi'r llyfr, i fi:

1. Mae cachu'n digwydd trwy'r amser i Gymru, mor anochel â disgyrchiant, jyst am ein bod ni'n rhan o Loegr – e.e. efaciwîs, fforesteiddio, boddi cymoedd, yr ysgol fomio, y mewnlifiad, gorsafoedd niwclear, safleoedd milwrol, melinau gwynt hefyd.

2. Caiff popeth a enillir ei golli ymhen amser, a rhaid ailymladd yr un brwydrau eto ac eto (e.e. darlledu, addysg).

3. Gwael yw ansawdd defnydd y Cymry, a thenau eu rhuddin. Nid ein bod ni'n ddidalent, ond mae ein doniau gorau yn gadael ac mae 'na wythïen o ddylni a thaeogrwydd yn y rhai sydd ar ôl. Mae creu cenedl go iawn mas o'r Cymry yn dasg go ddigalon, fel trio gwneud siwt mas o groen mochyn.

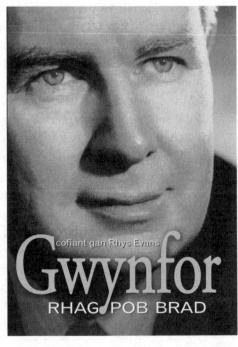

4. Lleiafrif o fewn lleiafrif yw cenedlaetholwyr o wir argyhoeddiad, ym mhob gwlad. Nid â dadleuon cenedlaetholgar y mae argyhoeddi'r mwyafrif, sydd wastad yn rhoi eu hunan-les personol yn flaenaf.

5. Lwc achosodd i Gwynfor ennill Caerfyrddin yn 1966 (marwolaeth Megan Lloyd George, gwrthwynebydd gwan yn Gwilym Prys Davies, etc.); anlwc (neu waeth) achosodd iddo 'golli' o dair pleidlais yn 1979. Mae lwc ac anlwc ym mhob canlyniad – e.e. canlyniadau agos y Blaid yn y Rhondda a Chaerffili. Beth fuasai hanes y Blaid petai wedi llwyddo i gipio un o seddau'r Cymoedd?

6. Mae gwir newid yn beth anodd iawn i'w gyflawni, a thrwy ddiffiniad, yn creu cythrwfl ac anesmwythyd dwfn ymhlith y bobl a effeithir. Syrthni a llesgedd yw'r norm. Mae wynebu newid go iawn yn rhwym o esgor ar hunan-amddiffyn ffyrnig, ac ymosodiadau personol ffiaidd.

7. Yn y diwedd, dim ond styfnigrwydd pur sy'n cyfri. Anghofiwch y gwendidau a'r rhinweddau cyffredin sydd gan wleidyddion, e.e. diffyg cysondeb, hunan-dyb, uchelgais, rhagfarnau personol (oedd Gwynfor yn deg gydag Emrys Roberts, ei Ysgrifennydd Cyffredinol?), a gallu ymenyddol pur (sgrifennodd Gwynfor ei gyfrol swmpus ar hanes Cymru, *Aros Mae*, mewn tri mis). Ond o styfnigrwydd pur, daliodd Gwynfor at ei benderfyniad i ymprydio yn 1980.

Roedd mil o leisiau y tu mewn a'r tu allan i'r Blaid yn ymbil arno i fod yn 'gall': roedd pob synnwyr yn dweud na fyddai Thatcher, y fenyw haearn, yn ildio. Roedd rhai, fel Dafydd Elis Thomas, yn gweld rhywbeth sinistr a threisgar hyd yn oed ym mygythiad Gwynfor. Ond gwrthododd wrando – a llwyddo. Nid cael sianel deledu Gymraeg oedd y pwynt – doedd e ddim yn gwylio'r blydi bocs, mwy nag ydw i – ond ailgynnau fflam cenedlaetholdeb wedi siom refferendwm 1979. Dyna oedd ei amcan, ac fe lwyddodd, a bydd ei enw fyw byth.

Ionawr 2006 HOLOCOST

Cymryd rhan heddiw mewn 'Gwasanaeth Coffa' i'r Holocost yn y Morfa, Aberystwyth. Fi oedd yn cynnau'r gannwyll. Gwasanaeth byr, pwrpasol, dwyieithog. Yn y tawelwch a'r golau cannwyll, ro'n i'n meddwl am y fam-gu na weles i mohoni. Roedd Pablo Casals yn chwarae miwsig Max Bruch ar ei soddgrwth yn y cefndir – hyfryd, rhy hyfryd efalle, o gofio am y diwedd uffernol a gafodd hi yng ngwersyll garchar Ravensbrück. Ond wedyn, oni bai am yr 'Holocost', fasen i ddim yma, nac yn bod.

Mae'r gair 'Holocost' yn parselu'r erchylltra fel petai'n ddigwyddiad unigryw, unwaith-ac-am-byth. Ond roedd yn benllanw pum canrif o erlid yr Iddewon. Y peth gwaethaf nawr yw'r tawelwch mawr, absenoldeb yr athrylith Iddewig o brif ddinasoedd Ewrop, y lefain ym mlawd eu bywyd cymdeithasol a chreadigol, yn eu theatrau, eu horielau a'u papurau dyddiol, yr hiwmor realistig a'r meddwl sgeptig oedd yn rhoi awch i'r cyfan. Beth sy'n dristach hyd yn oed nag erchylltra'r gwersyll-garchardai, yw i ganrifoedd o wrth-Iddewiaeth lwyddo yn ei nod.

Ionawr 2006 OCHR TREFORYS O'R DRE

Mynd i gyngerdd mawreddog yng nghapel y Tabernacl, Treforys, i godi arian at eisteddfod Abertawe. Llond y lle, a Siân Cothi'n wych yn arwain. Ond ar y ffordd mas, meddai Heini wrtha i (fe yw Cadeirydd y Pwyllgor Gwaith): "Falle mai dyma'r cyfarfod Cymraeg torfol olaf yn Abertawe." Dyna osodiad sobreiddiol, nad o'n i eisiau ei glywed. Roedd 'na fwyafrif Cymraeg yn Nhreforys ganrif a hanner yn ôl a dyna pam mae adeilad y Tabernacl mor fawr – i ddal yr holl Gymry Cymraeg oedd yn gweithio, yn byw ac yn moli yn y dre.

Ymlaen wedyn am y bwffe yng Nghlwb Rygbi Treforys. Roedd criw hwyliog wrth y bar, yn eu plith boi o'r enw Grenville Thomas, sy'n filiwnydd sawl gwaith drosodd yn sgil mwyngloddio diemwntau yng Nghanada. Mae'n byw yno gyda'i ferch, Eira, sy'n modelu'r tlysau. Dysgodd bopeth am fwyngloddio ym mhyllau glo Treforys a Chlydach ac wedyn yn y brifysgol yng Nghaerdydd, a rhoddodd arian i ni tuag at gostau cyhoeddi *The Black Mystery* gan Ronald Rees.

Mae'r boi yma'n ddifrifol o gyfoethog. A ddylen i fynd lan ato a gofyn am arian i'r *Byd*? Ond oni ddywedodd Ned ei fod am gysylltu ei hun yn gyntaf â rhywun roedd e'n ei nabod yng Nghanada? Nid mater i fi oedd hyn, beth bynnag. Anghofiais am y peth a mynd 'nôl i yfed gyda chriw o hen ffrindiau. Ond, wrth gwrs, ro'n i'n gachgi. Weithiau mae angen torri'r rheolau, gwneud y peth iawn, ond anghall: o'n i heb ddysgu hynny yn fy henaint?

Ebrill 2006 EVA MONIKA

Ffoi am bythefnos i München. Ffeindio stafell breifat, rad ymhell i'r de o'r ddinas, yn nhŷ pâr diddorol: hi'n actores, fe'n arlunydd. Cael sgyrsiau hir â Michaela bob bore dros frecwast a mynd am dro i'r goedwig yn yr hen fynwent ddeheuol cyn gwneud ychydig o sgwennu. Es i am dro i'r Marienplatz un pnawn a mwynhau *Kaffee & Kuchen* mewn caffe crand a meddwl am Eva Monika, cnither a ffrind agos fy mam, a fu farw dri mis yn ôl. Gyda hi o'n i pan ro'n i yma ddiwetha, yn mwynhau ei chwmni byrlymus.

Roedd hi wrth ei bodd yn byw yma ac yn mynychu'r theatr, opera a'r orielau. Roedd hi'n gweithio i bennaeth y Max Plank Institut, y sefydliad gwyddonol. Yn ferch hardd, sengl, roedd si bod 'na garwriaeth rhyngddi hi a'r dyn yma, a doedd gan neb fwy o hawl i fwynhau hynny na hi. Wedi diodde rhes o drychinebau teuluol yn y rhyfel, hawdd credu nad oedd hi eisiau cymhlethdodau personol.

Roedd hi a fy mam yn agos iawn, yn llythyra'n gyson gan rannu gobeithion, cerddi, newyddion, cynlluniau, ofnau. Ond wedi diodde trawiad ar yr ymennydd, cafodd gyfnod olaf anodd mewn cartref Iddewig yma. Aeth Heini i ymweld â hi ac roedd hi mewn hwyliau eitha, er yn methu siarad. Dyna pam mae'n rhaid gwneud yn fawr o fywyd, fel y gwnaeth hi. Meddyliais am fy mam hefyd, wrth grwydro'r ddinas. Dyma'r strydoedd roedd hi'n eu cerdded, yn nechrau'r tridegau, yn fyfyrwraig ifanc, frwd yn y brifysgol cyn symud i Ferlin ar gyfer ei swydd gyntaf – a'i diswyddo wedyn oherwydd ei gwaed Iddewig.

Codais docyn i gyngerdd yn yr Herkulessaal yn y Residenz, lle roedd y Münchner Symphoniker i chwarae symffonïau cyntaf ac olaf Beethoven yn syth ar ôl ei gilydd. Ro'n i'n edrych ymlaen yn fawr, ac ar y ffordd yno, digwyddais basio Galerie ddrud yr olwg. Ar y drws roedd arwydd: 'Leben ist die Lust zu Schaffen' – 'Bywyd yw'r ysfa i greu'. Geiriau gwych, a Beethoven wedyn yn profi'r pwynt yn fuddugoliaethus, yn ymdaith feiddgar ei fiwsig.

Mehefin 2006 DYN DEALLUS, 1

Cwrdd â Chymro o Seland Newydd mewn bar yn Abertawe. Boi mwstasog, cŵl, parablus, yn amlwg wedi llwyddo'n dda mewn busnes – ac ennill miliynau ychwanegol wrth fuddsoddi yng nghwmni gwe ei fab. Ond yna penderfynodd roi'r cyfan i achosion da. Roedd e wedi asesu (a) faint o arian roedd e angen i fyw, a (b) beth oedd e angen i fyw'n hapus – sef, mewn gair, dim ond digon i ddilyn ei ddiddordebau. Nid oedd yn swm mor fawr â hynny. Roedd ei fab yn meddwl ei fod yn wallgo yn rhoi'r holl arian bant. Ond roedd y boi yma'n ymfalchïo yn ei feddwl pwyllog, rhesymegol, ac wrth gwrs doedd dim modd gwrthbrofi ei ddadl.

Roedd e'n iawn. Dy'n ni ddim angen mwy na digon i fyw ac i fwynhau ein diddordebau. Llai na hynny, ac ry'n ni'n gaeth. Mwy na hynny, ac ry'n ni hefyd yn gaeth.

Mehefin 2006 DYN DEALLUS, 2

Wedi cwrdd â bachan arall deallus o Seland Newydd, un â meddwl eang ond â gwybodaeth dechnegol ddofn. Mae'r profiad wastad yn gyffrous ac yn ysbrydoliaeth, ond yn pwyntio bys at y safonau isel rwy'n eu harddel yn fy mywyd fy hun.

Digwyddon ni gwrdd yng nghaffe Amgueddfa'r Glannau yn Abertawe. Roedd e wedi sefydlu cwmnïau mewn gwahanol feysydd (inc electrostatig, a gwydr), a nawr yn treulio rhai misoedd yng Nghymru yn paratoi ar gyfer ymchwiliad cynllunio gan Gyngor Abertawe i'w ddull newydd, 'fertigol' – glân a gwyrdd – o drin carthffosiaeth.

Dywedodd fod Abertawe, yn ei brofiad e, yn ddinas *'brutal'*. Roedd e wedi sefydlu ffatri gwydr arbenigol ym Mhorth Talbot a rhoi profiad gwaith i bedwar cant o blant dosbarth gweithiol. Ond doedd yr arbrawf ddim yn llwyddiant, a chafodd ei gynnig mo'i werthfawrogi gan y plant, na'r ddinas. Roedd yn Abertawe, meddai, brinder diwylliant gwyddonol, prinder diwylliant cyffredinol, a diffyg teimlad o gyfrifoldeb dinesig. Mewn fflach sylweddolais ei fod e'n dweud y gwir noeth am y ddinas fel y mae.

"Ond roedd 'na gyfnod," dywedais, "ganrif a mwy yn ôl, pan roedd pobl yn galw Abertawe 'y ddinas ddeallus'."

"Wrth gwrs," meddai'r dyn. "Roedd Abertawe yn arbenigo mewn puro metalau crai a'u hallforio i bedwar ban byd. Mae'n siŵr i hynny esgor ar ddiwylliant dinesig hyderus. Heddiw, fasech chi ddim yn credu i Abertawe gynhyrchu'r un person o dalent heblaw'r meddwyn Dylan Thomas."

Chwarddais a chodi o'r bwrdd. "Bu'n bleser siarad â chi, a ga i ddymuno'n dda i chi gyda'ch cais i'r Cyngor. Mae angen system go bwerus i ddelio â'r cachu sy'n dod mas o ddinas Abertawe!"

"Mae gen i'r dechnoleg," meddai'r dyn gan wenu, "ond dyw hynny ddim yn golygu y ca i'r cytundeb."

2007

Mehefin 2007 LLYFR Y FLWYDDYN

Y Lolfa wedi cipio Llyfr y Flwyddyn dair gwaith o'r bron wrth i Llwyd Owen ennill gyda *Ffydd, Gobaith, Cariad*. Yn hapus iawn dros Llwyd, sy'n awdur ifanc â'i lais ei hun, ac sy'n mynd â'r iaith i lefydd na fuodd hi erioed o'r blaen. Yn hapus hefyd dros Alun Jones, ein golygydd creadigol, sydd wedi denu a llywio gwaith awduron ifainc fel Llwyd a'u trin â'r parch – a'r amarch – angenrheidiol. Dywed Alun yn ffugostyngedig mai 'conman' yw e, yn herio awduron i ymateb i'w feirniadaeth, a dyna maen nhw'n ei neud, gan wella eu nofelau bob tro.

Ar ôl y seremoni, gofynnodd rhywun, a yw llyfr Llwyd yn 'well' na llyfr Robin Chapman ar Saunders Lewis, a ddaeth yn 'ail'. Dyma gwestiwn da, sy'n hoelio gwiriondeb y math yma o gystadleuaeth. Roedd fy mam yn casáu'r duedd Gymreig i gymharu pethau o hyd, arferiad anneallus roedd hi'n ei weld fel gwendid cenedlaethol, a rhan o'n syndrom cystadleuol. Wrth weithio yn y byd cyhoeddi o ddydd i ddydd, y prif beth sy'n taro dyn yw amrywiaeth anhygoel y deunydd, yr awduron, y *genres*. Dathlu'r amrywiaeth sydd angen, ac o leia mae Llwyd yn cyfrannu'n wych at yr amrywiaeth yna.

Awst 2007 BERNARDO ATXAGA

Mwynhau wythnos o gyfarfyddiadau dymunol yn steddfod yr Wyddgrug. Aros mewn fflat foethus yng Nghaer, a chael stic am hynny. Mynd nos Fawrth i sioe fochaidd ac annisgwyl o Seisnigaidd Bara Caws a methu penderfynu p'un o'n i'n casáu fwyaf, y mochyndra neu'r Seisnigrwydd. Diolch bod Dafydd Iwan yn canu yn y Pafiliwn nos Sadwrn. Dyna ffenomen yw Dafydd, yn dal i lenwi neuaddau, yn dal i apelio ar draws y cenedlaethau wrth adrodd ein stori ein hunain yn ôl wrthym.

Cael y fraint nos Iau o gael cwmni Bernardo Atxaga, nofelydd enwocaf y Basgiaid, mewn swper a drefnodd Ned Thomas mewn tafarn ar gyrion yr Wyddgrug. Sbaeneg a Basgeg oedd prif ieithoedd y noson, ond llwyddais i gyfnewid rhai geiriau Saesneg 'da'r nofelydd tua diwedd y noson. Dywedais: "Dyw *Y Dyn Unig* ddim yn nofel genedlgarol o gwbl, ydi hi? Fydd neb am ymuno ag ETA ar ôl ei darllen. Yn wir, i'r gwrthwyneb." (Mae'r nofel yn disgrifio cyn-aelod o ETA sy'n cael trafferth setlo'n ôl i mewn i fywyd normal yn Barcelona.)

"Nid dyna oedd 'y mwriad i, ond cael pobl i ddarllen Basgeg.

Rwy'n gadael iddyn nhw ddod i'w casgliadau gwleidyddol eu hunain."

"Felly dy'ch chi ddim o blaid ETA?"

"Ydych chi?"

"Wel ..."

"Yn hollol. Nofelydd ydw i," meddai Atxaga. "Sgrifennu nofelau mewn Basgeg – a dim ond mewn Basgeg – ydi fy nghyfraniad gwleidyddol i."

Roedd Ned wedi egluro i fi bod nofelwyr Basgeg wedi cychwyn o bwynt llai ffodus na ni, ac wedi gorfod creu traddodiad llenyddol o ddim. I wneud hynny, roedd yn rhaid iddyn nhw dyrchu'n ddwfn i gyfoeth iaith lafar y Fasgeg. Mae ganddyn nhw barch at eu hiaith sy'n ddyfnach na rhai nofelwyr Cymraeg – fel fi? – sy'n llac yn eu defnydd o'r Saesneg a ffurfiau Seisnig.

Gorffennodd Bernardo ei wydraid mawr o win coch.

"Peidiwch poeni gormod am y peth, fy ffrind. Beth sy'n bwysig yw mwynhau beth y'n ni'n wneud, a chadw'n brysur."

21 Medi 2007 WIL AARON

Noson fawr glwbnosol yng Nghlwb Pêl-droed Aberystwyth i ddathlu pen blwydd deugain oed Y Lolfa. Llond y lle o bobl yn yfed a mwynhau. Dewi Pws yn rocio 'Mynydd Gelliwastad' a Ryland Teifi yn actio Eirwyn Pontshân, awdur ein llyfr cyntaf. Bandiau Løvgreen a Fflur Dafydd ar eu mwyaf hwyliog, yn chwarae tan ddau y bore. Dim yfed gormod gormod, dim ond gormod. A 'dawnsio' gormod wrth gwrs.

Wastad wrth fy modd gyda Geraint Løvgreen a'i fand Amser Da ac yn dwlu ar safbwynt iach, anarchaidd, Cymreig caneuon dawns fel 'Yr Arg' ac 'Alan Bach MP', sy'n cael y fath hwyl am ben y rwtsh i gyd. Roedd pawb mas ar y llawr, a Wil Aaron yn hapus o gael troedfeddi o ffilm gwirion ar gyfer ei raglen ar *Lol*. Ro'n i'n anobeithiol ar y rhaglen ei hun, ond flewyn yn well heno gydag Alun Gibbard, ar gyfer *Heno*. Braint, braint oedd cael bod yng nghanol y bwrlwm i gyd a chael chwarae rhan oedd rywsut ar wahân i fi fy hun.

Roedd Wil Aaron wedi fy ngwahodd rai wythnosau'n ôl

i'w weld e'n golygu'r ffilm ar *Lol* yn stiwdio Cwmni Da yn y Felinheli. Wedi sbel yn y tywyllwch wrth y sgriniau mawr, cyfrifiadurol yn gwylio'r dechnoleg wyrthiol oedd yn cyfuno'r sain a'r lluniau, aethon ni am hanner o Guinness i'r dafarn gyferbyn. Wrth ymlacio yno, eglurodd Wil y gwahaniaeth rhwng y 'shitpoint' a'r 'fuckpoint'. Y 'shitpoint' yw'r pwynt lle mae'r gwyliwr yn gofyn, "Shit, oes raid i fi wylio mwy o hyn?"; y 'fuckpoint' yw'r pwynt mewn amser lle mae'r cynhyrchydd yn dweud, "Fuck it, rwy eisoes wedi gwneud digon o arian ar y prosiect yma."

Mae Wil yn foi braf a doeth, un o'r rhai prin sy'n dal ati i wneud beth mae e'n wir fwynhau yn hytrach na throi'n bwyllgorddyn a chasglwr anrhydeddau. O ystyried yr holl brofiadau a theithiau a gafodd, awgrymais y dylai sgrifennu hunangofiant. Na, meddai, gan ddyfynnu rhywun arall, y gofynnwyd iddo sgrifennu *memoir*: "Buasai'n well gen i sgwennu *forgettoir*."

Tachwedd 2007 ANGLADD WIL SAM

I angladd Wil Sam. Aeth Gwilym Tudur a fi i'w weld e yn Ysbyty Gwynedd wythnos yn ôl, felly roedden ni'n gwybod nad oedd y diwedd ymhell. Doedd e ddim yn edrych yn dda o gwbl ond bywiogodd wrth i ni sgwrsio. "'Dach chi wedi gneud 'y niwrnod i, hogia," meddai'n hapus wrth i ni ffarwelio. Roedd yn anodd gadael achos roedden ni'n eitha siŵr na fasen ni'n gweld Wil eto, un a ddylanwadodd mor fawr arnom ein dau. Dramâu gan Wil oedd cyhoeddiadau cyntaf ein dwy wasg: Gwasg y Glêr (a sefydlodd Gwilym ac Emyr Llew yn nechrau'r chwedegau) a'r Lolfa.

Dathliad chwerw-felys oedd yr angladd. Er mor drist y golled, roedd yn braf profi melyster y gymdeithas frau, Gymraeg: beth ydyn ni, hebddi? Siaradodd Io Mo yn wych, ac Alun Ffred ac Elin, merch Wil. Sgwrsio yn y festri 'da Emyr Humphreys a Robin Llywelyn; wedyn 'da Eifion Glyn yn y Plu a Twm Miall yn yr Afr, Glandwyfach – a chael brechdan ar y ffordd 'nôl gyda Gwilym a Megan Tudur yng Nghastell Deudraeth.

Ces y fraint o gael fy enwi yn anerchiad Elin. Mae'n debyg i Wil ddweud rywbryd ei fod yn fy hoffi am nad o'n i'n gweld popeth yn ddu a gwyn – a oedd, meddai Elin, yn nodwedd o Wil ei hun. Wnes i ddim meddwl o'r blaen am hyn fel nodwedd o'r un ohonom gan y gallai Wil fod yn ddigyfaddawd ynglŷn â sawl peth: ei benderfyniad, yn ei bumdegau, i werthu ei garej er mwyn byw ar sgrifennu, ac yna i sgrifennu'r pethau gwreiddiol ac abswrd a wnaeth, yn iaith ddigyfaddawd Eifionydd.

2008

Chwefror 2008 BRAD PLAID CYMRU

Brad Plaid Cymru. Felly fydd yna ddim papur dyddiol Cymraeg wedi'r cyfan. Os oedd y syniad mor wael, pam roddon nhw e ym maniffesto Cymru'n Un? Yr e-byst nawr yn hedfan. Heini'n sôn am drefnu deiseb o 500 o bobl. Bu cyfarfod o fwrdd Dyddiol Cyf. yn syth wedi'r cyhoeddiad ond rwy am drefnu cwrdd â Robin Llywelyn a Guto Bebb ar wahân.

Mae hyn yn debyg iawn i dro pedol y Torïaid ar sianel deledu Gymraeg. Ond mae Plaid Cymru'n llai gonest na'r Torïaid ac yn gwadu iddyn nhw dorri eu haddewid. Yn ôl Dafydd Elis Thomas, fe gaiff y papur ei gyhoeddi – ond ar y we! Mae hyn yn tynnu'r *piss*. Allwch chi ond edmygu wynebgaledwch y boi. Am gost o ddim ond £200,000 – pris tŷ teras yn Abertawe – rhaid mai dyma'r papur newydd rhataf i'w lansio yn hanes Ewrop a'r byd.

Os oedd yna wendidau yng nghynllun *Y Byd* – ac mae'n sicr bod – yna dylsen nhw fod wedi gofyn am weld y cynllun busnes. Ond nid addewid i gefnogi'r *Byd* oedd e, ond un i gefnogi'r egwyddor o bapur dyddiol Cymraeg. Buasai'n rhaid i'r *Byd* gystadlu yn erbyn cynigion eraill mewn proses o dendro cyhoeddus. Felly ble mae'r ddadl dros beidio cadw at eu haddewid maniffesto?

Ond ydi torri addewid yn rhywbeth sy'n poeni'r ffycars gorglyfar yma? Jen Llywelyn* ddisgrifiodd y rhain i fi unwaith fel y 'modernwyr': dynion canol-oed sydd â ffydd ddiniwed mewn technoleg fodern, heb ei deall yn iawn; sy'n credu bod modd datrys problemau trwy chwarae'r system ond sy'n aml (oherwydd eu diffyg gwybodaeth fanwl) yn gadael y penderfyniadau i 'arbenigwyr' neu i weision sifil. Dyw gair fel 'brad' ddim yn rhan o eirfa'r bobl esmwyth hyn, ond bradwyr ydyn nhw, am dorri'u gair a chwalu breuddwyd am Gymru a'r Gymraeg.

O.N. Mae'n nodweddiadol o Dafydd Êl ei fod yn gallu credu dau beth croes yn yr un gwynt, e.e. papur newydd heb bapur. Fe yw'r Marcsydd sy'n gwisgo hetiau Deerstalker, y credwr mewn ynni gwyrdd sydd o blaid gorsafoedd niwclear, yr obsesiynwr â 'dwyieithrwydd' sy'n siarad mwy o Gymraeg ar lawr y Cynulliad nag un o'i gyd-aelodau ym Mhlaid Cymru. Yn wir, y dalent yma yw cyfrinach ei lwyddiant fel gwleidydd.

*Yn fuan wedi symud i Gymru, derbyniodd Jenny Wingate fy her i ddysgu Cymraeg mewn blwyddyn; hi yw awdur *Welsh in a Year* a chofiant i George M. Ll. Davies.

Mawrth 2008 PUMP LLIW

Gwasg bump lliw wedi cyrraedd, Komori Lithrone maint B2, anghenfil 12 tunnell sydd prin yn ffitio i'r adeilad. Fe gostiodd £250,000 ond roedd hynny'n fargen: maen nhw'n £400,000 yn newydd. Nawr byddwn ni'n gallu argraffu i safon unrhyw wasg yn y Deyrnas ond rhaid mai dyma'r diwedd, y 'destination' terfynol, chwedl y pennill bach Tsieineaidd welais i yng ngarej yr hen Jim Hammonds ryw ddegawd yn ôl.

Rwy wedi datgan sawl gwaith o'r blaen mai rhyw estyniad neu beiriant arbennig fyddai'r un 'olaf', ac mae pawb yn chwerthin. Ydi'r tro yma'n wahanol? Neu ydw i wedi bradychu fy hen egwyddorion gwrth-gyfalafol yn y ffordd waethaf posib, sef – fel Plaid Cymru – trwy beidio cydnabod fy mod wedi eu bradychu? Ond ai fy nghwmni i yw'r Lolfa bellach? Onid un y meibion, Garmon a Lefi, sy'n rhedeg yr agweddau busnes a golygyddol, a Paul Williams, ein *Superman* o Reolwr Gwaith – a'n staff o ugain, wrth gwrs?

Y peth pwysig yw ein bod yn parhau i gadw'r ddysgl yn wastad rhwng yr argraffu a'r cyhoeddi, y technegol a'r creadigol. Mae sawl cwmni'n gallu gwneud yn y naill neu'r llall, ond os gallwch chi wneud y ddau gyda'i gilydd – ym mha faes bynnag – mae hynny'n secsi.

Ebrill 2008 NIALL GRIFFITHS

Yfed saith peint o lager gyda Niall Griffiths – neu dyna yfodd e tra o'n i'n straffaglu i orffen pedwar, rhag ymddangos yn wimp i'r nofelydd yma o ardal dosbarth gweithiol Toxteth, Lerpwl. Roedd e am gynnwys sylw i'r Lolfa yn ei lyfr *Real Aberystwyth*, ac ro'n i'n hapus â hynny, ond ro'n i wedi methu stumogi'r darlun o ganolbarth Cymru yn ei nofel *Sheepshaggers*, a ddim yn siŵr a fuasen i'n dod ymlaen gyda'r boi. Ond cawson ni amser da wrth roi'r byd cyhoeddi yn ei le ar y fainc o flaen y Llew Gwyn, wrth i'r haul ddiflannu y tu ôl i Allt y Crib.

Soniodd am ei deithiau o gwmpas y byd yn hyrwyddo'i nofelau ar draul gwahanol gyrff celfyddydol. Canmolodd Montenegro fel y wlad harddaf y bu ynddi erioed.

Cododd pwnc Cymreictod ac roedd Niall yn feirniadol o genedlaetholdeb 'cul', sef y math y basen i'n cydymdeimlo ag e, mae'n debyg. A ddylsen i ei amddiffyn? Ry'n ni wastad yn trio cyfiawnhau ein cenedlaetholdeb i bobl eraill ac mae popeth yn ddealladwy heblaw'r peth ei hun – sydd y tu hwnt i gyfiawnhad, wrth gwrs. Ond fy ngofid oedd nid a fyddai'r cenedlaetholdeb yma'n plesio Niall, ond a oedd yn bod o gwbl. Roedd e'n bod pan roedd tai haf yn cael eu llosgi a phibau dŵr yn cael eu chwythu, a Gwynfor yn rhoi ei fywyd ar blât – ond ble mae e nawr?

Y broblem gyda'n cenedlaetholdeb ni yw nid ei fod yn 'gul', ond ei fod yn wan. Does neb yn cwestiynu cenedlaetholdeb Seisnig.

Ebrill 2008 SESH *SYLW*

Lan i Gastell Deudraeth i drafod *Sylw*, cylchgrawn materion cyfoes newydd ry'n ni'n bwriadu ei gynnig am gytundeb *Barn*. Ry'n ni wedi derbyn £5,000 gan y Cyngor Llyfrau i gynhyrchu un rhifyn ond rwy'n dechrau sylweddoli bod angen tipyn mwy na hynny i ddylunio a strwythuro cylchgrawn newydd sbon ac i dalu'r cyfranwyr i gyd a'r dylunydd, ar ben argraffu 2,000 o gopïau. Mae *Barn* yn derbyn £9,000 y rhifyn.

Roedden ni eisoes wedi cynnal cyfarfod yn Gannets, Aberystwyth, pan ddaeth criw ifanc, hwyliog ynghyd i gynnig syniadau ar gyfer y cylchgrawn newydd. Y tro yma, roedd y cwmni'n fwy dethol a phrofiadol: Gwyn Jenkins drws nesa (y golygydd), Ioan Roberts (gynt o'r *Cymro* ac ITV), Aled Price (o'r BBC a darpar olygydd *Y Byd*), Eleri Llewelyn Morris (golygydd *Pais* gynt, y cylchgrawn misol i ferched), a Robin Llywelyn, Portmeirion.

Roedd Robin mewn hwyliau uchel cyn i ni gyrraedd. Roedd yn sarhaus iawn o *Golwg*, gyda'i iaith gloff, Seisnigaidd, a'i ddiffyg 'agwedd', ond roedd yn dal i'w dderbyn am na allai yn ei fyw weithio mas sut i ganslo'i danysgrifiad. Mae'n gwrthod tanysgrifio i *Barn* am ei fod e mor 'uffernol o boring'. *In vino veritas.* Pethau go boring yw'r blydi cylchgronau Cymraeg 'ma i gyd. A fydd *Sylw*'n wahanol?

"Maen nhw'n rwdlian rownd y ril am y *we*," aeth Robin ymlaen. "Un peth dwi'n gaddo i chi heno: na welwch chi Reolwr Gyfarwyddwr Portmeirion yn sgwennu *blog*." Cododd ei wydryn i fyny, y gwin coch yn sblashio: "Ga i gynnig llwncdestun, gyfeillion: dau fys i'r Sefydliad!"

"Ie, twll eu tinau!" cytunais yn hapus.

Ond pwy yw'r Sefydliad, os nad Robin – a ni, wrth gwrs? Tybed ai nodwedd o'r gwir Sefydliad yw nad ydyn nhw'n ystyried eu hunain yn Sefydliad (e.e. criw *Private Eye*, cynnyrch ysgolion bonedd i gyd), tra mae'r Sefydliad yn yr ystyr arferol (sef y bobl sydd â'r cyflogau bras a'r cynlluniau pensiwn hael) yn tybied mai nhw yw'r Sefydliad – ond i'r graddau eu bod nhw'n gwneud hynny, nad ydyn nhw ddim?

Nodyn: nid yn annisgwyl, ni fu ein cais yn llwyddiannus, er i ni gynhyrchu rhifyn oedd yn dipyn mwy deniadol na *Barn* ar y pryd. Cyflogodd y Cyngor Llyfrau gwmni PR o'r enw Wavehill i gyfiawnhau eu penderfyniad. Buont wrthi gyda'u clipfyrddau ar faes yr eisteddfod yn casglu barn y werin gaws am *Barn* a *Sylw* wrth iddyn nhw giwio am y Babell Lên a'r tai bach, ond roedd y rhan fwyaf nid yn unig heb glywed am *Sylw* (dim syndod wedi cyhoeddi dim ond un rhifyn), ond heb glywed am *Barn* chwaith!

Gorffennaf 2008 Y CYNNIG OLAF

Cwrdd â swyddogion Cyngor Gwynedd i drafod sefydlu papur newydd Cymraeg yng Nghaernarfon. Wedi treulio pedair blynedd ar fwrdd Dyddiol Cyf., darpar gyhoeddwyr *Y Byd*, doedd Robin Llywelyn a fi ddim am ildio i frad Plaid Cymru heb un cynnig olaf.

Roedden ni eisoes wedi cwrdd â Guto Bebb ym mis Ebrill, dros swper yng Nghastell Deudraeth. Dechreuodd y noson yn anaddawol wrth i Guto sbowtio safbwyntiau diflas, Prydeinig ar Irac a Gogledd Iwerddon, ond yna fe lunion ni restr fanwl o tua ugain o bobl i'w gwahodd i Fwyty Mawddach i drafod ffurfio cwmni newydd i gyhoeddi'r papur. Ond, yn rhyfedd iawn, methais yn lân â chael unrhyw ymateb gan Guto wedyn, ac felly roedd y cyfan yn ofer.

Yng Nghaernarfon, cawsom groeso tywysogaidd gan Dyfed Edwards, arweinydd y Cyngor, a'i swyddog datblygu economaidd, a derbyn addewid o gymorth hael at adeiladau a swyddi. Ond wedyn, dros baned ar y Maes, fe sylweddolodd Robin a fi mai ychydig allen ni ei wneud heb gwmni newydd yn ei le: roedd ein dwylo'n llawn â'n cwmnïau ein hunain. Byddai'n rhaid i eraill ailafael yn y freuddwyd achos does dim modd dychmygu Cymru fel gwlad aeddfed heb bapur dyddiol i roi sylw i bynciau'r dydd ac i drafod y pynciau sy'n dyngedfennol i'w dyfodol.

Mae mor rhwystredig. Ry'n ni'n byw trwy'r adeg ar y dibyn serth rhwng dwy wlad wahanol – y jôc o genedl sy'n crafu byw ar gyrion glawog cyfandir Ewrop, a'r wlad fach Ewropeaidd a allai dyfu a blodeuo. Ac mae 'na ddau hunan ynon ni i gyd: y taeog rhwystredig, a'r dinesydd cyfrifol, creadigol.

Rhagfyr 2008 KREUZBERG

I Ferlin eto. Ar fy nos Sadwrn olaf roedd yn rhaid taro draw i Kreuzberg, yr hen ardal radical oedd, cyn i'r wal syrthio, yn fagnet i hipïaid ac artistiaid ac yn hafan i bobl ifainc o Orllewin yr Almaen oedd am osgoi'r fyddin.

Ro'n i'n edrych ymlaen at noson o grwydro'r Oranienstrasse ymysg yr hen *dropouts* a'r Twrciaid, ond bistros trendi oedd yno, a phobl ifanc hardd yn eistedd yn y ffenestri â *laptops* â logos llachar cwmni Afal yn pelydru ohonynt. Eisteddai parau ifanc gwleidyddol gywir yn y seddi gwellt o'm blaen. Roedd ffonau clust am ben un o'r plant, oedd yn gwisgo crys-T: *Kein Mensch ist Illegal* – does neb yn anghyfreithlon. Roedd y boi a'r ferch yn swsian ei gilydd yn gariadus o flaen pawb, yn amlwg yn meddwl fod hyn yn beth goleuedig iawn i'w wneud.

Triais benderfynu at bwy yn hollol yr oedd y slogan yn cyfeirio ond yna trawodd fi nad y slogan oedd yn bwysig ond y gair *Kein*. Be ddiawl wnaethai'r Almaenwyr heb y geiriau *Kein* neu *Nein* neu *Nicht* sydd ar bob arwydd yn eu blydi gwlad? Llyncais fy mhotel Beck's a phenderfynu chwilio am y bar mwyaf garw allen i ffeindio. Ac fe'i ffeindiais, tua hanner milltir i'r dwyrain: Zum Goldenen Hahn. Roedd yr arwydd wedi malu'n rhacs, a thiwbiau fflworesent yn hongian ohono fel ymysgaroedd ar ford theatr ysbyty. Roedd graffiti hyll dros y waliau, a rhai beiciau Harley Davidson yn pwyso yn eu herbyn.

Yn nerfus, es i mewn, a gweld criw o feicars gwallt blond yn bloeddio chwerthin wrth daro'u gwydrau ar y bwrdd. Es i at y bar ac archebu cwrw fy hun yn fy Almaeneg gorau – do'n i ddim yn mynd i ofyn am lasied o Châteauneuf du Pape. Ond wrth gilio i gornel gyda fy *Stein* trwm fel plwm, sylweddolais 'mod i wedi gwneud camsyniad: mae modd mynd i rywle sy'n rhy leol. Ond do'n i ddim am ddiflannu o'na fel twrist o Sais, ac i gadw wyneb, archebais un *Stein* olaf. Wrth dynnu'r pwmp, meddai'r ferch ganol-oed oedd yn gweini: "Fasech chi'n hoffi dod i'n noson o ddarlleniadau barddoniaeth heno? Mae'n dechrau am wyth o'r gloch."

Wedi synnu, es i 'nôl at fy sedd a dyma un o'r beicars yn fy mhryfocio'n gyfeillgar, a dechrau sgwrs. Nawr yn amau bod y lle yma'n fwy diddorol nag oedd yn ymddangos, penderfynais alw'n ôl nes 'mlaen. Am tua naw, ces i sioc o weld llond stafell ddrewllyd a myglyd o ddynion a merched o'r hanner cant oed

i fyny, bron i gyd yn smygu, a'r dynion bron i gyd yn farfog.
Roedd un ar ôl y llall yn darllen eu cerddi o lwyfan bach parod
â meic. Yna daeth boi lan ata i a dangos llyfr yn dweud hanes
y Goldenen Hahn. Prynais y llyfr clawr coch, can tudalen.
Ffliciais trwy'r tudalennau a sylweddoli 'mod i wedi taro ar
dafarn lenyddol enwocaf Berlin!

Roedd y llyfr yn llawn lluniau o gymeriadau gwallgo a
digwyddiadau anarchaidd. Yn arbennig o ddiddorol oedd
datganiadau'r ddwy ferch fu'n rhedeg y dafarn am rai
degawdau. Fe sefydlon nhw fudiad gwrth-seiciatryddol ym
Merlin, oedd yn gofyn y cwestiwn: ar bwy mae'r bai fod pobl yn
sâl eu meddwl? Ai nhw sy'n wallgo, neu'r byd o'u cwmpas? Yn
hytrach na newid y bobl i siwtio'r byd, beth am newid y byd i'w
siwtio nhw? A dyna wnaeth y ddwy wrth greu tafarn arbennig o
oddefgar, ecsentrig a goleuedig y Goldenen Hahn.

A dyna sut ffeindiais i'r hen Kreuzberg radical wedi'r cyfan.

Rhagfyr 2008 WITTENBERG

Symud ymlaen i Wittenberg, tref enedigol fy mam a chrud y
chwyldro Protestannaidd. Er yn agos at y Nadolig, tywynnai'r
haul yn fy llygaid wrth i fi gerdded o'r orsaf tua'r canol, ac i
lawr y brif stryd lle cerddodd fy mam filoedd o weithiau. Roedd
ffair Nadolig ar sgwâr y farchnad, a chwyrligwgan yn troi'n
araf i garolau siwgwrllyd Almaenaidd. Es i mewn i hen westy'r
Goldener Adler am goffi, yna 'nôl mas i'r sgwâr a mwynhau
gwydryn o *Glühwein* a meddwl am y Nadoligau a fwynhaodd fy
mam yn yr union fan.

Roedd un o'r stondinau yn gwerthu teganau i blant.
Yna sylwais ar yr enw: Bosse Klinik Wittenberg – y clinig
a sefydlodd fy nhad-cu, Paul Bosse. Mae e nawr mewn
perchnogaeth gyhoeddus, ond cadwon nhw'r enw teuluol
ar gais fy mam: fe wnaeth hi hynny'n amod wrth roi tŷ
oedd ganddi cyn y rhyfel yn ôl am ddim i dre Wittenberg.
Cyflwynais fy hun i'r merched oedd yn gweini fel un o
wyrion y sylfaenydd, a rhoddon nhw flodyn i fi, un o'r rhai
ffelt a wnaeth y plant.

Chwiliais am rywbeth i'w fwyta cyn dal y trên yn ôl i Ferlin. Pasio'r New York Bagel cyn troi mewn i *Kartoffelhaus* (Tŷ Tatws) yr Arth Ddu. Eistedd wrth un o'r byrddau a chael croeso gan un o'r gweinyddesau oedd mewn ffrogiau byrion *check* du-a-gwyn, wedi eu tynnu i mewn yn dynn yn y wasg i bwysleisio'u bronnau. Siwdo-ganoloesol deniadol iawn, meddyliais – ac roedd y bwyd hefyd yn draddodiadol Sacsonaidd. Ond lawr stâr, pwy oedd yn fy nghroesawu wrth ddrysau'r tai bach ond ffigyrau mawr, boliog Martin Luther a'i gyd-weithiwr, Melancthon, yn eu clogau mynachaidd, yn dal copïau i fyny o'r Beibl a'r Testament Newydd.

Roedd yn rhaid i fi chwerthin. Mae pawb eisiau byw. Oes rhywbeth o'i le ar gashio i mewn ar y Diwygiad Protest-annaidd?

2009

Mawrth 2009 HYWEL DDA

Pam ydyn ni – pam ydw i – yn amharchu'r iaith Gymraeg, fy iaith fy hun? Os nad y'ch chi'n sgrifennu'n gywir a chlir, sut allwch chi feddwl yn glir, ac os na allwch chi feddwl yn glir, sut allwch chi weithredu'n effeithiol?

Dywedodd Robyn Llywelyn unwaith nad yw'n bosib bod yn aneglur mewn Cymraeg da, achos mae'r iaith Gymraeg wedi ei mowldio gan iaith cyfreithiau Hywel Dda, corff o gyfreithiau gyda'r cliriaf a'r tecaf yn Ewrop. Ar y llaw arall mae'r Saesneg, er gwaethaf neu oherwydd ei chyfoeth, yn un o'r ieithoedd hawsaf yn y byd i fod yn aneglur ynddi. Pam ydyn ni – pam ydw i – mor aml yn cam-drin y trysor yma a grewyd ar gyfer mynegiant tryloyw?

Un o freuddwydion Ned Thomas ynglŷn â'r *Byd* oedd dod â Hywel Dda mewn i'r unfed ganrif ar hugain: creu Cymraeg newyddiadurol a fyddai'n glir, hyblyg, modern a bywiog heb eiriau rhy hir nad brawddegau Seisnigaidd. Byddai'n wych i ddysgwyr sy'n sychedu am Gymraeg glir a chyson. Un arall o gymwynasau Plaid Cymru wrth wrthod papur dyddiol Cymraeg oedd atal datblygiad yr iaith.

Awst 2009 BAR PLATIAD

Steddfod arall braf yn y Bala. Cwrdd â Dafydd Elis Thomas dair gwaith wrth y bar ym mhabell Platiad. Y tro cynta ymddiheurodd am orfod sgrifennu adolygiad beirniadol ar fy nghyfrol o gerddi, *A Gymri di Gymru?*, i *Barn*, lle galwodd fi yn anarchydd a rhamantydd a'm cynghori i ddarllen gweithiau Dr Richard Price, y meddyliwr radical Cymreig a ddylanwadodd ar y Chwyldro Ffrengig. Dywedais wrth Dafydd fy mod i, wir, wedi bod yn ymchwilio i'r boi diddorol yma. Cytunais ei fod yn warthus 'mod i'n gwybod cyn lleied amdano, a'n bod ni yn gyffredinol yn esgeuluso ein meddylwyr mawr ein hunain.

"Jyst gneud joban i Menna [Baines, golygydd *Barn*] ro'n i, ti'n dallt. 'Dan ni'n perthyn, 'sti. Allwn i mo'i gwrthod hi."

Cawsom sgwrs ddifyr wedyn – fel wastad gyda Dafydd – a do'n i ddim yn disgwyl ei weld e eto, pnawn Mercher, yn yr un lle. Y tro yma roedd 'da fe rywbeth mwy cadarnhaol i'w ddweud. "Fel ti'n gwbod, Robat, mi rydw i, am fy mhechoda, yn Ganghellor Prifysgol Bangor ... fasat ti'n ystyriad derbyn gradd anrhydedd gin y Brifysgol?"

"Dim gobaith," dywedais wedi i'r cynnig suddo i mewn. "Wedi gwrthod gradd gan y Brifysgol flynyddoedd yn ôl, buasai fy *street cred* yn suddo i *zero* dros nos."

"Dwi'n gweld dy bwynt di," meddai Dafydd, "ac mae o'n ddigon teg. Mae gan bob un ohonan ni ei ddelwedd gyhoeddus i'w chynnal. Gymi di lasiad arall o'r gwin gwyn ardderchog yma?"

Eto cawsom sgwrs ddifyr, ond yna, y pnawn wedyn, fe gwrddon ni am y trydydd tro – eto'n hollol ddamweiniol wrth yr un bar. Wedi cyfnewid rhai brawddegau cyfeillgar, dywedodd: "Dwi wedi bod yn ystyriad be ddeudist ti ddoe. Mae 'na un ffordd o ddŵad rownd y broblam. Mi allwn i gynnig Cymrodoriaeth y Brifysgol i ti. Be fasat ti'n feddwl am hynny?"

Chwarddais, a mynnu codi glasied i Dafydd y tro hwn. Doedd dim posib ei fod e'n cymryd y stwff yma o ddifri. Gêm yw'r cyfan i Dafydd ac mae e'n berffaith iawn i gymryd agwedd ysgafn, ôl-fodernaidd at y pwnc arbennig yma, fel at sawl un arall.

Hydref 2009 *WE LIVE HERE NOW*

Gweld pedwar gair uffernol ddoe mewn teitl sioe sy'n dod i Theatr y Werin: *We Live Here Now*. Aeth y geiriau fel picellau i 'nghalon: maen nhw yma, nawr. Arweiniodd Owain Glyndŵr wrthryfel cenedlaethol i amddiffyn tiriogaeth Cymru rhag y Saeson. Ychydig dros bum canrif gymerodd hi iddyn nhw lifo i mewn yma, yn eu cannoedd o filoedd, heb godi'r un cleddyf.

Eu niferoedd yw'r broblem. Mae gan Gymru'r nifer fwyaf o fewnfudwyr (sef o bobl yn byw yma sydd heb eu geni yma) yn Ewrop, heblaw am Latfia. Soniodd Ned Thomas wrtha i unwaith am Fasgwr a sgrifennodd lyfr am fathemateg iaith, oedd yn egluro'r rhan fwyaf o'r cyflyrau moesol wan – dechrau sgyrsiau yn Saesneg, dwyieithrwydd diangen, ayb – yn fathemategol.

Er enghraifft, i gyfarch rhywun dieithr yn Gymraeg yn gyntaf, rhaid i chi deimlo eich bod mewn ardal lle mae 70% o'r boblogaeth yn siarad Cymraeg – sef siawns o 49% o gyfarfod â siaradwr dieithr. Y pwynt ydi: pan siaradai pobl yn hyderus â'i gilydd yn Gymraeg, nid gwneud hynny o egwyddor oedden nhw, mwy nag y maen nhw nawr yn troi i'r Saesneg o ddiffyg egwyddor.

Collon ni'r 70% yn Nhal-y-bont flynyddoedd yn ôl. Pan ddes i i'r pentre, Cymraeg oedd iaith bar y Llew Gwyn, lle roedd y gweision ffermydd yn cynnal chwedlau'r fro dros beintiau o gwrw mwyn, tra oedd eu meistri yn sipian mesurau dwbl o Jamesons ar iâ drws nesa yn lolfa'r Llew Du, ac yn eich hudo i rowndiau hwyr *iawn*. Mae'r gymdeithas amaethyddol yn dal yn gryf yn y pentre, diolch byth, ond fel y jociodd Gareth Gregory yn steddfod y Bala, pan oedd cystadlaethau'r corau ymlaen yn y Pafiliwn: "Ydi e'n bosib, bellach, byw fel Cymro heb berthyn i gôr?"

Galw yn nhafarn yr Ysgolheigion nos Sadwrn gyda fy ffrind Huw Lawrence, wedi mwynhau pryd trwm yn yr Eidal Fach.

"Ha, ha, Welsh Jew!" cyfarchodd Tom, y tafarnwr, fi, efalle'n meddwl ei fod yn dal i redeg y Glamorgan Arms, tafarn liwgar ar yr ochr anghywir i High Street, Abertawe, oedd yn fagnet i feicwyr a smygwyr melys a phobl eraill yr ymylon. Neu falle'r gwin coch oedd ar fai, yr un drud uffernol yna mae e a'i ffrind Tom yr Eidal Fach yn ei yfed, ac a gafodd Huw a fi'n gynharach heno. Ond liciais i'r disgrifiad; falle dylen i feithrin y ddelwedd.

Roedd yna fiwsig ymlaen ac aethon ni â'n peintiau o Guinness at y bwrdd o dan y llwyfan bychan. Roedd telynores o'r enw Harriet Earis wrthi'n chwarae alawon Cymreig a Cheltaidd fel angel (gyda 'bach o Dave Brubeck), ac yn edrych fel angel hefyd, yn pefrio o garisma merchetaidd. Yn wreiddiol o Guildford, Surrey, deallais wedyn iddi ennill gradd dosbarth cyntaf yng Nghaergrawnt cyn troi ei chefn ar yrfa academaidd a dod i fyw i'r Bont a dysgu Cymraeg yn berffaith. Roedd Huw a fi wedi ein swyno'n lân.

Cododd fy nghalon. Mae gobaith eto fyth yng nghanol craprwydd Cymru, y twpo lawr, y Seisnigo meddyliol. Tra y'n ni'n colli'n hetifeddiaeth, ac yn edrych draw at Loegr o hyd, mae angel fel hon yn ei rhoi'n ôl i ni, ac yn ein hailddysgu yn ein halawon a'n hathrylith ein hunain. Yn dweud wrthon ni: mae 'da chi eisoes beth mae pobl fel fi yn chwilio amdano. Sylweddolwch eich lwc.

Ysbrydoliaeth lwyr, seren absoliwt, merch ffantastig.

Degau'r Ganrif Newydd

2010

Ebrill 2010 RAVENSBRÜCK

Teuluoedd Heini a fi'n mynd am bump dydd o wyliau i'r Almaen mewn math o bererindod yn dilyn darlledu'r ffilm *Y Trên i Ravensbrück* rai misoedd yn ôl, a fu mor llwyddiannus ac a ddangoswyd sawl gwaith. Yn y ffilm mae Heini a'i ferch Nona yn ymweld â gwersyll-garchar Ravensbrück, lle llofruddiwyd ein mam-gu yn 1944. Gweithiodd y ffilm mor dda achos gwybodaeth drylwyr Heini o'r hanes, ei Almaeneg rhugl a'i allu i siarad yn naturiol â thrigolion Wittenberg a staff gwersyll Ravensbrück.

Ym Merlin, cwrddon ni â Juri a'i deulu. Yn ail gefnder i ni, mae Juri'n rhedeg asiantaeth hysbysebu Wegewerk yng nghanol Berlin sy'n arbenigo mewn ymgyrchoedd gwleidyddol. Mae'n cyflogi tua ugain, fel Y Lolfa, ac mae 'da fe'r un cyfuniad o ddiddordebau mewn dylunio a gwleidyddiaeth. Mae e hyd yn oed wedi treulio tymor yng ngholeg Aberystwyth yn astudio gwleidyddiaeth ryngwladol a dysgu rhywfaint o Gymraeg.

Buon ni'n mwynhau rhai nosweithiau hwyr a difyr ym Merlin cyn dal trên i Wittenberg. Yno cawsom ein croesawu gan Renate, gwraig wych oedd wedi trefnu gosod *Stolperstein* – carreg goffa fach – er cof am ein mam-gu yn y palmant o flaen y Klinik Bosse, lle roedd cartref y teulu.

Ond doedd dim modd gohirio'r ymweliad â Ravensbrück, y gwersyll-garchar sydd rhyw drigain milltir i'r gogledd o Ferlin. Dangosodd Claudia, un o'r staff, ni o gwmpas y lle a'i erchyllterau systematig. Mae'n debygol i'n mam-gu farw dan amgylchiadau hollol erchyll mewn un 'pabell' fawr oedd yn dal pedair mil o ferched. Allai'r Natsïaid ddim fforddio codi adeiladau iddyn nhw, felly gadawon nhw iddyn nhw 'fyw' yn eu carthion a'u clefydau eu hunain. Daeth cylchlythyr celwyddog oddi wrth y Natsïaid at y teulu wedi iddi farw, yn dweud mai achos ei marwolaeth oedd triniaeth aflwyddiannus a gawsai

mewn ysbyty – ond gwyddom iddi drio lladd ei hunan dair gwaith cyn hynny.

Allen i ddim diodde mwy o restru oeraidd yr holl gam-drin, ac es i am fwgyn tawel ar lan y llyn gerllaw'r gwersyll. Disgleiriai'r haul ar wyneb tawel y dŵr gan greu mil o berlau bychain. Yn sydyn meddyliais am y rhyddhad bendigedig a gawsai Käthe Bosse yn eiliad ei marwolaeth, pan gafodd ei rhyddhau o uffern y gwersyll: y farwolaeth, yn anuniongyrchol, a greodd fywyd newydd i ni i gyd yng Nghymru. Meddyliais am yr holl bethau newydd na fuasai fy mam-gu yn gwybod amdanyn nhw, yn eiliad ei rhyddhad.

Ro'n i wedi ymweld, rai dyddiau ynghynt, â'r Schlosskirche yn Wittenberg – yr eglwys gastellog lle hoeliodd Martin Luther ei faniffesto gwrth-Babyddol. Aethom i mewn a gweld cantores yn canu o flaen tri chrythor oedd yn cydswingio'u bwâu i rythm y gerddoriaeth. Un o gantatau Bach oedd e: *Mae'r Nefoedd yn Chwerthin, Mae'r Ddaear yn Llawenhau.*

Methais ddal y dagrau'n ôl y pryd hynny, nac wedyn, ar lan y llyn.

Mynd i Dŷ'r Arglwyddi ddoe gyda John Elfed Jones a Dafydd Evans (o gwmni Tinopolis gynt) er mwyn perswadio'r Torïaid i gefnogi papur dyddiol Cymraeg. Roedd Dafydd wedi ffeindio bod S4C wedi etifeddu cronfa o £20 miliwn gan yr Adran Etifeddiaeth ar gyfer digideiddio. Ond, a hynny o'r ffordd, roedd yr arian nawr yn segur. Oni fyddai modd trosglwyddo peth ohono – gyda'r ewyllys gwleidyddol, wrth gwrs – at amcan diwylliannol tebyg, sef sefydlu papur dyddiol Cymraeg?

Ro'n i eisoes wedi cwrdd â Nick Bourne, arweinydd y Torïaid yng Nghymru, a Lisa Francis yn ei thŷ hi yn Aberystwyth, ond yn y cyfamser des i nabod John Elfed yn sgil cyhoeddi ei hunangofiant, *Dyfroedd Dyfnion*. Dyma fachan abl a difyr a fu'n rhedeg sawl sefydliad Cymreig yn ei ddydd, ac a gymerodd ran yn y gwaith o greu cyfansoddiad i'r Cynulliad. Byddai'n ddyn perffaith i siarad â'r Arglwydd Wyn Roberts – oedd yn parhau'n agos at galon y sefydliad Torïaidd – ac fe gytunodd i ddod gyda ni.

Dal trên i Paddington, a thacsi wedyn at glwydi Tŷ'r Arglwyddi. Yno cawsom ein harchwilio'n fanwl, dan haul cryf ganol dydd, cyn cael mynediad i'r adeilad. A phwy oedd yn digwydd pasio trwy'r cyntedd ond yr Arglwydd Elystan Morgan. Roedd yn hapus iawn pan ddeallodd bwrpas ein hymweliad. Rhoddodd rai cynghorion i ni, a dymuno'n dda i ni ar gyfer y cyfarfod.

Ym Mar y Gwahoddedigion, fe'n croesawyd yn gynnes gan yr Arglwydd Roberts ei hun, a'n llywiodd at gornel glyd yn yr ystafell. Tra oedd y gweinydd yn darparu coffi a bisgedi, cefais gyfle i ryfeddu at brydferthwch yr ystafell a'i golygfa Ganalettaidd dros afon Tafwys. Aeth y cyfarfod wedyn yn berffaith gyda John Elfed a Dafydd yn cyflwyno'u pwyntiau'n gryno a phwrpasol, gan ofalu pwysleisio'r manteision gwleidyddol i'r Torïaid, o gydio yn y syniad.

Roedd yr Arglwydd Roberts yn llawn diddordeb a chydymdeimlad. Er ei fod mewn tipyn o oed, gallwn weld fod ei ymennydd yn dal i redeg fel wats. Awgrymodd yn ddoeth, os oedden ni am ddefnyddio arian a neilltuwyd i S4C, y dylai

papur newydd Cymraeg fod yn rhan o becyn aml-gyfryngol a
fyddai'n cynnwys y teledu, print, radio a'r we. "Y broblem,"
meddai, "ydi cael cynllun yn ei le cyn yr etholiad cyffredinol ym
mis Mai, ond mi wna i 'ngora drostach chi, hogia, ac mi ddof
i'n ôl atoch chi os bydd genna i rwbath i'w adrodd."

Gadawsom y Tŷ yn hapus gan edrych ymlaen at ginio a
drefnodd Dafydd i ni yng nghlwb y Royal Overseas League
yn St James. Wrth i ni ddringo'r grisiau eang i'r llawr cyntaf,
sylwais ar y mapiau mawr o'r moroedd a'r cyfandiroedd oedd
yn hongian dros y grisiau – gyda'r Ymerodraeth Brydeinig yn
dal yn goch. Oedd y Saeson wedi meddiannu cymaint â hynny
o'r byd? Ond ro'n i wedi gweld y rhain o'r blaen! A chofiais
mai dyma'r union glwb lle buon ni'n lansio hunangofiant
Richard Booth ryw ddeng mlynedd yn ôl. Ydi mynychu clybiau
imperialaidd yn dod yn arferiad i fi?

Roedd Irfon – ffrind Dafydd – yn aelod yma ac yn gweithio i
hedge fund yn y Ddinas. Yn fab ffarm o Sir Gaerfyrddin, roedd
yn fachan braf a diymhongar ac eithafol o ddeallus oedd wedi
ennill graddau dosbarth cyntaf yn Rhydychen a Yale. Roedd
ei gwmni'n bleser pur a buom yn trafod sawl pwnc dros ginio
estynedig, diolch i'r gweision mewn siwtiau pengwin oedd yn
gweini'n daeog arnom. Bu'n fore ac yn brynhawn llwyddiannus
ac roedden ni mewn hwyliau da erbyn i'r tacsi ein cludo ni i
Paddington.

Ar y trên, fe archebon ni botel o win o'r bwffe, a'i rannu gyda
Jenny, merch fywiog o Faesteg oedd yn dychwelyd o wyliau hir
yn Ffrainc. Dangosodd John Elfed rai o'i driciau consurio iddi,
a chawsom ddwyawr o hwyl cyn gollwng ein hunain o'r trên
yng ngorsafoedd Caerdydd, Pen-y- bont, ac Abertawe.

Mehefin 2010 IWAN LLWYD

Nawr mewn fflat rad ym Merlin, ar ochr ddwyreiniol
Prenzlauer Berg, yn cymryd mis bant i weithio ar *Afallon*,
diolch i grant gan Lenyddiaeth Cymru. Rhyfedd ffeindio fy hun
yn sefyllfa'r bobl yna ro'n i'n cael cymaint o hwyl am eu pennau
yn *Lol* 'slawer dydd. Yna clywed neithiwr am farwolaeth Iwan
Llwyd yn ddim ond 52 oed. Methu credu – mor drist. Dyna

golled i Gymru. Bardd gwych, addas o Fohemaidd ei leiff-steil, yn mwynhau ei *rôle* fel bardd, tra hefyd yn ei chymryd yn llwyr o ddifri.

Daeth draw gwpwl o weithiau i'r Clwb Nos Wener, ein noson o adloniant misol yn nhafarnau Tal-y-bont. Byddai Iwan weithiau'n cael diferyn yn ormod gan wneud dim lles i'w driniaeth o'r gitâr fas, ond pan ddôi i'r llwyfan i adrodd un o'i gerddi syml, pwerus gallech glywed pin yn cwympo, a theimlo'r trydan yn yr awyr. Mae ei gerddi gorau gyda'r gwychaf yn yr iaith – yn arbennig y rhai gonest yna sy'n dathlu'r profiad chwerw-felys o fod yn drwbadŵr o Gymro yn niffeithwch diwedd yr ugeinfed ganrif.

Anfonodd englyn ata i drwy'r post ddwy neu dair blynedd yn ôl, ar gerdyn â llun o flwch casglu Cenhadaeth Dramor y Methodistiaid Calfinaidd. Teimlais fraint fawr ar y pryd o dderbyn y cerdyn – ond Iwan ei hun, nid fi, yw'r un oedd yn

I Robat

Mae'n rhydd, mae'n ŵr â'i waddol – a'i enllib yn win llan wahanol, yn herio'n hoes ddi-droi'n ôl, yn boenus annibynnol.

Iwan Llwyd
Medi 2007

'boenus annibynnol' gan fynnu byw fel bardd yn hytrach na thamed o ddyn busnes fel fi.

Mehefin 2010 PRENZLAUER BERG

Fy noson olaf ym Merlin. Teimlo'n drist, achos rwy wedi dod i fwynhau'r lle a dod i nabod ambell un. Cael swper olaf yn fy hoff fwyty, yr A Cabana, lle bach Portiwgeaidd drws nesa i fy fflat ar yr Hufeland Strasse. Roedd Horacio, y perchennog, wedi addo'r pryd heno 'ar y tŷ' – bachan rhadlon, deallus, hoff o'r Cymry – oedd wedi bod yn beiriannydd ar longau rhyfel cyn gweithio yn y byd ariannol a throi'n *restaurateur*.

Ro'n i'n eistedd tu fas yn yr haul â phlatiad o'i fwyd iachus a glasied o *vinho verde* – a dyma'r boi yma yn dwyn cadair ac yn bysgo ar y palmant o 'mlaen i gyda'i gitâr. Sylwais ei fod yn canu caneuon Portiwgeaidd a rhai gan Leonard Cohen – mewn Almaeneg! Fe'i llongyfarchais ar beidio'u canu yn Saesneg ac fe dreulion ni'r ddwyawr nesa yn gwagio dau garáff o'r gwin gwyrdd. Roedd e'n gerflunydd o ran ei waith, yn hanu o'r hen Ddwyrain ac o gefndir academaidd (fel fi!) ond wedi penderfynu byw yn annibynnol.

Soniodd Peter [Hecht] am gymeriadau eraill tebyg, diddorol oedd yn byw yn y rhan hon o Ferlin, y Bötzowviertel: bois hŷn, carismataidd yn rhedeg bwytai neu glybiau, y dylen i gwrdd â nhw. A fel'na mae hi bob tro. Mae drysau newydd wastad yn agor pan y'ch chi ar fin ymadael, pan mae'n rhy hwyr. Neu ydi hi? Oedd raid i fi fynd? Beth petawn i'n aros yma? Ro'n i'n gwybod y gallen i fyw yma'n iawn, y basen i'n ffitio i mewn i griw o'r math yma. Mae fy Almaeneg wedi gwella rhywfaint ac yn yr iaith honno roedden ni'n siarad trwy'r nos.

Roedd hi'n dechrau nosi, a phobl ifanc hardd yn pasio heibio ar y stryd, ynghyd ag ambell gymeriad hŷn, hipïaidd ond gofalus o'i ddelwedd. Tua chanllath i lawr y ffordd roedd goleuadau traffig yn fflachio'n hypnotig wrth y briffordd tua'r Alexanderplatz. Soniodd Peter am y 'system' ac am y cyfryngau torfol a'r papurau a'u negeseuon unffurf. Felly roedd hi yn yr Oesoedd Canol, meddai, wrth i'r eglwys ddefnyddio cyfryngau'r dydd i reoli meddyliau pobl. Soniodd wedyn am imperialaeth, a hanes uffernol y Saeson, yn mynd i Archentina a dwyn eu cyfoeth naturiol trwy rym milwrol, a'i werthu e 'nôl iddyn nhw am grocbris.

Daeth Horacio draw â mwy o'r gwin gwyrdd. Ar ein gwydraid olaf, eglurodd Peter nad oes 'rhyddid' heb ddyletswydd. Nid esgus dros hunanfynegiant, felly, oedd y llwybr artistaidd a ddewisodd, ond modd o gyflawni pethau oedd angen eu gwneud, a dweud pethau oedd angen eu dweud. A dyna sy mor ddiddorol am Ferlin, a Berlinwyr go iawn. Er bod y wal wedi syrthio, er gwaetha'r fuddugoliaeth gyfalafol, mae syniadau radicalaidd yn dal i flodeuo ar hen balmentydd y Dwyrain.

Gweld ffilm Wim Wenders – *Im Lauf der Zeit* ('Dros Amser' neu, yn Saesneg, 'Kings of the Road'). Ffilm falwodaidd o araf am ddau foi yn crwydro rhwng hen sinemâu yn y saithdegau ar lannau afon Elbe, rhwng Dwyrain a Gorllewin yr Almaen – sef yr afon sy'n llifo trwy Wittenberg.

Ces fy swyno'n lân gan yr arafwch llethol a'r ddeialog dameidiog. Dywedodd Wenders y gallai roi'r sgript gyfan ar gefn amlen. Rhoddodd y diffyg plot gyfle i ambell wirionedd cyffredinol flodeuo, e.e. 'Does mo'r fath beth â marwolaeth, dim ond bywyd'. Sef: dim ond y siwrne sydd, nad oes dim dechrau na diwedd; ac nad y'n ni'n gwerthfawrogi bywyd fel y dylen ni. Ac mae un o'r ddau gymeriad yn dweud nad oedd e'n gallu bod yn fe ei hunan gyda menyw, hyd yn oed pan oedd e tu mewn iddi.

Gorffennodd y ffilm â maniffesto personol Wim Wenders am y sinema: bod cymaint o ffilmiau yn diraddio pobl, yn apelio at y gwaetha ynddyn nhw; y byddai'n well bod dim sinema o gwbl, na sinema felly.

2011

Mawrth 2011 GWNEUD, A PHEIDIO GWNEUD

Sefyll mewn ciw, a boi mawr, tew, barfog yn sefyll o 'mlaen i mewn crys-T du. Gallai fod yn teci cyfrifiadurol, achos mewn priflythrennau gwyn ar draws ei grys roedd y geiriau: *Never change a running system.*

Pwy sy'n credu hynny'r dyddiau hyn? O'n cwmpas ym mhobman, mae pobl yn newid pethau heb reswm, ac yn gwneud penderfyniadau diangen. Dywedodd Palmerston, Prif Weinidog Lloegr, mewn ymateb i gais taer am 'liberal reforms': "There is really nothing to be done." A dywedodd Arthur Balfour, un arall o'u Prif Weinidogion nhw: "Nothing matters very much, and most things don't matter at all." Mae'n amhosib dychmygu gwleidydd heddiw yn yngan y fath eiriau. Pam? O ble daeth y rheidrwydd dieflig i newid pethau o hyd ac o hyd?

Galwodd Paul Popper yr ysfa annaturiol yma yn 'solutioneering', sef yr awydd i lunio atebion cyn ystyried beth yw'r problemau na gofyn oes yna rai o gwbl. Mae hyn yn gyffredin mewn sawl maes, gan gynnwys cynllunio. Pam fod angen creu Cynlluniau Datblygu Unedol bob pedair neu bum mlynedd? Pam na ellir datblygu'n araf, yn ôl y galw am dai a gwaith, wrth iddyn nhw godi? Faint o bethau mae modd eu rhagweld gydag unrhyw sicrwydd yn y byd yma, ta beth?

Mewn busnes, fel mewn bywyd ei hun, mae'r penderfyniadau na wnewch chi mor bwysig â'r rhai wnewch chi: gwybod pryd i beidio penodi, i beidio ehangu, i beidio prynu peiriant rhy glyfar, i beidio cyhoeddi (wrth gwrs!), i beidio anfon llythyr cas, i beidio mynd i gyfarfod diflas neu berfformio'n wael ar raglen siwdaidd. Dyna ennill braf a ddaw wedyn mewn amser a phosibiliadau dioglyd.

Gorffennaf 2011 CYFRINACHAU

Alain de Botton yn gwneud pwynt diddorol ar y radio bore 'ma. Syniad newydd, gwallgo, a gododd yn ystod y 19eg ganrif, yw bod modd cyfuno'r erotig, y rhamantus a'r teuluol/domestig o fewn un briodas/berthynas. Nofelwyr benywaidd boncyrs ddechreuodd ledaenu'r peth: bod modd rhedeg ar ôl a phriodi'r dyn delfrydol a byw yn hapus byth wedyn, a phob dyhead wedi'i fodloni. Dangosodd nofelwyr mwy realistig fel Flaubert yn *Madame Bovary* a Tolstoy yn *Anna Karenina* fod y fath obsesiwn yn gallu chwalu bywydau ac arwain at wallgofrwydd a hunanladdiad, ac yn wir dyna neges nofel fy mam, *Mae'r Galon Wrth y Llyw*.

Dadleuodd y nofelydd Milan Kundera o blaid 'discretion' fel y sment cudd sy'n cydio cymdeithas wrth ei gilydd, ac yn cadw bwydau personol rhag chwalu. Mae gan y syniad rywbeth yn gyffredin â'r 'rhagrith' roedd John Gwilym Jones yn dadlau o'i blaid ym Mangor 'slawer dydd. Mae yna werthoedd uwchlaw gonestrwydd dall sef teyrngarwch i deulu ac i gymdeithas yn ei chymhlethdod lliwgar. Rwy wastad wedi dwlu ar yr operetau Fiennaidd yna lle mae pawb yn fflyrtan â phawb i gyfeiliant meddwol y *waltz*, ond yn dychwelyd at eu gwragedd –neu i garchar – pan mae watsh aur y prif gymeriad yn taro hanner nos.

Rwyf hefyd yn hoffi'r syniad bod 'da ni'r hawl, nid yn unig i ddal rhai pethau'n ôl oddi wrth ein gilydd, ond oddi wrth Dduw. Yn ôl y chwedl, dywedodd yr Indiad Coch wrth un cenhadwr gwyn: "Ni ddewiswn gael unrhyw Dduw o'r math sydd gennych chi, a all weld pob peth a wnawn ni yn y dirgel. Rydym yn benderfynol o fwynhau ein hen ryddid o feddwl a gwneud fel y mynnwn." Dyna eiriau gwych: dyn yn dweud wrth Dduw i gadw at ei le, a pheidio busnesu gormod.

Awst 2011 GWIR DDEALLUSION CYMRU

Steddfod hwylus yn Wrecsam. Aros mewn fflat yn y ganolfan siopa a chael brecwast yn Starbucks bob bore – oedd yn brofiad rhyfedd ond hynod gyfleus; dal bws i mewn wedyn.

Dydd Llun, dathlu pen blwydd trigain oed Adran Glasurol y Brifysgol ym Mhabell y Cymdeithasau. Wedi anerchiadau am hanes a chyhoeddiadau'r Adran, aeth pawb at y bwrdd trestl yn y cefn i brofi o'r bwffe llwm. Siaradodd rhai â fi o barch at waith fy nhad dros yr Adran, ond er i fi astudio Groeg a Lladin, tresmaswr o'n i yma. Y rhain, y criw bach henaidd ond miniog eu meddwl sy'n pigo ar eu caws sychlyd a'u gwin poplyd, yw gwir ddeallusion Cymru. Dim ond oherwydd y rhain – sydd wedi cyfieithu gweithiau trymaf Plato ac Aristotlys o'r Roeg wreiddiol i'r Gymraeg – y gall Cymru ei galw'i hun yn wlad Ewropeaidd. Nhw sy'n gwarchod y llinyn arian sy'n ein cysylltu'n uniongyrchol â gwreiddiau diwylliant Ewrop.

Eithriad yw'r rhain yn academia heddiw. Pan o'n i'n cerdded lawr i'r Uplands slawer dydd ac yn pasio ceir rhacs y myfyrwyr, roedd yna sticer yn ffenest rhai ohonyn nhw yn dangos merch mewn bicini, gyda'r neges 'Swansea University, BA in Beach Studies'. Ro'n i'n arfer gwenu wrth weld y sticer doniol – ond mae'r radd yna'n bod heddiw! Gallwch wneud gradd anrhydedd ym Mhrifysgol Abertawe mewn Surfing Management ym Mae Oxwich!

Nos Iau, mwynhau Hywel Ffiaidd, yr athrylith o'r Rhos, a'i noson o ddychan, dawnsio a chanu pop. Fel yn *Cofiant y Cymro Olaf*, roedd ei wyneb yn theatrig o sialcwyn, a'i lygaid yn dywyll, truenus a thaer. I fi, fe yw'r Id Cymreig, enaid sathredig Cymru, yn canu mewn llais main o brotest yn erbyn y byd. Gwefreiddiol, dirdynnol. Gallasai Hywel fod wedi gwneud ffortiwn yn Llundain ond setlodd yn ei gynefin a chyfrannu i fywyd yn y Rhos. Galwais yno ar fy ffordd yn ôl, o barch at fy nhad-cu, Robert Griffiths – ac i gadw fy ffrind Ieu Rhos yn hapus.

Rhagfyr 2011 MUDIAD NEWYDD

Cwrdd â Simon Brooks yn y Pantygwydr, Abertawe, i drafod sefydlu grŵp pwyso ieithyddol newydd. Mae'r dafarn werinol nawr yn fwyty Ffrengig: daw'r *chef* o Baris a'i wraig, Michelle, o Lundain, ond mae hi'n bleidiol i'r iaith ac wedi mynnu cadw'r hen enw. Archebodd Simon ffesant gwyllt fel prif gwrs, a photel o win coch Vacquéyras Cuvée des Templiers 2007: mae e newydd ymuno â chlwb gwin ym Mhontcanna. Ond wrth i ni flasu'r gwin ardderchog a phalu i mewn i'r cyrsiau, roedden ni'n dau yn drwm dan deimlad o *déjà vu*.

Aeth degawd heibio ers i ni drafod sefydlu Cymuned fel

mudiad i frwydro dros y cymunedau Cymraeg a herio'r mewnlifiad. Gweithiodd Simon yn arwrol o galed yn y blynyddoedd cynnar yn nannedd pob math o feirniadaeth annheg, yn gyhoeddus ac yn bersonol. Ond cymerodd yr iaith gamau'n ôl wedi Mesur y Gymraeg 2011 pan ddisodlwyd Bwrdd yr Iaith gan Gomisiynydd sy'n gwneud dim ond 'rheoleiddio' rhai agweddau o statws. Pwy sy'n gyfrifol nawr am hyrwyddo'r iaith, am gynllunio ieithyddol, am ofalu bod yr iaith yn cael chwarae teg yn neddfwriaeth y Cynulliad? Nid Plaid Cymru, nid Cymdeithas yr Iaith. Roedd yn amlwg bod angen corff newydd i feddwl am bolisïau ac i lobïo dros yr iaith yng nghoridorau grym.

Cytunon ni y byddai'n rhaid i'n henwau ni'n dau ddiflannu i restr o enwau mwy derbyniol. Yn ffodus, trafodwyd syniad tebyg tua dwy neu dair blynedd yn ôl gan Heini, Cynog, Emyr Lewis ac eraill. Byddai'n rhaid denu'r enwau hyn i arwain y mudiad, a Chymry eraill amlwg i gefnogi'r achos yn gyhoeddus. Ond pwy fydd yn gwneud y gwaith o sefydlu'r mudiad, heb sôn am y gwaith lobïo ei hun?

A sawl cwestiwn heb ei ateb, aethon ni am beint i'r Wyndham i weld yr Elyrch yn colli ac yna i'r Queens, lle roedd canwr o'r enw 'Melyn Elvis' yn dynwared Elvis Presley. Troi'n ôl wedyn am y Casino yn Wind Street, lle buon ni'n hel atgofion melys am Ferlin, a gorffen yng nghlwb nos y Monkeys. Yno roedd myfyrwyr yn smygu deunydd cartre ar y llwyfannau concrit y tu ôl i'r adeilad, oedd yn cefnu ar rai o siopau mawrion canol Abertawe.

"Dwi wrth fy modd efo golygfa ddinesig fel hon," meddai Simon wrth bwyso'n ôl yn erbyn y rheiliau metel gyda'i botel Beck's.

"Dim syndod, a tithe wedi dy godi yng ngorllewin Llundain."

Roedd y ddau ohonom yn dod o gefndiroedd Seisnig a dinesig ac ro'n i'n siŵr bod yna gysylltiad cudd rhwng hynny a'n hawydd i sefydlu mudiadau i achub y cymunedau gwledig, Cymraeg ond ro'n i'n methu rhoi bys ar y peth, a chymerais lwnc o fy mhotel Beck's fy hun.

2012

Chwefror 2012 GWESTY CYMRU

Felly dyna £200 wedi diflannu i lawr y sinc.

Mynd â Ned Thomas a Gwerfyl Pierce Jones mas neithiwr am bryd o fwyd yn Ngwesty Cymru er mwyn cael eu henwau ar lythyr cyhoeddus yn cefnogi sefydlu mudiad newydd i lobïo dros yr iaith Gymraeg. Roedd Gwion Owain, cyfansoddwr y llythyr, hefyd gyda ni. Roedd 'da ni bymtheg enw eisoes, gan gynnwys trymion fel Hywel Williams, pyndit y *Guardian*, oedd wedi canmol y llythyr am ei eglurder pwrpasol. Wrth y bar, dywedais wrth Ned: "Cystal i ni dorri mas y malu cachu, Ned, a mwynhau'r bwyd. Rwy'n cymryd eich llofnod yn ganiataol." Ond na, roedd problem. Byddai'n well ganddo, yn y frawddeg olaf, ddweud ei fod yn *cefnogi* mudiad o'r fath, yn hytrach na *galw amdano*.

Yn y man roedd y sgwrs yn blodeuo a'r gwin yn llifo – coch a gwyn, Bordeaux ac Alsace – ynghyd â'r stêcs a'r pysgod ac wedyn y *petits fours* gyda'r coffi. Ond ni newidiodd Ned ei feddwl, ac fe dynnodd Gwerfyl ei henw'n ôl wedyn – er iddi gytuno mewn swper gawson ni'n dau ynghynt. Roedd hyn y tu hwnt i'm dealltwriaeth. Pam yr hollti blew? Ai gormod o addysg yw'r rheswm? Mae 'na hanesyn am reolwr pêl-droed llwyddiannus. Pan ofynnodd gohebydd iddo beth oedd cyfrinach ei lwyddiant, crafodd ei ben cyn ateb: "Well, I was a bit short on education, so I had to use my own brains."

Awst 2012 OPRA CYMRU

Fy nofel *Afallon* yn ennill y Daniel Owen yn steddfod Bro Morgannwg. Rhoddais y wobr o £5,000 i Dyfodol i'r Iaith – ein mudiad lobïo newydd. Yr uchafbwynt i fi oedd clywed y plant yn canu cerdd dant yn y seremoni. Mae'r miwsig yna'n fythol ifanc ac yn fy nhoddi'n llwyr, ei brydferthwch a'i Gymreictod yn bwrw'n syth i'r galon, gyda'i gyhuddiad cudd yn ein herbyn ni, Cymry'r presennol, o fod wedi caniatáu i'r wlad a gynhyrchodd gerddoriaeth mor hyfryd Seisnigo i'r fath raddau. Caeais fy llygaid a chael fy nghludo i ryw lwybr llaethog yn llawn sêr bach yn pefrio mewn tragwyddoldeb glas tywyll, Cymraeg.

Uchafbwynt arall oedd perfformiad Opra Cymru o *operetta* gan Donizetti ym mhabell Platiad. Wnes i erioed, erioed fwynhau opera cymaint. Roedd yn Gymraeg, ond hefyd yn hollol Gymreig. Mor agos yw agwedd hwyliog, cymdeithasgar yr Eidalwr tuag at fywyd at eiddo'r Cymro. Gallech chi'n hawdd gredu mai Cymraeg oedd iaith wreiddiol yr *operetta* gan mor naturiol y llifai *libretto* Twm Morys. Ar y pegwn arall, mae crachineb Seisnig, anwybodus y Welsh National Opera. Es i i weld eu cynhyrchiad o *Tristan und Isolde* gan Wagner, a methu credu nad oedd y rhaglen yn egluro mai 'Trystan ac Esyllt' yw'r cymeriadau gwreiddiol, a ddaeth i sylw Wagner drwy fersiynau Ffrengig ac yna Almaenaidd o'r chwedlau Cymreig am Arthur a'r greal sanctaidd.

Roedd Americanes ganol oed yn eistedd rhwng Twm Morys a fi, a soniodd wrth Twm am y ffenomen o fod yn edrych 'mlaen trwy'ch bywyd at ryw gyfnod 'gwell' a 'mwy rhydd' ar ôl ymddeol. Ond wedi cyrraedd ymddeoliad, ry'ch chi'n methu diosg yr hen arferiad o edrych ymlaen – at ryw Afallon, efallai? Dyna oedd testun fy nofel a buasen i wedi mwynhau siarad mwy â'r ferch hon. Beth yw'r ysfa ddieflig sy'n ein rhwystro rhag mwynhau'r presennol? Ond ro'n i wedi addo dychwelyd i'r babell – i werthu *Afallon*. A dyna pam na wna i fyth mo'i gyrraedd.

Hydref 2012 NOS SADWRN

Mynd mas â Huw Lawrence nos Sadwrn ac wedi mwynhau tapas yn La Taberna, chwilio am rywle i barhau'r sgwrs. Ond ble? Roedd bwm bwm yn pwmpio o ddrysau agored y tafarnau, a bownsars yn eu gwarchod wedi eu strapio mewn technoleg amddiffyn a fuasai'n ddefnyddiol yn Basra neu Baghdad.

Be sydd wedi digwydd i'r hen nos Sadwrn hwyliog? Mae'r syniad wedi ei stripio i'w elfennau mwyaf amrwd. Mae'r merched yn llythrennol wedi stripio lawr i shorts bach pinc a melyn, mewn yn eu tinau. Mae'r pwyslais ar yfed, heddluo, rhyw a'r cyfan fel golygfa o nofel ddystopaidd am y dyfodol. Ond mae'n waeth: dyma'r presennol!

Cyflwynodd Lefi fi'n ddiweddar i'r canwr Paolo Conte, rhyw fath o Jacques Brel Eidalaidd sy'n canu caneuon chwerw-felys wrth ei biano, yn codi o'i brofiadau ei hun. Mae rhywbeth henffasiwn am Paolo, a gofynnodd rhywun iddo, beth aeth ar goll yn y clindarddach cyfoes. Atebodd: "Real elegance, sy'n beth chwerw ond eto'n cynnwys hiwmor. A does gan win mo'r un blas na'r un bouquet ag o'r blaen," ond mae'r gwir ateb (meddai'r cyfwelydd) yn nheitl un o'i ganeuon: 'Le chic et le charme'. Yn bendant, mae'n anodd ffeindio unrhyw *chic* na *charme* yn Aberystwyth ar nos Sadwrn.

Rhagfyr 2012
HEB BRESENNOL, HEB DDYFODOL

Dywedodd Pascal fod problemau dyn yn deillio o'i anallu i eistedd yn llonydd mewn stafell. Yn fwy diweddar, dywedodd Vivienne Westwood, y dylunydd ffasiwn, mai ein gelyn pennaf yw 'non-stop distraction' o'r teledu, sinema, y we, hysbysebion, y wasg a chylchgronau ffasiwn.

"Ry'n ni'n byw," meddai, "yn y perygl enbyd, enbyd yma achos does neb yn meddwl. Os nad ydi pobl yn meddwl, yna does 'da ni ddim dyfodol. Yn ôl fy maniffesto i, bob tro y'ch chi'n dysgu rhywbeth, chi'n gweld rhywbeth chi'n ddeall, rydych chi'n helpu i newid y byd a rydych chi'n ymladdwr dros ryddid. Hyd yn oed pan y'ch chi'n chwilio yn y geiriadur am air nad o'ch chi'n gwybod o'r blaen."

Mae hi'n iawn. Does 'da ni ddim dyfodol, achos does 'da ni ddim presennol. Gan nad oes presennol, does dim gofod i ganiatau i bethau ddigwydd o fewn amser. Felly dyw gwareiddiad ei hun ddim yn bosib, gan ei fod yn tarddu o dwf syniadau a disgwrs yn y presennol. A dyna, yn syml iawn, sut daw'r cyfan i ben. Diflannodd y dyfodol, achos does 'da ni ddim presennol sy'n caniatáu i ni eistedd yn llonydd mewn stafell.

2013

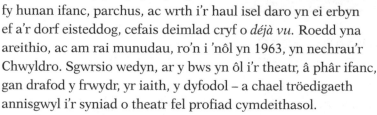

Chwefror 2013
YN ÔL I BONT TREFECHAN

Oedi eto ar Bont Trefechan, diolch
i Gwmni Theatr Cymru. Gwylio
pobl ifainc yn eistedd ar y bont
a cherdded drosti mewn dillad
brethyn parchus, o'r math roedden
ni'n ei gwisgo hanner canrif yn ôl.
Roedd un o'r myfyrwyr yn fy atgoffa o
fy hunan ifanc, parchus, ac wrth i'r haul isel daro yn ei erbyn
ef a'r dorf eisteddog, cefais deimlad cryf o *déjà vu*. Roedd yna
areithio, ac am rai munudau, ro'n i 'nôl yn 1963, yn nechrau'r
Chwyldro. Sgwrsio wedyn, ar y bws yn ôl i'r theatr, â phâr ifanc,
gan drafod y frwydr, yr iaith, y dyfodol – a chael tröedigaeth
annisgwyl i'r syniad o theatr fel profiad cymdeithasol.

Ond nawr rwy'n gweld i fi gael fy nhwyllo gan awydd
nofelyddol i beintio fy ngorffennol fy hun mewn sepia. Ro'n
i wedi dwlu ar y portread rhamantus o'r brotest ar y bont.
Ond nid fel'na roedd hi o gwbl. Doedd 'na ddim haul isel,
sinematig: roedd yn bygwth eira. Roedden ni mewn cotiau
dyffl, nid mewn siwtiau parchus. Doedd 'na ddim areithio.
Roedd yna faniau yn refio a hwtio'n ddiamynedd, a merch ar
lawr, wedi ei tharo gan un o'r thygs oedd yn ymgasglu ar y
bont. Roedd hi'n uffernol o oer, roedd hi'n beryglus, a wnes i
ddim mwynhau yr un eiliad.

Ond pam felly aethon ni lawr at y bont? Ai i gael gwysion
Cymraeg? Ond gwysion am beth fase'r rheini, yn hollol?
Anhrefn gyhoeddus? Does dim eglurhad synhwyrol. Roedd
rhywbeth yn yr awyr, rhyw chwa, rhyw *ozone* dieithr. Roedd
Ysbryd y Chwedegau – rhyw agwedd newydd, gwrth-sefydliad
– wedi cyffwrdd â Chymru y pnawn hwnnw, a dyna roddodd
fod i Gymdeithas yr Iaith, nid darlith radio Saunders Lewis.

Tro i Lyfrgell yr Wyddgrug i siarad am 'Ddeg Rheswm i Beidio
Sgrifennu Nofel', y tro cynta i fi gynnal noson fel hyn fy hun.
Aeth hi'n well nag o'n i'n ofni – nid perfformio'n gyhoeddus yw
fy *forte* – ond ro'n i wedi mentro ar dro comedi rai wythnosau'n
ôl, ar yr un pwnc, yn y Clwb Pedwar a Chwech, Caernarfon,
rhwng dwy set gan y grŵp Ail Symudiad.

Roedd y croeso'n gynnes ac roedd yn bleser cael cwmni
dwy o ferched brwd a hwyliog y pêl-droediwr Dai Davies,
Rhian a Bethan, wedyn ym mar gwin y Delyn. Ar y ffordd
'nôl galwais yn Llawrybetws, lle byddai Heini a fi yn treulio
pythefnos bob gwanwyn, flynyddoedd maith yn ôl. Roedd yn
nefoedd cael aros yn Nhrem-y-wawr, tŷ fy modryb Augie a'i
gŵr, Stephen. Wrth gerdded lan y llwybr, heibio i'r tŷ, lan tua
fferm Pen-y-bryn, fel y gwnaethon ni mor aml, ces i deimlad
od iawn: nid yn unig o hiraeth amdanyn nhw ac am ieuenctid
a Chymreictod yr ardal, ond o ddieithrwch llwyr ataf fy hun.

Ai'r un un yw'r fi prysur, hunanbwysig, hen sydd yma nawr,
yn ei siaced fflash a'i iPhone a'i gar Audi, â'r Robert ifanc,
breuddwydiol, oedd mor hoff o grwydro'n rhydd a chwarae
rhwng y bryniau hyn gyda'i frawd, a dilyn ei ewythr Stephen
lan i'r topiau i saethu cwningod, a hel wyau cornchwiglod?

Taniais sigarilo, a
phwyso yn erbyn wal y
tŷ. Na, nid yr un yw'r
ddau, penderfynais.
Does 'da fi ddim gobaith
dychmygu fy hunan fel yr
o'n i. Rhywun arall yw'r
hen ddyn. Y broblem yw
ei fod yn gwybod ei fod
wedi colli rhywbeth, ond
nad yw e'n gwybod beth
yw e; ac yn gwybod na all
e wybod, mwyach.

Yng ngardd Trem-y-wawr, Llawrybetws

Heini'n ennill Llyfr y Flwyddyn gyda'r *Erlid*. Mwya'r cywilydd, do'n i ddim yna. Wnes i ddim meddwl am eiliad y buasai'n ennill, ond rwy'n euog o ddiffyg ffydd o'r dechrau. Wnes i ddim credu y buasai llyfr am ein hanes ni fel teulu yn gwerthu llawer o gwbl, ond roedd gan Heini fwy o ffydd, yn ogystal â synnwyr cryf o ddyletswydd deuluol. Dyna pam y cytunodd i ymateb i her ein hewythr Günther yn ei henaint, a chludo blychau mawr o ddogfennau o Sweden, cyn dechrau ar y dasg anferth o greu stori allan o'r cyfan.

Cawson ni gyfarfodydd dymunol a gwinol gyda'n cefndryd clyfar yn Heidelberg, Karlshamn a Bielefeld, i drafod cynhyrchu cofnod o'r cyfnod, ond nid yn yr Almaeneg yr ymddangosodd, ond yn Gymraeg! Ry'n ni nawr yn trafod cyhoeddi fersiynau Saesneg ac un Almaeneg hyd yn oed, a gaiff ei gyhoeddi, gobeithio, gan y Mitteldeutscher Verlag, wedi iddyn nhw weld y llyfr Saesneg. Byddai hynny'n bluen arall yn het y brawd: bod Cymro Cymraeg yn cynhyrchu llyfr sy'n adrodd eu hanes eu hunain yn ôl i'r Almaenwyr.

Steddfod Dinbych. *Lol* yn mynd lawr yn dda, gyda chlawr yn dangos Rhun ap Iorwerth, a ddaeth i'r babell i brynu copi, chwarae teg iddo fe. Ond dyna golli cyfle. Gallasai fod wedi ennill Môn yn hawdd ar docyn gwrth-niwclear, a chwalu record Plaid Cymru o lwfdra ac anghysondeb ar y pwnc yma.

Does dim a wnaiff fwy o niwed i ogledd Cymru yn amgylcheddol, diwylliannol a meddygol na'r behemoth Wylfa B – ynghyd â'i wastraff ymbelydrol, nad oes neb yn gwybod eto ble na sut i'w gladdu. Ond fy ngwrthwynebiad sylfaenol i fuasai un Leopold Kohr: mae'n dechnoleg sydd y tu hwnt i faintioli dyn. Dyw dyn jyst ddim digon clyfar i ddelio gydag e.

Roedd yn braf gorffen yr wythnos â gig 40 oed Edward H. ar y nos Wener. Y maes yn orlawn, miloedd o bobl yn dawnsio a chwifio'u breichiau, gan gynnwys ein teulu ni i gyd. Hyd yn oed Hannah, gwraig Garmon, yn dawnsio, er bod hi'n disgwyl babi

unrhyw eiliad. Llifodd yr hen safonau'n ôl wrth glywed yr hen roc a rôl Cymraeg. Dyma brofiad arall llwythol, bythgofiadwy a'r miwsig yn dweud y cyfan ac yn ein hatgoffa o beth y'n ni wastad wedi'i gredu – sydd ddim yn cynnwys ynni niwclear. Diolch i ti, Dewi Pws, y rocar bythol ifanc o Abertawe.

2014

Chwefror 2014 YSBRYD DYN

Gweld peth anhygoel yng nghlwb *jazz* Abertawe neithiwr: bachan yn chwarae trombôn heb ddwylo. Doedd 'da fe ddim dwylo ar ben ei freichiau, dim ond bachau metel fel y dyn mawr drwg yn ffilmiau James Bond. Chwaraeai'r offeryn yn berffaith, wrth gwrs, i gyfeiliant Dave Cottle, pianydd preswyl y clwb, a'i driawd. O'm sedd wrth ochr y llwyfan, ro'n i'n mwynhau edrych ar Dave yn edrych ar ei fysedd a chwerthin wrth synnu at y nodau oedd yn dod ohonyn nhw – ond o ble? Dyna ddirgelwch mawr *jazz*, wrth gwrs.

Ond, a'r noson yn dod i'w therfyn, dyma'r trombonydd yn rhoi ei offeryn i lawr a newid lle â Dave Cottle. Cydiodd

Dave yn yr offeryn – mae e'n gallu chwarae unrhyw beth – ac eisteddodd y boi wrth y piano a thynnu'r bachau oddi ar ei freichiau a chwarae'r piano â'r stwmps! Dim ond y stwmps – bonion o gnawd! Ro'n i'n methu credu be welais i. Rhaid mai hwn oedd yr arddangosiad gorau erioed o beth roedd Gwynfor yn ei alw yn 'Ysbryd Dyn', y peth gwych iawn yna sy'n gallu concro unrhyw beth o gwbl: anabledd, afiechyd, a gormes.

Mawrth 2014
PALAS GRISIAL CYFALAFIAETH

Prynu *In the World Interior of Capital* gan Peter Sloterdijk. Mae'n llyfr byrlymus a mentrus, lle mae'r awdur yn dychmygu cyfalafiaeth fel palas o risial â nifer o lefelau – fel uffern Dante – gyda liffts yn cludo pobl o lawr i lawr. Ar y llawr cyntaf mae'r bobl a gyflawnodd y freuddwyd o gael incwm uchel heb berfformiad o gwbl (e.e. y Tywysog Andrew). Ar y pumed llawr mae'r rheini a ddaeth yn enwog heb gyflawni dim o werth (cystadleuwyr *X Factor*). Ond y rhai ar yr ail lawr sydd o'r diddordeb mwyaf i'r awdur: y rhai sy'n elwa o gynnydd gwleidyddol heb orfod ymladd amdano eu hunain. Does yr un wlad lle mae hyn yn fwy gwir na Chymru. Wedi aberth un genhedlaeth, mae un arall, anwleidyddol wedi elwa'n ddi-gost ar yr enillion.

Mae disgwyl cael sicrwydd o hawddfyd heb orfod brwydro amdano wedi treiddio i ymwybyddiaeth pob unigolyn heddiw, medd Sloterdijk. Dywed mai'r newid mwyaf amlwg ym meddylfryd y Gorllewin yn yr hanner canrif diwethaf yw dyfodiad y 'dyn newydd', sy'n symptom o ddirywiad sydyn mewn gwryweidd-dra hanesyddol. Mae hyn yn gysylltiedig â thorri'r ddolen rhwng gweithredu a mwynhau ffrwythau gweithredu.

Rwy'n cofio Harri Webb yn dweud bod ymdebygu'r rhywiau yn arwydd o wareiddiad yn mynd ar i waered. Ble mae'r dynion go iawn heddiw, ble mae'r merched go iawn?

Mynd am dro o gwmpas y llyn ym Mharc Brynmill yn
Abertawe a chwrdd â dyn golygus, trwsiadus, mwstasiog yn
tynnu at ei drigain. Dywedodd ei fod yn ddatblygwr tai a bod
ganddo hanner dwsin o stadau wrthi'n cael eu codi rhwng
Abertawe a Llanelli. Doedd e ddim yn cyflogi staff: roedd yn
well 'da fe drefnu'r cyfan trwy gontractau parod – gyda phrisiau
gwarantedig – â phenseiri, adeiladwyr a chyfreithwyr.

"Ddylen i fod yn nabod eich cwmni?" gofynnais.

"Go brin. Gen i nifer fawr o gwmnïau bychain, i gyd ag
enwau Iracaidd, fel Babylon a Nineveh."

"Chi'n dod o Irac, felly?"

"Ydw. Des i draw i Lundain yng nghanol y saithdegau. Ro'n
i'n dod o deulu cyfoethog. Ond ro'n i'n edrych yn union fel
Lord Lucan a ches i fy arestio unwaith gan heddlu Llundain
yng nghefn un o'u bysys coch. Y mwstas oedd y broblem, a
dyna pam rwy'n hoffi Cymru: mae yma lot o bobl dywyll â
mwstashys." Agorodd ei ffôn bach a dangos llun ohono'i hun
yn y cyfnod yna, ac yn wir roedd e'r un ffunud â'r llun enwog
o'r Arglwydd Lucan, a ddiflannodd yn 1974. Dywedodd:
"Cawson ni ein siarsio: byddwch yn llwyddiannus, gwnewch
eich ffortiwn, ond dewch yn ôl pan fydd Irac yn galw."

"Felly chi'n disgwyl am yr alwad?"

"Fe ddaw, ryw ddydd, wedi i'r Americaniaid ddiawl ffoi
am adre. Roedden nhw'n llygadu olew Irac ers degawdau.
Roedd Saddam wedi ei wladoli ond gwnaeth hynny nhw'n fwy
penderfynol. Fe ddinistrion nhw'r Twin Towers er mwyn cael
esgus i'n dinistrio ni."

"Chi'n credu'r *conspiracy theory*, felly?"

"Roedd yr awyrennau ar *auto-pilot*. Sut arall fasen nhw wedi
taro'r tyrau mor berffaith? Fe laddon nhw'r Mwslemiaid ar
wahân."

"Ond beth am yr ymosodiad ar y Pentagon?"

"Sioe oedd hynny i wneud y gweddill yn gredadwy."

Roedd yn edmygydd mawr o Saddam Hussein. "Roedd
e'n dod o deulu o fugeiliaid. Roedd ganddo synnwyr cryf o

gyfiawnder naturiol, ac yn glyfar hefyd. Fe dynnodd y wlad
ynghyd, y fyddin, y llywodraeth a datblygu'r sector busnes.
A chafodd ei ddienyddio yn y dull mwyaf creulon, ond
chollodd e mo'i urddas tan y diwedd. Darllenodd y Corân yn
dawel, a gwrthod gwisgo'r clogyn du – ond chafodd e mo'i
grogi. Gollyngon nhw'r rhaff i'r llawr, a gadael i giwed o
farbariaid ei stabio i farwolaeth. Dyna pa mor anwaraidd yw'r
Americaniaid."

Yn sydyn cododd hanner dwsin o elyrch ifanc, gwyn o'r llyn
a hedfan ar ein traws ni. Roedd yn gyd-ddigwyddiad rhyfedd,
ac yn olygfa hardd.

Aeth Mishal – dyna'i enw – ymlaen: "Fe laddodd yr
Americaniaid – gyda help Prydain – hanner miliwn o bobl yn
Irac ac mae'n costio biliwn o bunnau'r dydd iddyn nhw gynnal
eu hunain yno. Wyddoch chi faint o bobl sy'n gweithio yn y
llysgenhadaeth Am ericanaidd yn Baghdad? 16,000. Mae e
cymaint â'r Fatican, a'r waliau mor drwchus â rhai Nineveh ei
hun."

Gan ei bod yn dechrau bwrw glaw, symudon ni i gysgod
coeden. "Nineveh oedd dinas fwya'r byd yn ei dydd, chwe mil o
flynyddoedd cyn Crist.Y tir rhwng afonydd Tigris ac Ewffrates
oedd crud gwareddiad y Gorllewin, a tharddiad y Cymry eu
hunain, wrth gwrs."

"Ond beth am y dyfodol? Mae'n rhaid eich bod chi'n poeni."

"Mae Irac yn wlad hen iawn ac yn un fawr iawn. Mae'r tir
yn diferu o olew a mwynau, digon i'n cynnal ni am ganrifoedd
wedi i esgyrn Bush a Blair droi'n llwch … A dyna i chi ddyn
yw Tony Blair ynte: sosialydd sy'n berchen deg o gartrefi ac yn
ennill miliynau'r flwyddyn fel 'cennad heddwch' i'r Dwyrain
canol, ar ôl troi'r ardal yn uffern. Allech chi ddim yn credu yn y
fath gymeriad, petaech chi'n ei roi mewn nofel. Ydi *conspiracy
theories* yn llai tebygol na'r gwirionedd?"

Roedd hi'n bwrw glaw'n drwm erbyn hyn, ac yn bryd
ffarwelio. Dywedodd: "Mae Cymru'n dipyn gwlypach nag Irac
– ond rwy'n hoffi'r wlad a'r bobl, yn arbennig y dynion tywyll,
mwstashog," a gwenu'n ddeniadol cyn codi coler ei got.

Mynd gydag Enid i Blas Hendre i glywed Eurig Salisbury yn traethu am feirdd y bymthegfed ganrif yng Ngheredigion. Roedd y peiriant PowerPoint wedi taflu'r gerdd gyntaf ar y wal ond ro'n i'n methu deall gair ohoni. Ond pan ddechreuodd Eurig ei darllen, blodeuodd i ystyr mor ffres â'r dydd y'i crëwyd. Dilynwyd y ddarlith gan drafodaeth ar y beirdd a'u teithiau rhwng noddwyr yng Ngenau'r Glyn a Pherfedd ac Is Aeron. Wrth flasu'r gwin coch wedyn, ro'n i'n meddwl mor wych oedd e, ein bod ni'n gallu neidio hanner mileniwm mor rhwydd, gyda Bethan [Miles] yn cymryd lle'r noddwr i ni heddiw.

Mae Plas Hendre yn cuddio yn y coed uwchben Aberystwyth a byddai Enid a'i rhieni'n dod yma'n gyson 'slawer dydd pan fyddai rhieni Bethan yn ei roi at wasanaeth y Blaid, cyngherddau cerddorol, ac achosion da. Mewn ffordd debyg, byddai ein rhieni ni yn rhoi ein fflat braf yn Eaton Crescent at bwrpas cymdeithasu a gwleidydda. Roedd pob nos Sul yn noson agored i'w ffrindiau yn y Blaid ac yn y coleg, ac wedi rhannu'r coffi a'r bisgedi caws bwthyn a samwn byddai Heini a fi yn eistedd yn dawel yn y gornel yn gwrando'n astud ar y dadlau poeth ar bynciau'r dydd.

Byddai Gareth Wyn Evans, y mathemategydd, yn mynnu gorwedd ar y llawr a rhoi ei draed lan ar y wal gan ddynwared deallusion Caergrawnt, a Roy Lewis yn ei *goatee* a'i sbectol ddi-ffrâm yn dadlau'n graff ac eironig yn null y deallusion Ffrengig. Byddai eraill yn cynnig safbwyntiau mwy sosialaidd a gwerinol. Ac roedd fy mam yn y canol yn dweud pethau pryfoclyd ac embaras o onest, a 'Nhad yn hwyliog a Chymreigaidd ei groeso, fel roedd ei dad yntau, rwy'n berffaith siŵr, yn y Rhondda flynyddoedd yn ôl.

Am ryw reswm, ro'n i'n methu peidio â meddwl, neithiwr, y bydd Plas Hendre ar werth ryw ddydd ac y bydd rhywrai yn y dyfodol yn trio dychmygu sut le oedd yma, yn ei fri. Mor lwcus ydyn ni o gael sbario'r ymdrech feddyliol yna, a chael mwynhau'r profiad nawr. Dim ond dros dro wnaeth ein rhieni

rentu ein fflat ni yn Abertawe, achos mae popeth dros dro. Dim
ots ble na phryd, y peth pwysig yw cynnal y gymdeithas.

Beth ydyn ni hebddi? Dim, na neb. Trwy gymdeithas mae
syniadau'n blodeuo, a chynlluniau'n ymffurfio, y genedl yn
ymdeithio a serenedd yn syrthio arnom – y *summum bonum,*
fel yr eglurodd Leopold Kohr.

Mynegai

Mynegai byr (unigolion)

. . . .